唐诗
说唐史

鲍远航 ——

著

商务印书馆
The Commercial Press
创于1897

图书在版编目(CIP)数据

唐诗说唐史/鲍远航著.—北京:商务印书馆,2022
ISBN 978-7-100-21305-9

Ⅰ.①唐… Ⅱ.①鲍… Ⅲ.①中国历史—唐代—
青少年读物 Ⅳ.①K242.09

中国版本图书馆 CIP 数据核字(2022)第 107634 号

唐诗说唐史

鲍远航 著

————————————————————

商 务 印 书 馆 出 版
(北京王府井大街 36 号 邮政编码 100710)
商 务 印 书 馆 发 行
北京艺辉伊航图文有限公司印刷
ISBN 978-7-100-21305-9

————————————————————

2022 年 9 月第 1 版 开本 880×1230 1/32
2022 年 9 月北京第 1 次印刷 印张 11⅜
定价:55.00 元

本书为国家社科基金项目"魏晋南北朝地理文学对唐代文学的影响研究"（项目号：20BZW052）成果

目 录

前　言

诗可以观。

首先是通过诗可以"观风俗，知薄厚"。先秦两汉乃至唐代，统治者往往把诗歌作为了解政治得失的重要窗口，以此"验风俗之盛衰，见政治之得失"。周代即有王官采诗的制度："古有采诗之官，王者所以观风俗，知得失，自考正也。"（《汉书·艺文志》）《汉书·食货志》还详细地描述了采诗的过程和情景："孟春之月，群居者将散，行人振木铎，徇于路以采诗，献之太师，比其音律，以闻于天子。故曰王者不出牖户而知天下。"在农闲时，朝廷派出专门的使者到全国各地采集民谣，由史官汇集整理后给天子看，目的是了解民情、"考见得失"。汉武帝置乐府，采诗夜诵，也明显具有观政目的。东汉时，还实行过一种"举谣言"的制度。何谓"谣言"？"谣言，谓听百姓风谣善恶而黜陟之也。"（《后汉书》注）百姓的歌谣谚讴，在当时可用作考量官吏以决升降的重要参考。唐代也有一些类似于东汉"举谣言"的官员设置。比如唐太宗设观风使（亦名采访使），玄宗更名为采访处置使，肃宗改为观风处置使，均遣之以巡视天下，"观化听风"，以体察政治民俗。

但是，比以诗观政更为重要的，则是以诗观史。正如白寿彝先生所言："一切具有历史意义的文字记录，无一不是史料或包含有史料。"诗歌是社会文化和生活的反映，从诗歌中可以窥见一个时代的政治得失、典章制度、思想文化，乃至民情风俗。因此，诗歌具有一定的历史性质，诗和史之间存在着可沟通之处。一方面，虽然诗歌和史学的特质属性随着学科分类的细致而渐趋分明，但"言之无文，行而不远"的共同追求依然是二者赓续不断的内在契合。唐代史学家刘知几即认为"文胜质则史，故知史之为务，必借于文"。另一方面，历史上的很多诗歌，或隐或显地记录了当时的历史场景，是当时社会各个方面的缩影，成为可靠史料的文献载体，我们可以通过诗歌还原历史旧貌，追踪历史讯息。而且，由于诗歌具有形象性、可感性的特点，好的诗歌往往会比历史记载更加形象具体，更加深刻反映社会面貌，为历史提供形象的图画和难得的佐证，因此古希腊哲学家亚里士多德主张"诗比科学更接近真实"，是有一定道理的。

唐代是一个诗歌的国度，号为"诗唐"。唐代波澜壮阔的历史，唐代丰富多彩的社会生活习俗，往往可见之于唐诗。五万余首流传千载的唐诗，形象生动地记录着唐王朝的兴衰，描绘了大唐社会的生活场景，也记述了士人的起伏悲喜和生活感悟。

唐诗，尤其是杜甫、白居易等一大批贴近历史、贴近生活、贴近民众的诗人的作品，通过一幅幅生动可感的社会历史画面和生活画面的展现，成为还原唐代历史和唐人生活的可靠资料，正可以用来补充史籍记载的不足，而且比史籍记载显得更直接、更具体、更生动。其中，杜诗由于"善纪时事"，颇多与史相合的诗作，因而被称为"诗史"。杜诗对当时一系列重大历史事件做了如实的叙述和反映，对当时的民众生活也有详尽而具体的记述。兹举数例：

如杜甫写战争。《悲陈陶》《悲青坂》两诗写安史之乱初期，唐军与叛军接战时两次战败之情事。《悲陈陶》诗鲍彪注："天宝十五年十月辛丑，房琯及禄山战于陈陶斜，败绩。癸卯，琯又以南军战，败绩。公故有是诗。"说明杜甫此诗为据实而作。《悲青坂》诗赵次公注曰："前篇《悲陈陶》则辛丑之败也。此篇《悲青坂》则乃癸卯之败矣。""黄头奚儿日向西，数骑弯弓敢驰突"句后，赵次公注曰："以两败后各散而归，所以言日向西，其余数骑犹敢驰突，以言其暴掠不改也"，由此可见叛军的张狂；又"焉得附书与我军，忍待明年莫仓卒"句，赵次公注曰："房琯战于陈陶斜，不利，犹欲持重。而牵于邢延恩所促战，故败。而公诗有忍待明年之戒，所以重伤之也。"这与史书所讲的房琯本欲持重，而邢延恩促战导致战败之结果是吻合的。房琯本玄宗旧臣，玄宗闻太子灵武即位（即唐肃宗），则命房琯持玉玺金册往助肃宗，肃宗虽不欲用之而无可奈何，勉强以之为相，领兵与叛军相拒。但肃宗又不信任房琯，故有邢延恩促战，导致唐军两败的结局。杜甫对此痛心疾首，写二诗以记之。

又如杜甫论民族关系的诗。《留花门》鲍彪注："按《唐志》：甘州有留花门山堡，东北千里至回纥牙帐。是年八月，广平王为元帅，以朔方、吐蕃、回纥诸兵讨贼。公逆知其害，故言'麦倒桑折'，卒曰'花门既须留，原野转萧瑟'，言其为农桑害也。"花门，是回纥之别名。唐朝为了迅速平定安史叛乱，向回纥借兵。回纥骑兵作战勇猛，"此辈少为贵，四方服勇决。所用皆鹰腾，破敌过箭疾"（杜甫《北征》），但他们妨民太甚，践踏庄稼，甚至掳掠百姓。《资治通鉴》记载，唐肃宗为了快速收复京师，曾与回纥定约："克城之日，土地、士庶归唐，金帛、子女皆归回纥。"杜甫的忧虑，体现了他的远见卓识。明代锺惺《唐诗归》云："说尽客兵之害，千古永戒，然此外还有隐忧！"可见杜甫此诗足为历史鉴证。

再如杜甫诗歌里面，常有对地方风土人情的记述。如杜甫夔州诗中，就曾写到其地的一些特殊民俗："土风坐男使女立，男当门户女出入"（《负薪行》），"殊俗状巢居，层台俯风渚"（《雨二首》其一），"旧俗烧蛟龙，惊惶致雷雨"（《火》），"家家养乌鬼，顿顿食黄鱼"（《戏作俳谐体遣闷二首》其一）。这为我们了解今重庆奉节一带的百姓在唐代的劳动和生活习惯，提供了宝贵的参考资料。甚至一些商旅物价等细节，在杜诗中也有反映。王国维在《东山杂记》说："杜诗云'径须相就饮一斗，恰有三百青铜钱'，此至德初长安酒价也。'岂闻匹绢值万钱'，此广德间蜀中绢价也。'云帆转辽海，粳稻来东吴'，此天宝间渔阳海运事也。三者史所不载，而于工部诗中见之，此其所以为'诗史'欤？"

确实，史所不载的一些唐代历史事件、场景，很多都被杜甫采掇入诗，所以杜诗不仅善纪时事，而且可以补史之阙。《后村集》卷一百八十一云："《新安吏》《潼关吏》《石壕吏》《垂老别》《无家别》诸篇，其述男女怨旷、室家离别、父子夫妇不相保之意，与《东山》《采薇》《出车》《杕杜》数诗相为表里。唐自中叶，以徭役调发为常，至于亡国。肃、代而后，非复贞观、开元之唐矣。新、旧唐史不载者，略见杜诗。"确实，有些唐史顾及不到的，或为统治者所不容而遭抹杀改篡的史事，杜诗却有所记述。浦起龙在《读杜心解》说："代宗朝时，（杜诗）有与国史不相似者：史不言河北多事，子美日日忧之；史不言朝廷轻儒，诗中每每见之。可见史家只载得一时事迹，诗家直显出一时气运。诗之妙，正在史笔不到处。"杜诗确实可以补充和纠正历史记载之不足。

总之，恰如宋人胡宗愈《成都草堂诗碑序》所说："先生（杜甫）以诗鸣于唐，凡出处去就、动息劳佚、悲欢忧乐、忠愤感激、好贤恶恶，一见于诗，读之可以知其世，学士大夫谓之诗史。"杜甫的诗作，就是他所生活的那一段唐代历史的真实记录。

白居易的诗歌里也往往蕴含有大量当时的历史信息。陈寅恪先生的《元白诗笺证稿》就是"以诗证史"的典范之作。如他分析白居易的《井底引银瓶》时说："乐天《新乐府》与《秦中吟》所咏，皆贞元元和间政治社会之现象。此篇以'止淫奔'为主旨，篇末以告诫痴小女子为言，则其时社会风俗男女关系与之相涉可知。此不须博考旁求，元微之《莺莺传》即足为最佳之例证。盖其所述者，为贞元间事，与此篇所讽刺者时间至近也。夫'始乱终弃'，乃当时社会男女间习见之现相。"此可谓善于见微知著，小中见大。又如他对《琵琶行》中"江州司马青衫湿"一句的考证，也很有代表性。他从白居易的为官经历、唐代官职制度、服饰制度等多个层面进行了考证，史料详细，论证过程也十分周密。再如《元白诗中俸料钱问题》一篇，陈寅恪先生把元白集中涉及俸料钱的诗歌进行相互比证，从而考释出唐代京官外官俸料不同之问题，再顺而证明肃、代以后，内轻外重与社会经济之情势。

杜甫和白居易之外，"其他各家诗篇也大都有史料价值。尤其讲社会经济史，可利用诗篇之处极多，诸如食衣居行、民族风习、工商行业，无不有诗篇可证；或且为他类史料所绝无踪迹可寻者"[①]。例如，岑参边塞诗就具有很强的纪实性，其《初

5

---

① 严耕望《治史答问》，台湾商务印书馆股份有限公司，1992年，第29—30页。

过陇山途中呈宇文判官》《经陇头分水》《西过渭州见渭水思秦州》《临洮客舍留别祁四》《发临洮将赴北庭留别》《武威送刘判官赴碛西行军》《过酒泉忆杜陵别业》《玉关寄长安李主簿》《过碛》《碛中作》《敦煌太守后庭歌》《经火山》《火山云歌送别》《题铁门关楼》《宿铁西关馆》等诗，地点明确且具有系统性，连成一条从陇山到安西的行走路线。其很多作品都具有以诗证史、以诗歌证西域舆地的特点，比如唐代在西域的军政、行政机构设置中不用"西域"之名，而代之以安西、北庭、碛西、镇西等名称，岑参的西域诗真实地反映了这一变迁，为历史提供了难得的佐证。又如唐代诗人吕温，以诗的形式记载了他在出使吐蕃期间的亲身经历，有的反映了唐与吐蕃的友好关系，如《吐蕃别馆和周十一郎中杨七录事望白水山作》；有的则见证了唐和吐蕃为争夺吐谷浑牧地与青海地区而产生的矛盾冲突，如《蕃中答吐谷浑词二首》等。吕温的这些诗歌，也充分显示了文学与历史间的互通性特征，为我们研究唐代青海地方史，尤其唐蕃关系史提供了有益的参考。

　　随着唐代疆域的扩大和对西域的开拓和开发，西域与内地的商业往来和文化交流日益频繁，使得唐代内地文化风俗也在很多方面受到了少数民族的浸染。如陈寅恪论白居易《时世妆》一段云："乐天则取胡妆为此篇以咏之。盖元和之时世妆，实有胡妆之因素也。"不止服饰文化如此，唐代的音乐、舞蹈、饮食、婚丧礼俗等诸方面，都有受到少数民族文化影响的强烈印记，这些也多见于唐诗。比较有意思的是唐代诗人对于胡人眼睛的描写："幽州胡马客，绿眼虎皮冠"(李白《幽州胡马客歌》)、"卷发胡儿眼睛绿，高楼夜静吹横笛"(李贺《龙夜吟》)、"摩遮本出海西胡，琉璃宝眼紫髯须"(张说《苏摩遮》)、"紫髯深目两胡儿，鼓舞跳梁前致辞"（白居易《西凉伎》）……胡人的异瞳深目，与汉人"双瞳剪水"的黑眼仁大不相同，所以引起了诗人们的注意。诗人们的描述，若与现今出土的唐俑相对照，即可得到准确的印证。

唐诗对唐史的反映，是形象具体的，是广大而丰富多彩的。以脍炙人口的唐诗名句为例："大漠孤烟直，长河落日圆"，包含着唐朝的军事制度；"故人具鸡黍，邀我至田家"，可能和唐朝的均田制不无关系；"九天阊阖开宫殿，万国衣冠拜冕旒"，反映了唐朝的中外关系；"国破山河在，城春草木深"，反映了安史之乱的现实；"沉舟侧畔千帆过，病树前头万木春"，关系着王叔文集团政治革新的史事；"春风得意马蹄疾，一日看尽长安花"，背后是唐朝的科举制度；"故人西辞黄鹤楼，烟花三月下扬州"，背景是唐代士子的漫游风气；"忽如一夜春风来，千树万树梨花开"，背景是唐朝经营西北与士人的出塞从军；"座中泣下谁最多？江州司马青衫湿"，反映了唐代官员的服饰和品级；"三月三日天气新，长安水边多丽人"，写照了唐代的风俗和当时的时事。诸如此类，举不胜举。

陈寅恪先生提到中国诗歌和历史的关系时说："中国诗与外国诗不同之点……与历史的关系：中国诗虽短，却包括时间、人事、地理三点。"与外国诗歌往往注重心理活动的描写不同，从某种意义上讲中国古体诗本身即是史料。陈寅恪曾说："唐诗为什么包括许多史料？因为高宗、武则天重词科、进士科。选取的人不限门第高低。女人、和尚都有能作诗的。如贾岛本名无本，也能作诗。基层已扩大，诗中包括的史料，也就多了。"这是非常睿智的见解。唐代特重进士一科，以诗赋取士，士人可以不经地方长官察举，"怀牒自列"，直接到地方政府报名，这就让庶族有了参与政治的机会。这样，诗歌作者来自于各个阶层，也就能够反映不同阶层的生活风貌。再者，与士人"行卷""温卷"一类的干谒、求知己等活动相联系，唐代士人行踪远比此前各代为广，而唐诗亦随之得江山之助、风云淘洗，使得自然、地理造成的诗歌表现视域顿为扩大，而当时的社会历史文化风俗等信息也就自然地被收纳于诗歌创作之中了。

陈寅恪先生较早倡导"诗史互证"的研究方法，他是以唐诗"证"唐史，如"汉廷老吏之断狱"，对唐诗中隐含的历史文化信息钩隐抉微。而我们这本小书，则是从唐诗"说"唐史，以唐诗为引子，讲述唐史知识，是为青少年读者提供的一本通俗读物。

唐诗往往包含唐史，而又富有诗意，所以唐诗不失为激发青少年读者对唐史产生进一步兴趣的引子。唐诗的繁花硕果，是从唐史-唐代社会生活这棵参天大树上生长出来的。我们观赏繁花硕果，可以进而观赏生长繁花硕果的参天大树，同样，我们欣赏唐诗，也可以进而了解产生唐诗的唐史。唐诗对唐史的反映，可以激发我们对唐史的兴趣，或许可以补充我们对唐史的知识，当然，也可以深化我们对唐诗的知识。

真诚地欢迎读者对书中存在的缺点、错误提出批评指正。

大漠孤烟直，长河落日圆

——唐朝的开拓西域

单车欲问边，属国过居延。征蓬出汉塞，归雁入胡天。大漠孤烟直，长河落日圆。萧关逢候骑，都护在燕然。

——王维《使至塞上》

开元二十五年（737），河西节度副使崔希逸战胜吐蕃，王维以监察御史奉节劳军，在奉使途中写下这首诗。诗中"大漠孤烟直，长河落日圆"两句，曾被王国维嘉许为"千古壮观"的名句。这两句诗好在哪里呢？

一是写景时注意到了绘画上的构图原理，平旷的大漠、直上青天的孤烟、圆圆的落日，构成一幅横线、垂线、圆相互组合的立体空间画面，并且境界阔大而生动。

二是抓住西域风光的典型特色进行描绘，给人们展示出了迥异于内地的边地景色。诗中的居延，在今甘肃张掖西北，是西域重地。王维诗中所写之"孤烟"，应是烽火。汉唐在西域多置烽燧（唐称堠）。古代用狼粪点燃烽火，因为狼粪燃后，烟直而聚拢，即使有风吹，也不容易倾斜，人们在远远的地方就能看得到。王维"直"字下得非常形象。

三是显现了边境平安，唐王朝国势强盛，表现了戍边将士的自豪感。"孤烟"指的是"平安火"。唐杜佑《通典·兵五·守拒法》"烽台"条:"每晨及夜平安,举一火;闻警,固举二火;见烟尘,举三火;见贼,烧柴笼。如每晨及夜,平安火不来,即烽子为贼所捉。"由此可知,唐代的军事制度规定:举烽火报信号的时间是每天早晨及入夜时分,报平安的信号是举一道火,报警的信号是举二道火、三道火。《通典》所载"每晨及夜平安,举一火"之"夜",是指入夜时分。《资治通鉴》唐玄宗天宝十五载六月辛卯条:"及暮,平安火不至,上始惧",胡三省注:"《六典》:唐镇戍烽候所至,大率相去三十里。每日初夜,放烟一炬,谓之平安火。"席豫《奉和圣制送张说巡边》诗云:"春冬见岩雪,朝夕候烽烟",这"烽烟"就是早晨和入夜时分的平安火。元稹《遣行》:"迎候人应少,平安火莫惊。"姚合《穷边词》之二:"沿河千里浑无事,惟见平安火入城。"元、姚诗里直接提到了"平安火"。杜甫《夕烽》:"夕烽来不近,每日报平安。塞上传光小,云边落点残",也可以为证。

王维诗中之"落日",与唐代军事制度所规定的举烽火报信号时间为入夜时分相合;诗中之"孤烟",与所规定的报平安信号为"举一火"相合,可见诗是描写黄昏时分的平安火。

"大漠孤烟直,长河落日圆"的象外之意是:

第一,广大边塞,平安无事。

第二,守边健儿,功绩卓著。

"大漠孤烟直,长河落日圆"这幅画面,是对健儿守边功绩最含蓄的赞美,是对盛唐边塞巩固这一全诗主题最有力的暗示。全诗写经过居延、萧关,写都护在燕然山,都表示唐朝边塞远在汉代边塞以远,极言唐朝的版图阔大、国防巩固。这两句诗写广大边塞平安无事,正与全诗主题相合。

王维此诗，并非溢美之词。初盛唐时代，唐王朝对于西域的控制，确实是比较牢固的。

一、西域角逐

中国历史上自汉以来称玉门关、阳关以西地区为西域，意思是西部的疆域。汉武帝建元三年（前 138），派张骞出使大月氏，通西域。之后又令霍去病两次出击，将匈奴逐出河西。元鼎六年（前 111），汉置敦煌等河西四郡，开通陆上丝绸之路。此后，汉民族与西域政治、经济、文化的联系日益加强。魏晋南北朝时朝，中原分崩离析，战乱不已，行政管辖权虽未及西域，但中原与西域仍然保持着政治、经济和文化上的联系。隋朝统一后，对突厥的征伐取得阶段性胜利，而后积极开展了经营西域的活动。隋炀帝曾亲至张掖（今甘肃张掖西北），盛陈衣服车马以示中原文明之盛。大业四年（608），隋灭吐谷浑，又在西域吐谷浑故地设西海（伏俟城）、河源（赤水城）、鄯善（今新疆若羌）、且末（今新疆且末）四郡，次年，又设伊吾（今新疆哈密）郡。隋末，伊吾及西域诸国趁中原变乱，又依附于突厥。

代隋而兴的唐朝，非常关注西域形势。贞观四年（630），在唐太宗的亲自策划下，唐将李靖等大胜东突厥，消灭了称雄大漠百余年，盛极一时的世界第一大草原帝国——东突厥汗国。这使西域各族为之震动，各地首领纷纷要求归附。伊吾城主率所属七城自愿归顺唐朝，唐朝置西伊州（后改称伊州，今新疆哈密），西域门户洞开，游牧酋长纷纷率部归附于唐，尊唐太宗为"天可汗"。这些都为唐朝统一西域各地创造了条件。

贞观八年（634），吐谷浑入侵唐的西部边境。十余万唐军与近二十万的吐谷浑联军，在广阔的青海草原上，展开了生死碰撞，吐谷浑惨败，举国逃亡。唐军进击数千里，穷追不舍，逼得吐谷浑走投无路。王昌龄《从军行》描述：

大漠风尘日色昏，红旗半卷出辕门。

前军夜战洮河北，已报生擒吐谷浑。

地处丝路要冲的高昌王国是一个以汉人为主的城邦小国，国王叫麹文泰。他追随西突厥反叛唐朝，勒索并时常扣留西域各地到长安去的使者与商人。唐太宗诏见麹文泰，被麹文泰拒绝，还对太宗说："你是天上的老鹰，我是蒿草中的公鸡，我们各得其所，你管不着我。"（《新唐书·高昌传》："鹰飞于天，雉窜于蒿，猫游于堂，鼠安于穴，各得其所，岂不快耶！"）太宗决定消灭之。贞观十四年（640），唐将侯君集率领精锐骑兵横渡大漠，长驱三千里，直取高昌都城，一战而下。

高昌既克，大唐王朝在这里设立了驻守西域的第一个最高统治机构——安西都护府，管辖西域军政事务。贞观二十二年（648），唐朝终于打败同唐朝作对的西突厥势力，消灭龟兹（今新疆库车），将安西都护府治所由西州（原高昌故地）移至龟兹，设龟兹、疏勒（今新疆喀什）、焉耆（今新疆焉耆西南）、于阗（今新疆和田西南）四镇，史称"安西四镇"。"箭利弓调四镇兵，蕃人不敢近东行"（姚合《穷边词二首·其二》），四镇的设置，标志着唐朝统一西域的宏图大业终于完成。

安西四镇之首龟兹，北通乌孙，南连于阗，东西有丝绸之路中道贯穿，龟兹处在西域中心的十字路口上，是唐代著名的军事重镇。唐朝在龟兹驻军三万人，有组织地进行屯田和放牧，建成了当时西域最大的屯田基地。

疏勒镇，是丝绸之路中道和南道的会合之地。骆宾王《从军中行路难》："阵云朝结晦天山，塞沙夕涨迷疏勒"，王维《老将行》："誓令疏勒出飞泉，不似颍川空使酒"，都写出了当时疏勒的地理特点——多风沙，少饮水，行路艰难。

焉耆，位于丝绸之路中道。岑参《早发焉耆怀终南别业》，以及陈陶《塞下曲二首·其二》："牛羊奔赤狄，部落散燕耆"，则可见焉耆散居着许多游牧民族部落。

于阗，位于塔克拉玛干沙漠南沿，是丝绸之路南道上的重镇。唐朝以于阗为中心守卫西域南部的国防线。

太宗死后，瑶池都督阿史那贺鲁反叛，安西四镇失陷，安西都护府撤回西州。唐高宗显庆二年（657），唐平叛，生擒阿史那贺鲁。安西四镇恢复，安西都护府移回龟兹。

随着大唐帝国的兴起，同时代也有两个强国正在悄悄崛起，一个就是青藏高原上有史以来最强大的地方政权——吐蕃帝国（定都今拉萨），还有就是中东的阿拉伯帝国。这两个国家成为了与唐帝国争夺西域的劲敌。

安西四镇的兴旺很快就引起了吐蕃的觊觎。唐高宗咸亨元年（670）吐蕃入西域，对安西都护府发动了第一次攻击，拉开了两国争夺西域的序幕。唐朝放弃安西四镇，安西都护府撤回西州。此后，在唐与西突厥、吐蕃、突骑施等斗争过程中，四镇几经争夺后，终于被唐收复。调露元年（679），碎叶镇（今吉尔吉斯斯坦塞克湖以西，托克马克城附近）设立，代焉耆为四镇之一。武后长寿元年（692）唐军打败吐蕃后，遣军两万四千常驻四镇，使安西都护府稳定地设置在龟兹王城达百年之久。

长安二年（702），武则天在庭州金满城（今新疆吉木萨尔北破城子）设立北庭都护府，掌管天山北路东起伊吾西至碎叶河的军政大权。北庭都护府与治龟兹的安西都护府，一北一南，使西域的政治军事中心增加到两个。两都护府大体以天山为界，安西都护府守护丝路中道和南道，防范日益强大的吐蕃王朝；北庭都护府沿丝路北道驻兵屯田，防止突厥的进犯。

北庭都护府设置后，碎叶镇转归北庭都护府管辖，四镇名目虽存，但实际上安西所辖只有龟兹、于阗、疏勒三镇。开元七年（719），唐玄宗应允了西突厥十姓可汗提出的移居碎叶的请求，又以焉耆代碎叶。此后四镇复为龟兹、疏勒、于阗、焉耆。天宝六载（747），唐将高仙芝攻破由吐蕃控制的小勃律（今克什米尔地区的吉尔吉特），招降小勃律王，改国号为归仁，派兵镇戍。高仙芝的胜利也标志着唐朝对西域的控制到了顶点。此时，唐王朝控制了帕米尔山谷地区，成了吐火罗地区的保护者。

阿拉伯帝国当时处于倭马亚王朝（定都大马士革，中国古代称其为白衣大食）统治时期。他们趁着唐军这个时期在青海和吐蕃进行大规模的战争而无暇顾及西域，凭借地理上的巨大优势，在西域逐渐进行扩张。唐朝先是利用突骑施——一个突厥族的部落，给了阿拉伯帝国相当沉重的打击。突骑施可汗名叫苏禄，唐玄宗把交河公主嫁给了他。突骑施受了唐朝的安抚，也为了自身的利益，与阿拉伯人多次交战，很大程度上牵制了阿拉伯帝国。后来，苏禄反唐攻四镇，被部属杀死，突骑施分裂。阿拉伯帝国迅速恢复了在中亚的统治地位。

公元 750 年，阿拉伯帝国进入阿拔斯王朝（定都巴格达，中国古代称其为黑衣大食）统治时期。为了打破阿拉伯帝国的统治，天宝十载（751），安西节度使高仙芝以石国无藩臣礼节为由发动了对石国的战争。石国是中亚小国（今乌兹别克斯坦塔什干），唐高宗显庆年间成为唐朝的属国，后来石国助唐讨突骑施苏禄可汗有功，高宗又册其王为顺义王。石国本来一直与唐保持良好的关系，但其后双方关系发生变化。高仙芝讨伐石国固然有打击阿拉伯帝国在中亚势力的目的，但也有他贪功好利的因素。按《资治通鉴》卷二百一十六天宝九载所记，石国王请和投降，"高仙芝伪与石国约和，引兵袭之，虏其王及部众以归，悉杀其老弱。仙芝性贪，掠得瑟瑟十余斛，黄金五六橐驼，其余口马杂货称是，皆入其家"。天宝十载（751）正月，高仙芝又将石国王献于朝廷斩首。石国王子逃到中亚诸国，告仙芝欺诱贪暴之状。诸国皆怒，想要暗中引大食共谋四镇。高仙芝只好与大食作战了。

这就是著名的怛罗斯（今哈萨克斯坦江布尔城附近）战役。天宝十载（751）八月，高仙芝率蕃、汉兵七万出击大食，深入七百余里，在怛罗斯城与大食军相遇，两军相持五日，最后，唐军因葛罗禄部众倒戈，在大食和葛罗禄的夹攻下大败，大批唐朝士兵死亡或被俘，高仙芝逃回安西，所余才数千人[①]。

安西都护府在怛罗斯之战后损失惨重，精锐损失殆尽，但是盛唐时期的恢复能力是惊人的，仅仅过了两年，升任安西节度使的封常清于天宝十二载（753）进攻受吐蕃控制的大勃律（今克什米尔地区巴勒提斯坦），"大破之，受降而还"。这说明安西都护府的实力已经大体恢复，如若不是安史之乱，安西都护府是有能力再次和阿拉伯人一争高下的。

天宝十四载（755），安史之乱爆发，安禄山叛军从平卢、范阳、河东三边镇长驱南下，攻陷两京，玄宗仓皇奔蜀。唐肃宗在灵武继位之后，调集西北边军勤王平叛，守卫西域的安西、

---

① 杜佑《通典》卷一百八十五《边防》总序注载："七万众尽没。"

北庭节度使属下的边兵被大批调往内地，同时征发西域各国本地的军队帮助平叛。

西域边兵大批内调，对平定安史之乱起了重要的作用，但是却大大削弱了唐朝在西域的势力。西域防御能力的衰退，给大食和吐蕃提供了入侵的时机。于是，吐蕃大举进攻河西。到广德元年（763），吐蕃军队已经尽陷兰、廓、河、都、洮、岷、秦、成、渭等州，占领了河西、陇右的大部分地区。张籍《西州》诗："羌胡居西州，近甸无边城"，白居易《西凉伎》："平时安西万里疆，今日边防在凤翔"，即指此。此后西域守军与内地的联系断绝，但仍然奉唐正朔，坚守西域。唐德宗建中二年（781），四镇留守郭昕的奏表到了长安，朝廷任他为安西大都护。一直到贞元五年（789），安西四镇仍然为唐军驻守。当时的形势是：阿拉伯帝国仍然控制着葱岭以西的西域地区；四镇、北庭以及西州还掌握在唐朝守军的手中；吐蕃政权西据伊吾，东有陇右，占据河陇地区，隔断了四镇与朝廷间的联系；而回鹘汗国则占据了金山以东的漠北草原，并进而左右着北庭地区的局面。

贞元五年（789）冬，吐蕃军队以葛逻禄等作为向导，联合大举进攻北庭。北庭很快就被吐蕃攻陷，唐节度使杨袭古率残兵二千人逃往西州。而后杨袭古与回鹘谋求夺回北庭，但又被吐蕃击败，杨袭古被回鹘杀死。此后，西域西州、于阗等地也被吐蕃攻陷，唐朝势力最终退出西域，从而结束了唐朝长达一个半世纪的经营西域的活动。

二、西域军政

在这一个半世纪内（640—790），唐代曾在西域设立了完备的行政体系，将西域划归陇右道，并设立安西四镇作为西域地区的主要城市。唐代前期对西域的统治，根据不同情况，采取了不同的措施。

一种情况是实行与中原相同的州县制。如在伊吾设伊州，在高昌设西州，在西突厥原屯兵的可汗浮图城设庭州，在州县乡里按律令推行与中原大同小异的均田制、租庸调、差科、府兵制、学校等制度。

一种情况是羁縻府州。在天山以北的西突厥、突骑施等草原游牧民族活动的地区，唐朝设立羁縻性质的都护府、都督府和羁縻州，安置降附唐朝的部落。这些羁縻性质的都护府、都督府、羁縻州均归安西都护府和北庭都护府管辖。

一种情况是设置军事性质的都护府。唐在西域最先建立的是安西都护府。都护府之下，从太宗到玄宗时期陆续添置军、镇、戍、守捉、堡、烽堠等一系列级别的军事建置。

唐朝开疆拓地，西边的疆界直达咸海，范围甚广，而在西域天山南北地区，由于沙漠地带较多，唐朝置州与羁縻州，军防只能以城镇为中心，向四周辐射布局军、镇、戍、守捉与烽堠，控制丝绸之路要道。武则天时，崔融《拔四镇议》有云："并南山（祁连山）至于葱岭为府镇，烟火相望焉。"由此可见唐代西域烽堠之稠密。

烽堠成了唐代西域一大重要景观，也自然为边塞诗人所经常吟咏。从这些诗作中我们还可以体会得到当时守边将士的思想和感情。如李颀《古从军行》："白日登山望烽火，黄昏饮马傍交河。"韩愈《烽火》："登高望烽火，谁谓塞尘飞？"李益《暮过回乐烽》："烽火高飞百尺台，黄昏遥自碛南来。昔时征战回应乐，今日从军乐未回。"这些诗人把烽堠看作边关常景，甚至把看烽当作寻常乐事，字里行间充溢着战斗豪情。

可是，边疆毕竟是荒寒艰苦的，而且对面的敌人时时在虎视眈眈地窥伺。杜甫《释闷》："豺狼塞路人断绝，烽火照夜尸纵横。"杜牧《边上闻鸣笳三首》："何处吹笳薄暮天，塞垣高鸟没狼烟。"李商隐《寄太原卢司空三十韵》："鸡塞谁生事，狼烟不暂停。"

面对敌人的挑衅，将士们义愤填膺，坚决痛击。杨炯《从军行》："烽火照西京，心中自不平。"高适《燕歌行》："汉家烟尘在东北，汉将辞家破残贼。"岑参《走马川行奉送封大夫出师西征》："匈奴草黄马正肥，金山西见烟尘飞，汉家大将西出师。"贯休《古塞曲三首》："单于烽火动，都护去天涯。"

从军远戍的将士毕竟也是血肉之躯，难免久戍思亲。王昌龄《从军行》："烽火城西百尺楼，黄昏独坐海风秋。更吹羌笛《关山月》，无那金闺万里愁。"李益《夜上受降城闻笛》："回乐烽前沙似雪，受降城外月如霜。不知何处吹芦管，一夜征人尽望乡。"这些诗写的则是守望烽堠的唐军战士对远方家人的怀念。在岑参和李益的诗中还出现了烽堠的具体名称。岑参《题苜蓿烽寄家人》："苜蓿烽边逢立春，葫芦河上泪沾巾。"诗中的"苜蓿烽"在伊吾军（今新疆哈密）管内，天宝末年，岑参为伊西北庭度支副使，可能巡视到此。李益《暮过回乐烽》诗中的"回乐烽"约在今宁夏回族自治区灵武市西南。

烽堠对于唐王朝在西域的军事守备至关重要。无论吐蕃或别的西域敌人从何方侵扰龟兹或丝绸之路，安西都护可依托镇戍烽堠，利用灵活快捷的轻骑远程奔袭。岑参说："昨者新破胡，安西兵马回。铁关控天涯，万里何辽哉。"（岑参《使交河郡，郡在火山脚，其地苦热无雨雪，献封大夫》）就是保卫丝路交通安全的真实写照。

唐朝烽燧和供官员使臣往来休息的馆驿相连。唐制，烽和驿都隶属兵部，皆三十里一置，故有时在重要驿道上出现烽驿并置，烽主放烽火，驿主传牒。所以唐人往往将烽驿相提并论。岑参诗中就曾说："寒驿远如点，边烽互相望。"(《武威送刘单》)崔颢《送安西都护裴行俭赴任赠诗》称"汉驿通烟火"，也是指通往西域的驿道上烽驿相连。

总之，西域烽燧为保卫祖国边疆，维护祖国统一和确保丝绸之路的安全立下过重要功劳。至今丝绸之路上还存在着许多烽燧的故迹。茫茫戈壁，夕阳残照，这些断壁残垣仿佛一块块历史的标本，记录着湮没于千年风沙下的亘古岁月。

唐朝统治者"恩威并施"，对西域诸部族怀之以文德，羁縻而治之，既保持强大军事威慑，又常实行积极求和的怀柔招抚之策。常建《塞下曲四首·其一》：

> 玉帛朝回望帝乡，乌孙归去不称王。
>
> 天涯静处无征战，兵气销为日月光。

唐王朝的招抚策略，使得边疆地区暂时得到一定的安宁，有利于边疆社会秩序的稳定，有利于人民的生产与生活，客观上冲淡了民族偏见，推动了民族融合。

这一时期，大批汉人来到西域戍边、赴任、经商、谋生，他们把中原先进的科技、文化知识进行广泛传播，对西域产生了深远影响。张籍《凉州词》："边城暮雨雁飞低，芦笋初生渐欲齐。无数铃声遥过碛，应驮白练到安西。"这首诗是丝绸之路上的和平牧歌。唐朝政府经常雇用商队越过茫茫戈壁，向安西都护府运送以丝绸为主的各种物资，作为战功赏赐和贸易商品。

唐朝在西域兴水利、开屯田，促进了西域的经济发展。岑参《敦煌太守后庭歌》："太守到来山出泉，黄沙碛里人种田。敦煌耆旧鬓皓然，愿留太守更五年。"元稹《西凉伎》："吾闻昔日西凉州，人烟扑地桑柘稠。葡萄酒熟恣行乐，红艳青旗朱粉楼。"来此的唐朝官员和各族人民一道开山引泉，发展农业生产，变沙漠为绿洲，使得昔日的荒凉之地，渐渐物阜民丰，人烟稠密。

随着共同的劳作和交往，民族间的联系也日益加强了，西域各民族间呈现出和睦相处的局面。岑参《奉陪封大人宴》："幕下人无事，军中政已成。座中殊俗语，乐杂异方声。醉里东楼月，偏能照列卿。"唐朝官员和各族将帅酋长虽然语言不同，习俗各异，但同饮美酒，共赏明月，相互尊重，平等相处。

正是依靠民族间的团结协作，唐朝才能政局统一，社会稳定，始终掌握西域的政治主导权。即使在安史之乱后唐朝国力大衰，秦陇为吐蕃所陷，西域与内地隔绝的时期，唐朝的安西、北庭能于绝境中守土三十五年，原因也大致基于此。

三、文化交流

唐代对西域将近一个半世纪的经营，不仅对于巩固唐代西北边防，保护东西方的内陆交通起到了十分重要的作用，而且对于促进民族的融合，推进西域和内地的文化交流，意义更为重大。

唐朝在西域的经营和中原汉人的西入，使得汉文化在西域得到普遍传播。如唐代中叶，有波斯僧侣来华传教，学得养蚕缫丝的技术。归国时，顺便带回一些蚕卵，缫丝工艺因而传到东罗马帝国的首都君士坦丁堡。再如高仙芝败于怛罗斯，其随军的造纸工人被大食俘虏，由是造纸术传入大食。此外，中国的丝织品、瓷器、书画也在这时陆续传入中亚与东欧一带。从沈彬的《塞下曲》"胡儿向化新成长，犹自千回问汉王"，可以看出西域各族对中原文化的向往。

在内地汉人大量来到西域的同时，西域人迁到内地者也越来越多。他们大多是胡商、传教士、诸国质子、各国进献的有伎艺者及战乱避难者等，移民人数估计有四五十万。西域移民主要分布在东起营州（今辽宁朝阳市），西至沙州（今甘肃敦煌）的广阔沿边地区，以及长安、洛阳、广州、扬州、泉州等地。西域移民的内迁，也扩大了民族间的交流，加深了彼此间的影响。

这种影响首先在唐代文学，特别是唐诗中显现出来。

人们对西域的认识，开始由陌生到熟悉了。唐代诗人喜欢将西域的古国名、地名及古城甚至古代的民族、部落名称引到诗歌作品中来。如：李白《战城南》："洗兵条支海上波，放马天山雪中草。"杜甫《房兵曹胡马》："胡马大宛名，锋棱瘦骨成。"王维《送平澹然判官》："须令外国使，知饮月氏头。"岑参《轮台歌奉送封大夫出师西征》："羽书昨夜过渠黎，单于已在金山西。"陶翰《燕歌行》："雪中凌天山，冰上渡交河。"诗中的条支、大宛、月氏、渠黎、交河等，都是西域国名、地名。条支在今伊拉克境内。大宛的地理位置相当于今天的费尔干纳盆地。月氏是中国古代西部的早期部落，后一部分西迁入伊犁河谷、阿姆河上游一带，称大月氏；另一部分随羌西迁入塔里木盆地南缘，称小月氏。渠黎在今新疆轮台县西南。交河在今吐鲁番市郊。

随着与西域联系的紧密，汉民族的眼界日益开阔，人们日益把眼光沿着丝绸古道，投向遥远的西域。王维《送元二使安西》：

> 渭城朝雨浥轻尘，客舍青青柳色新。
>
> 劝君更尽一杯酒，西出阳关无故人。

阳关，在甘肃西部的敦煌附近。从长安过阳关到安西，正是唐朝的丝绸之路干线。随着西域的不断开发，立功边塞成为士子走上仕途的重要路径之一，也成为他们的人生理想之一，这一切都在边塞诗中得到淋漓尽致的表现。在唐边塞诗中，我们可以看到西域奇异的风光，也可以看到将士们净扫边尘、以身许国的壮志豪情。

其实，西域对于文学的影响，还远不止于边塞诗。可以说，唐代一流的诗人如李白和杜甫，都在很大程度上受到了西域文化和风俗的重要影响。

李白虽非出生于西域，但李白的父祖辈一百余年流寓西域，李白很可能有西域民族血缘。李白无疑深切地接受了西域文化的影响，其放荡不羁、豪放爽朗的性格特征与他出生在深受西域文化影响的家庭有密切联系。李白大约从他父辈那里学得了西域月支文（蕃文）。李白《寄远十二首·其十》：

> 鲁缟如玉霜，笔题月支书。寄书白鹦鹉，西海慰离居。
>
> 行数虽不多，字字有委曲。

他能用月支文给住在西面咸海一带的友人写信。范传正《李公新墓碑序》也说李白在翰林院时，"论当世务，草答蕃书，辩如悬河，笔不停缀"。更为重要的是，西域文化丰富了李白诗歌创作的内容。李白诗中涉及西域风物的多达几十首。西域风光、西域歌舞、西域服饰、胡客、胡姬、胡马、胡雁、胡床……，在李白诗歌中比比皆是。例如李白的《客中作》："兰陵美酒郁金香，玉碗盛来琥珀光。"郁金香和琥珀就都来自西域。

杜甫未曾到过西域，但杜甫诗中涉及西域文化的却相当多。杜诗反映的西域文化是丰富的、全面的。大凡西域地名国名，西域神话典故，西域胡人的性格、习俗，西域音乐、舞蹈、饮食，都无不被杜甫摄入诗来。西域文化为杜诗提供了大量新的主题和新的表现内容。针对西域战争，杜甫持鲜明的反战态度。如杜甫《奉送郭中承兼太仆卿充陇右节度使三十韵》说"和戎犹怀惠，防边讵敢惊。古来于异域，镇静示专征"。再如《遣兴三首·其一》，杜甫说："故老行叹息，今人尚开边。汉虏互胜负，封疆不常全。安得廉颇将，三军同晏眠。"安史之乱以后，随着唐王朝与吐蕃关系出现裂痕，杜甫对西域文化给予了更多的关注和思考。《寄董卿嘉荣十韵》："犬羊曾烂漫，宫阙尚萧条。猛将宜尝胆，龙泉必在腰。黄图遭污辱，月窟可焚烧。会取干戈利，无令斥候骄。"可见，杜甫虽足迹未至西域，却也受到了时代的熏染，向它投出了关注的目光，表达了他对西域战争、民族、文化等各方面问题的思考。

其实，唐代文学不仅仅是诗歌受到了西域历史和文化的重要影响，词、变文等文学样式，更是在西域文化的熏陶及西域文化与中原文化的交融中产生、演变和发展的。敦煌曲子词是产生较早的民间词，对晚唐五代词乃至宋词都有重要影响。变文是一种有说有唱的唐代新兴文体。有些变文如《张议潮变文》讲的是张议潮收复瓜州、沙州，投归唐朝的故事，是有关西域现实题材的作品。

在音乐、舞蹈、绘画、雕塑等艺术方面，西域文化对唐代的影响也都很大。元稹曾作《法曲》慨叹道："女为胡妇学胡妆，伎进胡音务胡乐"，"胡音胡骑与胡妆，五十年来竟纷泊"。王建《凉州行》也说："城头山鸡鸣角角，洛阳家家学胡乐。"可见，中唐时期西域的音乐舞蹈在中原甚为流行，"胡乐东渐"的现象势头不减。

西域的乐器种类繁多，主要有胡笳、羌笛、胡琴、琵琶等。军旅幕府佐宴演奏时经常使用这些乐器。岑参《白雪歌送武判官归京》写道："中军置酒饮归客，胡琴琵琶与羌笛。"《酒泉太守席上醉后作》又说："琵琶长笛曲相和，羌儿胡雏齐唱歌。"即使深居内地的人也会经常听到西域的音乐，如孟浩然《凉州词》："异方之乐令人悲，羌笛胡笳不用吹。"又如白居易《听曹纲琵琶兼示重莲》："拨拨弦弦意不同，胡啼蕃语两玲珑。谁能截得曹刚手，插向重莲衣袖中。"

唐代由西域诸国传入许多乐舞，风靡长安与中原其他地区。奏乐者与歌舞者往往技艺高超，令人赞叹不已。白居易和元稹各有《胡旋女》之作，记述来自西域的胡旋舞。白居易《胡旋女》说："胡旋女，出康居。徒劳东方万里余。中原自有胡旋者，斗妙争能尔不如。天宝季年时欲变，臣妾人人学圆转。中有太真外禄山，二人最道能胡旋。"向达先生认为："唐玄宗开元、天宝时，西域康、米、史、俱密诸国（屡献胡旋女子），胡旋舞之入中国，当始于斯时。"[①] 白居易《胡旋女》题下注："天宝末，康居国献之。"诗中讲胡旋女自外国万里而东来，献艺舞蹈，不想却被杨玉环和安禄山后来居上了。可见胡旋舞多姿多彩、新奇绚丽，引起了内地舞者的自觉学习。来自西域的乐舞除了胡旋舞外，柘枝舞在当时也很知名。刘禹锡《观柘枝舞》："胡服何葳蕤，仙仙登绮墀。神飙猎红蕖，龙烛映金枝。"沈亚之《柘枝舞赋序》说"今自有土之乐舞堂上者，惟胡部与焉，

---

① 向达《唐代长安与西域文明》，河北教育出版社，2001年，第70页。

而柘枝益肆于态。"可见柘枝舞的舞姿是大胆泼辣有力度的。总之，唐代西域乐舞以其优美欢悦、技艺高超而流行朝野，广泛深入民间。

西域文化还深入到唐人社会生活的各个方面，影响到人们的饮食起居。胡服和胡帽在中原的流行，化妆用胭脂和朱砂，都是受了西域文化的影响。唐人普遍喜欢从西域诸国传入的胡食。白居易《寄胡饼与杨万州》就说胡饼非常可口："胡麻饼样学京都，面脆油香新出炉。"都市酒肆又乐于聘用来自西域的年轻女子来卖酒，胡姬当垆，遂成街头一景。如李白《少年行》："落花踏尽游何处？笑入胡姬酒肆中。"胡姬当垆，可广招徕。这主要因为胡姬的声歌乐舞，最可娱宾。例如：贺朝《赠酒店胡姬》："胡姬春酒店，弦管夜锵锵。红毾铺新月，貂裘坐薄霜。"李白《醉后赠王历阳》："双歌二胡姬，更奏远清朝。"表现的都是胡姬以歌唱演奏来佐酒助兴的情景。

总之，边疆民族的内迁和文化交流，在文学、艺术、文化以及社会生活各方面都产生了重要的影响，即所谓的"胡化"。正如向达先生所言：在中原，"胡化盛极一时"，"胡化大率为西域风之好尚：服饰、饮食、宫室、乐舞、绘画，竞事纷泊"①。唐代的汉胡即内地和西域，不同的文化经过接触、碰撞，已经越来越紧密地交融在一起了，西域文化在中原文化躯体中注入了新鲜的文化血液。而这，正是唐王朝对西域一个半世纪苦心经营的最大收益。

① 向达《唐代长安与西域文明》，第42页。

九天阊阖开宫殿，万国衣冠拜冕旒

——唐朝的周边关系和中外关系

> 绛帻鸡人报晓筹，尚衣方进翠云裘。九天阊阖开宫殿，万国衣冠拜冕旒。
>
> ——王维《和贾至舍人早朝大明宫之作》

唐肃宗乾元元年（758）的一天，中书舍人贾至作《早朝大明宫》，杜甫、王维、岑参这三大诗人都依题酬和贾至。王维在诗中描绘了大明宫早朝的庄严气象与皇帝的威仪。"万国衣冠拜冕旒"，说明朝拜皇帝的不只是朝廷的文武官员，还有许多来自不同国家和地区的客臣。万国来朝的景观，从一个侧面反映了当时唐王朝对外经济文化交流的繁荣。

这些来朝的客臣，有一部分是来自唐王朝周边的吐蕃、回纥、南诏、渤海国等邻国、属国或羁縻州府的。唐王朝与这些地方的关系是复杂多变的。

吐蕃与唐王朝的关系最为重要和复杂。公元七世纪初年，松赞干布统一青藏高原的羌族诸部，建立吐蕃奴隶制政权。《新唐书》卷二百一十六下《吐蕃传下》：

> 唐兴，四夷有弗率者，皆利兵移之，蹶其牙，犁其庭而后已。唯吐蕃、回鹘号强雄，为中国患最久。赞普遂尽

盗河湟，薄王畿为东境，犯京师，掠近辅，残戮华人，谋夫猇帅，环视共计，卒不得要领。晚节二姓自亡，而唐亦衰焉。

吐蕃确是唐的一大对手，与唐王朝的战争频频发生。如唐前期与吐蕃争夺吐谷浑的战争、吐蕃进犯安西四镇与唐军的战争等。唐玄宗时期，唐蕃战争以河陇一带为主战场，同时争夺对西域控制权的战争也仍在进行。东突厥及突骑施衰落后，唐蕃争夺的重点又转移到葱岭以南地区。在争夺中，唐王朝颇具进攻态势，具有一些优势。天宝前期，唐将高仙芝、封常清先后攻破小勃律（今克什米尔地区吉尔吉特），大勃律（今克什米尔地区巴勒提斯坦）。至此，唐在对吐蕃的战争中取得了全面胜利。(《新唐书》卷二百一十六《吐蕃传》) 安史之乱爆发后，唐朝调河西、陇右、西域等地军队的精锐东援。吐蕃乘虚而入，当地守军力不能支，河陇、西域之地先后为吐蕃所占。"西南背和好，杀气日相缠。"（杜甫《西山三首·其一》）吐蕃经常长驱直入唐境，唐都长安也处于吐蕃的威胁之下。唐代宗广德元年（763），吐蕃甚至一度攻占长安。唐将郭子仪亲赴回纥军营，说服回纥大将，合力击败吐蕃军。杜甫《近闻》：

> 近闻犬戎远遁逃，牧马不敢侵临洮。渭水逶迤白日净，陇山萧瑟秋云高。崆峒五原亦无事，北庭数有关中使。似闻赞普更求亲，舅甥和好应难弃。

吐蕃赞普曾娶唐睿宗之养女金城公主，故称唐玄宗为"皇帝舅"，自称"外甥"。杜甫在诗中无奈地表达了希望舅甥和好的愿望，说明这一时期，唐朝战略上渐渐处于防御态势了。后来，唐分化瓦解了吐蕃与回纥、南诏的同盟关系，使吐蕃四面受敌，加上内部矛盾加剧，吐蕃进入衰亡时期。唐蕃立"唐蕃会盟碑"，把各守分疆、友好往来的平等关系正式确定下来。到了唐宣宗时，河陇汉人乘吐蕃内讧之际，在张议潮率领下驱逐吐蕃，收取沙州、瓜州。吐蕃失去河陇，统治崩溃，国土分裂。

但是，唐和吐蕃也有修好关系、相对和睦的时期，这些时期对于唐蕃的共同发展，更为重要。唐贞观八年（634），吐蕃赞普松赞干布（又号弃宗弄赞）遣使来唐聘问，唐派使臣冯德遐前往逻娑（今拉萨）通好。松赞干布向唐请婚，唐太宗以文成公主嫁之。文成公主入蕃，唐派特使护送。松赞干布则以子婿礼礼太宗。此种关系，通过金城公主的入蕃得到进一步加强。唐中宗景龙四年（710）春，吐蕃遣使迎金城公主入蕃。在《全唐诗》中，以《奉和圣制送金城公主适西蕃》为题的 17 首诗，即是唐代诗坛对金城公主远嫁吐蕃的文学见证。如张说《奉和圣制送金城公主适西蕃应制》说：

> 青海和亲日，潢星出降时。戎王子婿宠，汉国舅家慈。

翁婿及舅甥关系的建立，在一定时期内，使得唐蕃关系相对安定，有利于汉藏经济文化交流，因而在历史上传为美谈。吐蕃不仅自唐传入了汉传佛教文化，也引进了汉族传统文化和生产技术，促进了边疆与内地的交流，也繁荣了吐蕃的文化。文成公主入蕃，带去了佛像、经书、工艺品、绸缎、农作物种子及乐器、工匠等，唐高宗时唐朝政府又送给吐蕃蚕种及制酒、碾硙、纸墨的工匠。金城公主入吐蕃亦随行有大批技艺工匠并携带大批锦缎。吐蕃的商队，也从内地采购绸缎、缯帛以及军用的弓箭等。李肇《唐国史补》中记载了一个有趣的小故事。唐朝使臣出使吐蕃，在帐中烹茶，吐蕃赞普问他烹的是什么东西。唐朝使臣说："这就是人们常说的茶，它可以解除口渴，去涤烦闷。"没想到，赞普说这东西我也有。他让人拿出来给唐朝使臣看，并且还一一介绍产地，它们都来自唐朝内地。这说明，唐蕃重建友好关系后，互市于赤岭，双方的经济交流进入了前所未有的繁荣时期。

回纥又作回鹘，乃维吾尔族的先民，是建立于漠北的游牧汗国。隋末唐初，回纥役属于突厥。贞观四年（630），唐灭东突厥前汗国后，回纥遂与薛延陀族并称雄于漠北。贞观二十年（646），回纥助唐灭薛延陀，并其部落，兼有其地，回纥等十二部酋长都请归附于唐，唐太宗接受诸部酋长所上"天可汗"的尊号。唐给回纥等部以府、州的名称，册封回纥可汗吐迷度为瀚海都督府都督。这可以看作回纥建国之始。回纥等漠北诸部对唐岁贡貂皮，唐对诸部有救灾平乱之责，双方互利。唐高宗时，回纥助唐收复北庭（今新疆吉木萨尔北破城子），击灭西突厥可汗阿史那贺鲁，又助唐攻高丽。唐徙燕然都护府于回纥，改名为瀚海都护；徙故瀚海都护于云中古城，改名云中都护。此后，回纥渐趋强大，成为漠北唯一的强国，控制着东到黑龙江上游，西到阿尔泰山的广大地区。天宝三载（744），唐玄宗册封其首领为怀仁可汗。此后，即使回纥很强，唐较衰弱，但可汗继位仍要唐加册封，且很少大举侵唐边境和夺取唐土地。

安史之乱中，唐朝长安、洛阳相继陷落。次年，唐肃宗借回纥骑兵平乱。杜甫《北征》记载了当时的情况：

> 阴风西北来，惨淡随回纥。其王愿助顺，其俗善驰突。送兵五千人，驱马一万匹。此辈少为贵，四方服勇决。所用皆鹰腾，破敌过箭疾。圣心颇虚伫，时议气欲夺。伊洛指掌收，西京不足拔。

回纥兵长于骑射，骁勇善战，在平息安史叛乱中战功赫赫。唐肃宗封回纥统帅叶护（怀仁可汗之子）为忠义王，约定每年送给回纥绢二万匹，又立马市，收买回纥马。不久，又册封回纥葛勒可汗为英武威远毗伽阙可汗，嫁幼女宁国公主为葛勒可汗妻。

但回纥毕竟是游牧国家，剽悍善掠。在帮助唐军平叛的过程中，也表现出其贪婪的一面。唐军收复洛阳，回纥入城大肆杀掠，杀人上万，火烧房屋一二十天不灭，抢得财物无数。杜甫《留花门》：

> 北门天骄子，饱肉气勇决。高秋马肥健，挟矢射汉月。自古以为患，诗人厌薄伐。修德使其来，羁縻固不绝。胡为倾国至，出入暗金阙。中原有驱除，隐忍用此物。公主歌黄鹄，君王指白日。连云屯左辅，百里见积雪。长戟鸟休飞，哀笳曙幽咽。田家最恐惧，麦倒桑枝折。沙苑临清渭，泉香草丰洁。渡河不用船，千骑常撇烈。胡尘逾太行，杂种抵京室。花门既须留，原野转萧瑟。

花门即回纥。杜甫的意见是，对于回纥，隐忍用之，"此辈少为贵"，不可使其倾国而至，伤害田地庄稼、杀掠百姓。和亲回纥，也不见得就是明智之举。杜甫《即事》对唐王朝的"和亲"之举提出反思：

> 闻道花门破，和亲事却非。人怜汉公主，生得渡河归。秋思抛云髻，腰支剩宝衣。群凶犹索战，回首意多违。

回纥可汗死，国人要以宁国公主殉葬。此事虽未实行，但宁国公主却不得不依回纥习俗割面（劙面）哭丧，匆匆归国。杜甫认为，和亲并不能达到定国安邦的效果，"群凶犹索战"说明依靠外族不可能实现平定祸乱、安抚人心的目的。这是杜甫在总结多年经验后的认识，而事实也证明了杜甫认识的正确。唐代宗向回纥借兵助讨史朝义，回纥登里可汗应召来助。登里可汗态度骄横，让迎接他的唐天下兵马元帅李适（即后来的唐德宗）

向他行拜舞礼。李适的随从官员据理力争，登里可汗则让手下毒打李适从僚。杜甫对这件事，也表示了巨大愤慨。其《遣愤》写道：

> 闻道花门将，论功未尽归。自从收帝里，谁复总戎机。
> 蜂虿终怀毒，雷霆可震威。莫令鞭血地，再湿汉臣衣。

受到侮辱的唐德宗李适，怨恨回纥，双方颇多芥蒂。回纥登里可汗骄横自大，贪得无厌，根本不懂得保持与唐的和好关系，他死后，回纥马上发生内乱，从而走向了衰亡。唐文宗开成五年（840）前后，回鹘（788年更此名）可汗被杀，汗国瓦解，诸部离散，其中一部分南下降唐，其余西迁。西迁的一支迁到了西州（今新疆吐鲁番），一支迁到河西走廊一带，一支迁到葱岭及其以西的地方。

回纥汗国从建立到灭亡，近二百年。通过助唐平定安史之乱、抵御吐蕃对西域的进攻、和亲、马绢贸易等方式，回纥和唐王朝保持着相当密切的政治、经济和文化往来。唐后期与回纥贸易往来较多，常以绢茶来换回纥的马匹与皮毛。不少回纥人滞留内地经商，仅长安城就有千余人。在唐先进文明的影响下，回纥的经济文化有很大发展，他们已从事农耕，并创制了回鹘文。

唐王朝和回纥的密切交往，成为唐代中外文化交流的重要媒介之一，促进了唐代的中外文化交流。

南诏是乌蛮族在今云南地区建立的一个少数民族政权。唐初，在洱海地区存有六诏（即六个部落王）。六诏之一的蒙舍诏，因在其他五诏之南，又称南诏。开元二十六年（738），南诏在唐廷支持下，吞并另外五诏。唐玄宗封蒙舍诏主皮逻阁为云南王，南诏政权正式建立，并与唐保持友好关系。唐廷扶植南诏的目的是联合南诏与吐蕃抗衡，以确保唐帝国西南疆的安全。

天宝五载（746），南诏占据滇池地区。唐王朝尽管不满，但为共同对付吐蕃，仍与之维持和平友好的局面。天宝九载（750），直接管理南诏事务的剑南节度使鲜于仲通骄横暴躁，其部属云南太守张虔陀贪财好色，贪暴苛求，导致南诏起兵叛乱，杀张虔陀，攻陷羁縻州三十余个。次年，唐廷派鲜于仲通率八万大军讨伐南诏。鲜于仲通自恃兵多将广，数次拒绝南诏的求和，迫使南诏不得不向吐蕃求援。在诏、蕃联军的夹击下，唐军大败，"士卒死者六万人，仲通仅以身免"。当时的宰相杨国忠与鲜于仲通交好，竟然为鲜于仲通向唐玄宗请功，并且为了掩饰失败，大举募兵以击南诏。人们早就听说云南瘴疠多、战争苦，都不肯应募。杨国忠就派人大量捉丁。"于是行者愁怨，父母妻子送之，所在哭声振野。"（《资治通鉴》卷二百一十六）杜甫《兵车行》记述当时情景说：

> 车辚辚，马萧萧。行人弓箭各在腰。耶娘妻子走相送，尘埃不见咸阳桥。牵衣顿足拦道哭，哭声直上干云霄。

这次战争以后，南诏转而投靠吐蕃，与吐蕃结盟，共同反对唐廷。天宝十三载（754）六月，唐侍御史、剑南节度留后李宓率七万大军再次进讨南诏，又遭大败。次年，安史之乱爆发，唐朝无暇南顾，南诏遂发展为西南部一个强大的地方政权。广德、建中间（763—783），吐蕃侵唐，常以南诏军为前锋。由于南诏军队肆行掠夺和杀戮，蜀人相语："西戎尚可，南蛮残我。"大历十四年（779）十月，南诏、吐蕃联兵二十万分三路进犯西川，企图夺取成都。唐将李晟大胜南诏军，并一鼓作气，把诏、蕃联军赶过大渡河。战后，南诏元气大伤，吐蕃却将惨败的罪责归咎于南诏，置其于臣属藩邦的地位，向其征收重税，占据了南诏的险要之地，调遣南诏军队出兵助防，使其疲惫不堪。南诏投靠吐蕃，反受挟制。

唐德宗贞元九年（793），南诏由于不堪吐蕃的奴役剥削，又向唐遣使求和，唐德宗遣使与南诏在点苍山神祠会盟，结束了唐与南诏对峙隔绝四十余年的局面。盟后，南诏乘吐蕃征调南诏军助其攻打回鹘之机，突然袭击，大破吐蕃。这在客观上有助于扭转唐王朝在西南、西北边疆的被动局面。

唐文宗太和三年（829），南诏统治者为了掠夺财富，背盟毁约，向唐发动过多次战争，曾一度攻陷成都，掠夺了大量人力、财物。次年，南诏又遣使入朝谢罪，与唐廷继续保持臣属关系。唐宣宗大中十三年（859），南诏王世隆（酋龙）继位，因其名犯太宗、玄宗之讳，唐不予册封。世隆乃自称皇帝，不再奉唐正朔，与唐决裂，派兵侵扰唐边，曾一度攻陷交趾（今越南河内），入侵西川，围攻成都，都被唐击败。唐昭宗天复二年（902），在唐王朝即将灭亡的前夜，南诏国也因为权臣政变而灭亡。

虽然时战时和，但南诏与唐的经济、文化交流却从未中断，南诏社会的发展，无不受到汉族地区的深刻影响。南诏在与唐交好时，多有贵族子弟往唐朝内地就学者。如唐西川节度使韦皋允许南诏贵族子弟轮流到成都就学，学成回国者至少有数百人。这对于改变南诏文化习俗的落后，无疑是大有裨益的。

渤海国是居住于我国东北地区的粟末部建立的一个少数民族政权，武周时自称"震"。开元元年（713），唐玄宗封粟末首领大祚荣为渤海郡王，渤海国至此建立，并统属于唐。渤海与唐始终保持着友好关系，因此，渤海国受到汉族文化的影响也最大。渤海王也常派子弟往学于唐。温庭筠《送渤海王子》说

25

"疆理号重海，车书本一家"，即是当时情况的写照。

参拜唐廷的"万国衣冠"中，还有很多是来自中亚诸国，南亚天竺，西亚波斯、大食，以及东亚新罗、日本等国的客臣。

中亚诸国，如吐火罗诸国、粟特诸国等，与唐朝关系相当密切。唐代葱岭（今帕米尔高原）以西，波斯以东，大雪山（今兴都库什山）以北，碎叶水（今楚河）以南的地区，在唐代以前由西突厥控制，唐朝灭西突厥汗国之后，在这里设置了羁縻都督府州，但仍然保持了各国统治者原来的地位。

吐火罗诸国，根据唐玄奘《大唐西域记》的说法，此地"南北千余里，东西三千余里，东厄葱岭，西接波剌斯（波斯，今伊朗），南大雪山（今兴都库什山），北据铁门"。这里在唐初也是西突厥汗国的属地。唐朝灭西突厥后，在这一地区设置了一些都督府州。吐火罗故地居丝绸之路南道要冲，战略地位比较重要。在唐朝从西域撤军之前，吐火罗诸国与唐朝间一直交往不断，甚至安史之乱时，吐火罗还曾发援兵助唐平叛，被编在朔方军之下。

粟特诸国处在中国、印度、波斯、罗马等古典文明交汇之地。唐代粟特地区以康国为中心，形成了主要由康、安、曹、石、米、何、火寻、戊地、史等国组成的所谓"昭武九姓"国。唐高祖武德七年（624），康国和曹国与唐朝通贡，自此联系不绝，但是粟特地区仍在西突厥政权的统治之下。唐高宗显庆三年（658），唐朝最终平定西突厥阿史那贺鲁叛乱，在粟特及邻近地区也建立了一些羁縻都督府和羁縻州，以各国国王为都督或刺史，进一步密切了与粟特地区的关系。安史之乱以后，边兵内调，吐蕃占据河陇，大食势力也在中亚逐步立住了根基，粟特诸国与唐朝的政治关系由密而疏。粟特诸国与唐朝曾有较多的经济文化交流，粟特人经商的范围遍及中亚及东亚、北亚各地，从而形成了"伊吾之右，波斯以东，职贡不绝，商旅相继"（《唐大诏令集》卷一百三十《讨高昌王麴文泰诏》）的局面。丝绸之路沿线，有许多骆驼驮着货物组成的商队，络绎不绝。张籍《凉州词》所说的"无数驼铃遥过碛，应驮白练到安西"，就是当时丝绸之路商贸繁荣的写照。在唐朝境内广泛分布的粟特移民点，在为经商活动提供便利以及保证商队的安全方面都发挥了重要作用。长期居住在中国的粟特商人甚至从敦煌、吐鲁番等地将中国的商业制度带到了粟特本土。

唐朝与南亚天竺诸国的交往，尤其是玄奘取经和王玄策的三次出使天竺，加强了两国的文化联系。

唐僧玄奘，在研究佛经过程中发现了佛经译文有很多错处，决心到佛教的发源地天竺学习佛经。贞观元年（627），玄奘从长安西出，踏上了西行取经求法的漫漫征途。玄奘过西域到天竺，并逗留天竺十五年，遍历天竺诸国，访求名僧、研习佛典，至贞观十九年（645）回到长安，带回佛经六百五十七部，受到了唐朝官民僧俗的热烈欢迎。

玄奘归唐后，唐太宗为他专门设立了译经场所，诏令他担任新落成的慈恩寺住持，修建了佛塔保存他从印度带回的佛经。慈恩寺是唐高宗作太子时为过世的母亲而建，故称"慈恩"，建于贞观二十一年（647）。塔则是玄奘在永徽三年（652）所建，称大雁塔，共有六层。天宝十一载（752），杜甫与高适、岑参、储光羲、薛据等同登慈恩寺塔。高适、薛据首先赋诗，杜、岑、储三人都和诗一首。岑参《与高适薛据登慈恩寺浮图》云：

> 塔势如涌出，孤高耸天宫。登临出世界，磴道盘虚空。
> 突兀压神州，峥嵘如鬼工。四角碍白日，七层摩苍穹。

杜甫《同诸公登慈恩寺塔》云：

高标跨苍穹，烈风无时休。自非旷士怀，登兹翻百忧。

方知象教力，足可追冥搜。仰穿龙蛇窟，始出枝撑幽。

杜、岑两诗都是佳作，诗中既赞寺塔之宏伟壮观，又赞佛法深奥，引人遐思。

佛教从印度传入中国后，求法僧人又常把汉译佛经携往天竺，从而出现了佛教"倒流"印度的现象。如玄奘就曾将《大乘起信论》译为梵文，使其在印度流传。这说明，唐朝对印度文化并不是仅限于被动吸收，而是在包括佛教在内的各个领域，对印度文化都曾产生过积极而深远的影响。

玄奘及僧人辩机撰著的《大唐西域记》十二卷，记载了玄奘在取经途中耳闻亲历的一百多个西域邦国的情况，范围包括今中国新疆维吾尔自治区、哈萨克斯坦、吉尔吉斯斯坦、乌兹别克斯坦、塔吉克斯坦、阿富汗、伊朗、巴基斯坦、印度、尼泊尔、斯里兰卡等国家和地区，详细记录了各地地理、交通、气候、物产、民族、语言、历史、宗教、政治、经济、文化、风俗等各方面的情况，集中体现了玄奘对唐代对外交通的重大贡献，加深了唐朝人民对西域和天竺的认识。玄奘的名字在中印两国，几乎家喻户晓，妇孺皆知。

玄奘成为中印两国友好往来的榜样。在他归国后，唐朝廷为了加强对天竺诸国的了解，又派王玄策在贞观十七年（643）至显庆年间（656—661），三次出使天竺。王玄策的出使，促进了两国及沿途国家物产的交流，如天竺的蔗糖、唐朝的"绫帛"、泥婆罗国的菠菜等，都通过出使实现流通。不仅如此，王玄策的出使，还大大推动了唐朝与天竺的文化艺术交流。贞观十九年（645），王玄策第一次出使时，曾在灵鹫山勒铭留念，又在摩诃菩提寺立碑，宣扬"大唐之淳化"。这些当然会促进天竺各地对唐朝的了解。与王玄策同到天竺的画工宋法智等人在天竺专门从事临摹佛像的工作，回到长安后，他们的创作引起轰动，使得道俗竞相模拟。佛像摹本广泛传播的同时，古代印度的绘画、雕塑技法，必定也随之流布到了唐朝社会的各个阶层。

唐朝与西亚波斯、大食等国也多有交往。

波斯是古代伊朗历史上的一个政权。唐太宗贞观六年（632），大食人开始大举入侵波斯，波斯与大食交战兵败，在贞观末最终灭亡，历时数百年。波斯王子卑路斯避居波斯东境，组成流亡政权。高宗龙朔元年（661），唐朝设置波斯都督府，并以卑路斯为都督。卑路斯在西域由于大食的侵逼而无法立足，于唐高宗上元元年（674）入朝，并最终客死于中土，唐朝册立其子泥涅师为波斯王，客居长安。高宗永隆年间，泥涅师由唐朝军队护送回到了吐火罗。泥涅师客居吐火罗二十余年，景龙二年（708）返唐，后病死于长安。

波斯商人足迹遍布唐朝各地，他们把胡椒、波斯枣、香料、珠宝等带到中国，又把中国的丝绸、瓷器、纸张等运往波斯，并转运到西方。此外，波斯金银器对唐朝金银器皿制造业的大发展产生了重要的影响。唐代金银器皿的数量骤然激增，很可能与波斯金银器皿制造技术传入中国相关。中国出土的唐代文物中，有一些具有浓厚萨珊波斯风格的银器，这些器物很可能也是波斯的输入品。波斯银币的流行，是中古时代中国对外文化交流的一项重要体现。此外，在今新疆、陕西、甘肃、河南、山西等地区，都曾发现波斯银币，而尤其以新疆唐代遗存中出土的为多。

在长期的经济、文化交往过程中，有大批波斯人进入中国，并具备了高深的汉文化修养，如唐末五代波斯人李珣一家就是其中的突出代表。李珣的祖先曾经是充任宫廷侍从的波斯胡人。李珣文学修养甚高，曾以"宾贡"（外籍人士参加的进士科考试）及第。李珣的《琼瑶集》是已知最早的词人专集。《琼瑶集》原书虽佚，但在《花间集》中收录有李珣的词37首。作为一个波斯人，而能有这样的文才，自然让人感到惊讶。五代后蜀何光远《鉴诫录》卷四载：尹鹗就曾戏谑李珣说："异域从来不乱常，李波斯强学文章。假饶折得东堂桂，胡臭薰来也不香。"李珣的妹妹李舜弦，是蜀后主王衍宫中的昭仪，竟然也是一位诗才出众的才女。她创作的诗歌如《随驾游青城》《蜀宫应制》等，得到当时文人的赞赏。

大食是唐代对阿拉伯帝国的称呼。唐高宗永徽二年（651），大食帝国消灭波斯，首次遣使来唐。此后，随着大食势力的扩张，唐朝与大食的接触日渐频繁，曾派使节来唐达三十六次之多。伊斯兰教先知穆罕默德有一条著名的圣训，称："学问虽远在中国，亦当求之。"表明了阿拉伯世界了解中国的迫切愿望。而唐王朝也同样需要了解阿拉伯世界。唐代最早亲历阿拉伯地区，并留下完整记录的是唐朝使节达奚弘通。《中兴书目》著录《西南海诸蕃行记》一卷，称："唐上元中（674—676），唐州（治今河南泌阳）刺史达奚弘通撰。弘通以大理司直使海外，自赤土至虔那，凡经三十六国，略载其事。"

唐玄宗开元、天宝年间，唐朝由东而西，吐蕃由南而北，大食由西而东，三方势力在西域交会。此时，受到大食侵扰的波斯、昭武九姓国和吐火罗故地各政权都纷纷请求唐朝的庇护，但唐朝的力量不足以有效保护这些政权。天宝九载（750），唐安西节度使高仙芝征讨石国，杀石国王。石国王子引西域诸国及大食兵，在怛罗斯（今哈萨克斯坦江布尔城附近）将高仙芝打得大败。此后大食在这一地区的实力大大加强了，而唐对西域的控制力则渐渐削弱。但是这次战役在东西方文化传播的历史上却有着极为重要的意义。在战争中，大批唐朝士兵包括工匠在内被俘往阿拉伯地区，其中就有造纸工匠，他们对中国造纸术的西传起了重要的作用。《通典》的作者杜佑的族子杜环，也在怛罗斯战役被大食军队俘虏。他在大食境内漂流十年之久，唐代宗宝应元年（762）返唐。杜环根据他在大食境内流寓的经历及见闻写了《经行记》，留下了中国与阿拉伯交往的最早的可靠记录。《经行记》原书已佚，但是杜佑在写作《通典》时，在"边防典"中摘录了其中部分内容。其中有些内容记述了一些早期阿拉伯风俗，吉光片羽，弥足珍贵。

唐朝与大食的经济文化交流非常值得重视。当时来唐经商的大食人非常多，尤其集中在广州。大食商人到唐经商，把造纸、纺织等技术传到非洲和欧洲，而唐三彩瓷器等更深受阿拉伯地区的赞赏。随着唐朝与大食贸易交往，阿拉伯金币、大食的器物如伊斯兰玻璃器等也传入了中国。1987年在西安法门寺唐代地宫中，就发现了一些较完整的来自于阿拉伯地区的玻璃器皿。

随着唐朝与大食交往的开展，伊斯兰教在唐代传入了中国。杜环《经行记》专门记载了所谓的"大食法"："大食法者，以亲戚弟子而作判典，纵有微过，不至相累。不食猪、狗、驴、马等肉，不拜国王、父母之尊。不信鬼神，祀天而已。其俗每七日一假，不买卖，不出纳，唯饮酒谑浪终日。"大食法，即伊斯兰教。大食人的风俗习惯和宗教信仰受到唐朝的尊重，有些大食人留居中国，在长安、广州都有伊斯兰礼拜寺。许多大食人由于长期居住在唐朝内地，具备了较高的汉文化修养，如唐宣宗时大食国人李彦升就曾以宾贡及第。

唐朝与东亚新罗、日本等国的交往，对于华夏文明的东传，意义重大。

唐初，辽东及朝鲜半岛上高句丽、新罗、百济三国鼎立。反对臣服唐朝的高句丽联合百济，攻打新罗。新罗向唐朝求救，唐太宗下令打造战船、招募军队，决计出兵高句丽。贞观十八年（644），唐太宗派水军四万从莱州渡海攻平壤，陆军六万从东北趋辽东，自己亲临前线督战。但陆军进攻安市城受阻，而寒冬将临，太宗只好下令撤军，远征失败。

唐高宗显庆五年（660），唐派大将苏定方率大军十万，与新罗夹攻，攻下了朝鲜半岛南部的百济，然后以百济为据点，屯田积谷，对付高句丽。乾封三年（668），唐军攻下平壤，虏高句丽王归京而杀之，高句丽灭亡。唐在高句丽故地置都督府、州、县，以薛仁贵为安东都护，镇守平壤。后来唐朝忙于应付吐蕃，再加上高句丽旧部反抗，唐朝将安东都护府内迁至新城（今辽宁抚顺市附近）。唐朝军队撤退后，高宗上元二年（675）新罗统一了朝鲜半岛。

新罗统一以后，和唐朝继续保持友好关系，两国互遣使节，不断从陆海两路往来。从唐初至唐末，新罗与唐朝往来最频，贡使最多。新罗王不断派遣使臣带着珍贵礼物来到长安，唐朝也经常送给新罗精美丝织品作为答赠。钱起《送陆珽侍御使新罗》：

　　衣冠周柱史，才学我乡人。受命辞云陛，倾城送使臣。去程沧海月，归思上林春。始觉儒风远，殊方礼乐新。

从诗中可以看出诗人对出使新罗的重视和对把中国文化带到新罗的希望。

唐朝与新罗贸易数量最大，来唐贸易的新罗商人很多。楚州（今江苏淮安）有新罗馆，莱州（今山东掖县）等地有新罗坊，是新罗人集中侨居的地方。新罗商人给唐朝带来牛、马、麻布、纸、折扇、人参等，从唐朝贩回丝绸、茶叶、瓷器、药材、书籍等。

唐朝与新罗的文化交流空前繁盛。朝鲜半岛的音乐大受唐的欢迎，唐太宗时的"十部乐"就包括"高丽乐"。朝鲜方面，亦广泛地研究和应用中国的政治、建筑、天文、历法、医学、诗歌和纺织技术等。如新罗不但仿照唐朝建立官制，而且，都城平壤就是模仿长安城修建的。

在唐朝的外国留学生中，新罗人数最多。新罗留学生络绎不绝地来到长安学习，动辄百人以上。新罗留学生参加唐朝科举考试，考取"宾贡"的有数十人。如崔致远十二岁来中国，他不但考中进士，而且长期在唐朝做官，二十九岁返新罗。他用汉文写的《桂苑笔耕集》二十卷，保存了不少当时中国的史料，至今还是我们研究唐朝历史的宝贵资料。

唐朝与日本的友好交流，这一时期也达到空前繁荣。这时日本发生"大化改新"，奴隶制解体，封建制开始确立和巩固，对唐的昌盛极为仰慕。日本共十九次派遣"遣唐使"来唐，唐答聘也达十一次。遣唐使人数众多，有时一次就达五六百人。遣唐使团组织完备，设有大使、副使、判官、录事，成员有翻译、医师、阴阳师、画师、史生、射手、音乐长、玉生、锻生、铸生、船匠、舵师、水手长、水手等，还有留学生、学问僧等。他们来唐是要学习中国的政治和经济制度、文学艺术、生产技术、建筑技巧和生活习俗等，回日后广为传播。其中留学生晁衡（日本名阿倍仲麻吕）就是中日友好关系史上的重要人物。唐玄宗开元五年（717），二十岁的晁衡来唐。他始入唐太学读书，由于聪颖好学，才思非凡，能诗善文，不久通过了科举考试。由于他学识和品行俱佳，曾任三品左散骑常侍、秘书监等要职。晁衡与李白、王维、储光羲、包佶等诗人情谊颇深。储光羲《洛中贻朝校书衡》说："万国朝天中，东隅道最长。吾生美无度，高驾仕春坊（按：仕春坊为晁衡官署所在处）。"其意颇以能与晁衡交游自喜。李白在长安任翰林供奉时，收到晁衡送来的一件日本裘，李白很感动，还特别在诗注中提到："裘则朝卿（晁衡）所赠，日本布为之。"[①] 天宝十载（751），晁衡得到了玄宗的准许，回国探亲，他作《衔命还国作》云：

> 衔命将辞国，非才忝侍臣。天中恋明主，海外忆慈亲。

此诗抒写了晁衡既怀念故园，又不舍大唐的矛盾心理。晁衡临行之时，长安的友人纷纷为他送行。唐玄宗、王维、包佶等人还作诗赠别。王维诗云："积水不可极，安知沧海东。九州何处远？万里若乘空。"（王维《送秘书晁监还日本国》）包佶诗云："上才生下国，东海是西邻。九译蕃君使，千年圣主臣。"（包佶《送日本国聘贺使晁巨卿东归》）诗人们或对他渡迷茫之海表示担忧，充溢对晁衡深厚诚挚的友情；或对晁衡的才学、人品倍加称赞。后晁衡在海上忽遇风暴恶浪，船舶漂流到了越南，所以在长安误传出他们所乘舟船倾覆遇难的消息。李白听说晁衡

34

---

① 李白在《送王屋山人魏万还王屋》一诗中有"身着日本裘，昂藏出风尘"的诗句，在"日本裘"句后有注云："裘则朝卿所赠，日本布为之。"

遇难，十分悲痛，写下了著名的《哭晁卿衡》，情意深厚：

> 日本晁卿辞帝都，征帆一片绕蓬壶。明月不归沉碧海，
> 白云愁色满苍梧。

此诗已成为中日友谊史上传诵千年的名作。晁衡后来辗转漂泊，又回到长安，继续在唐朝任职，直至大历五年病逝于长安。晁衡在中国生活五十多年，为中日友好事业作出了杰出贡献。近年来，中日两国在西安和奈良分别建立了纪念碑，纪念这位友好使者。

日本屡派遣"遣唐使"，唐朝也多次派官员往日本答聘。钱起《重送陆侍御使日本》诗就是送同乡陆珽往日本的：

> 万里三韩国，行人满目愁。辞天使星远，临水润霜秋。
> 云佩迎仙岛，虹旌过蜃楼。定知怀魏阙，回首海西头。

遣唐使给唐朝带来珍珠、绢、琥珀、玛瑙等贵重礼品；唐朝也回送一些高级丝织品、瓷器、乐器、文化典籍等。

另外，中日佛学界的交往在唐代也非常繁盛。日本先后来华的僧人中，最澄、空海、常晓、圆仁、圆行、圆珍、慧运、宗睿八人，被称为"入唐八家"，在日本佛教史上产生了重大影响。中国僧人也不断东渡，最著名的即鉴真和尚。他应日本天皇之邀，历经六次艰难历险，以至于双目失明，终于在天宝十三载（754）带着弟子到达日本，并在奈良东大寺建坛授法，又建招提寺，传布律宗。鉴真在佛教及佛教艺术、中医药、建筑艺术等方面给日本带去了深远影响。他在日本居留十年，去世后葬于奈良唐招提寺。相传由他的弟子塑造的鉴真干漆坐像一直安放奈良招提寺，是日本美术史上最早的肖像雕塑。

唐朝对日本产生的影响是多方面的，也是空前广泛而深入的。在政治和经济方面，日本仿效唐朝进行了"大化改新"，建

立了中央集权的行政制度，同时实行班田收授法（同于均田制）和租庸调制。在城市建筑方面，唐都长安有朱雀大街、东市西市，日本京都也同样仿效。在文字方面，留学于唐十七年的吉备真备（回国后任宰相）和"入唐八家"之一的学问僧空海，参照汉字草书和楷书的偏旁，分别创制了平假名和片假名，合为日本文字。在饮食、服装和日常生活方面，日本也受到唐朝很大的影响。

对外交流日益频繁，使得唐都长安热闹非凡。各国都争相前往唐朝进行友好交往，开展贸易，学习先进文化技术。往来于唐和波斯、天竺、大食等地的商船络绎不绝，数以万计的外国使节、商人、僧侣和留学生居住在长安。中国封建社会出现了前所未有的盛世景象，当时的唐王朝已成为亚洲的经济、政治和文化中心。"万国衣冠拜冕旒"，描绘的正是外国使节朝贡的盛大场面。他们朝贡于唐，或为寻求唐朝的帮助或保护，或为仰慕唐朝文化，或为通商贸易。然而无论是哪一种目的，诸多外国使节的朝贡，都显示了唐朝天子的强大威势。

"万国衣冠拜冕旒"的盛世繁荣局面，是与唐王朝开放的精神、宏大的胸襟气度密切相关的。李唐王族是胡汉融合的家族。朱熹在《朱子语类》卷一一六中说"唐源流出于夷狄"，是有根据的。唐朝开国皇帝唐高祖李渊之母独孤氏是北周独孤信之女，独孤姓源于鲜卑族；李渊之妻窦氏是北周窦毅的女儿，而窦毅妻宇文氏系出匈奴；唐太宗李世民之妻长孙皇后，祖先属于鲜卑族，是北魏皇族拓跋氏的分支。所以李渊、李世民及高宗李治都带着少数民族的血统。陈寅恪《李唐氏族之推测后记》中说："李唐一族之所以崛兴，盖取塞外野蛮精悍之血，注入中原文化颓废之躯，旧染既除，新机重启，遂能别创空前之世局。"

也许与胡汉融合的血统相关，唐王朝在对待周边关系以及中外关系上，采取了一视同仁的开放政策。

唐王朝还大力开拓对外交通。唐代对外交通非常发达，陆路有北、中、南三条路通往中亚和印度。水路方面，唐代的海外交通航线有两条，一条通往海东诸国（指朝鲜半岛和日本列岛），一条通往对西方大食诸国。因此，当时中国沿海各港口挤满了被称作"波斯舶""南海舶""师子舶"或"婆罗门舶"等的外国航海商船。

唐王朝还设置了一些专门的对外机构。从中央到地方分别有鸿胪寺、主客郎中、市舶使、萨宝、押衙、总管等机构和官职，管理着不同的外来事务和人群。域外客臣极受唐廷礼遇。武周证圣元年（695）曾下诏说："蕃国使入朝，其粮料各分等第给，南天竺、北天竺、波斯、大食等国使，宜给六个月粮。"（《唐会要》卷一百）成千上万的外国人在长安定居，置办田产，生儿育女，有的还被唐朝授予官职。根据《资治通鉴》记载：唐德宗贞元三年（787）时，"胡客留长安久者，或四十余年，皆有妻子，买田宅，举质取利，安居不欲归"。朝廷劝其归国，胡客竟无一人愿意回去。

唐王朝优容外来宗教。首先是佛教在经典翻译、宗派形成、僧徒求法等方面都达到了空前繁荣，佛教宗派律宗、净土宗、华严宗和禅宗等都在此时形成，完成了佛教的中国化。另外，传自波斯的摩尼教、景教和祆教也得到唐朝政府保护。摩尼教来唐后，唐朝皇帝准许在长安、荆州、扬州等地设置大云光明寺等摩尼寺。景教是中国唐代对基督教聂斯托里派的称呼，又称波斯教。贞观九年（635），其主教到达长安时，唐太宗曾派仪仗队迎接。唐德宗建中二年（781）所立的"大秦景教流行中国碑"，记述了唐太宗贞观年间来自波斯的传教士阿罗本，到长安拜谒唐太宗，获准传教，以及景教在中国传播的情形。碑今藏于西安碑林博物馆。祆教又称拜火教。武德初年波斯祆教就在长安布政坊立有祆祠，此后在崇化坊、醴泉坊、普宁坊等陆续有所增建。祆教受到唐廷的保护，专设"萨宝"一官主持管理。这些，都证明唐朝对外来民族文化的尊重和广泛的吸收交融，体现出唐朝统治者的开拓进取精神。

唐太宗说："自古皆贵中华，贱夷狄，朕独爱之如一，故其种落皆依朕如父母。"（《资治通鉴》卷一百九十八）这样的视野和胸襟，为唐朝统治者制定正确、开明的民族政策奠定了良好的文化基础，自然会引得万国来朝。各国带来了本国、本民族的物质产品和精神产品，又把唐朝、汉民族的生产技术和产品以及悠久的华夏文明带到世界各地。所以，唐朝的对外交流，是双向的物质馈赠和文化馈赠。就唐朝本身来说，这一方面促进了唐代商品经济的发展和市场的繁荣；另一方面，又使唐代中国固有的文化更加丰富多彩，从而在音乐、舞蹈、绘画、文学等方面更具特色。

国破山河在，城春草木深

——安史之乱及其平定

国破山河在，城春草木深。感时花溅泪，恨别鸟惊心。
烽火连三月，家书抵万金。白头搔更短，浑欲不胜簪。

——杜甫《春望》

　　唐肃宗至德元载（756）六月，安史叛军攻下唐都长安。杜甫欲往灵武投奔肃宗，可在途中为叛军俘获，带到长安。次年三月，面对遭到叛军破坏后的春城败象，杜甫饱含感叹地写下此诗，抒发自己伤国忧时、怀亲思家之情。宋司马光《温公续诗话》评论说："山河在，明无余物矣；草木深，明无人矣；花鸟平时可娱之物，见之而泣，闻之而悲，则时可知矣。"本为娱人之物的花鸟，却使诗人见了反而堕泪惊心，皆因感时恨别所致。带给诗人如许凄楚的正是安史之乱。

一、养虎成患

　　唐玄宗天宝十四载（755）十一月初九，安禄山起兵反唐。六天后，安禄山反叛的消息传到京师。可大唐帝国的玄宗皇帝怎么也不愿意相信这是真的。在此之前，就有许多人说安禄山要造反，玄宗都不相信。玄宗派人到安禄山那里去考察，派出去的人回到朝廷无不对安禄山交口称赞。再说玄宗对安禄山一直恩遇有加，凡有所请，无不从之。禄山对玄宗皇帝也曾指誓山河，表示忠诚。在玄宗眼里，安禄山不过是个勇猛威武而又忠厚憨直的蕃将而已，这样的臣下怎么会反叛呢？为了表示自己用人不疑，玄宗还曾把奏报安禄山欲反的人，绑交给安禄山处置。

安禄山何以让唐玄宗如此信任呢？他到底是怎样的一个人呢？

安禄山是营州柳城（今辽宁朝阳市）杂种胡人。唐姚汝能《安禄山事迹》说，安禄山自称"我父是胡，母是突厥女"。柳城杂胡的血统出身与安禄山的性格和经历是有关系的。安禄山三十岁时，投幽州（后改名范阳）节度使张守珪幕下从军，被任为捉生将。以其作战骁勇，充衙前讨击使，还被张守珪收为养子。安禄山讨契丹失利，按法当斩，虽然当时的宰相张九龄执意要法办他，但玄宗因爱其勇而赦免了他，许他白衣自效。开元二十八年（740），张守珪因为贿赂钦差被贬后，安禄山被任命为平卢军兵马使，填补了张守珪的空缺，并于次年加特进，这是正二品的散官品秩。玄宗派张利贞为河北采访使去平卢考察，安禄山巧言献媚，并以重金贿赂张利贞。张利贞回朝，盛称安禄山才能，玄宗任命安禄山为营州都督、平卢军使等多项官职。天宝元年（742），安禄山又被任命为节度使。按《资治通鉴》卷二一五："平卢节度……治营州，兵三万七千五百人。"天宝三载（744）三月，玄宗又任命安禄山兼任范阳节度使、河北采访使等职。范阳节度使主要负责镇抚奚与契丹，辖区有九个州，统兵九万多人。天宝六载（747），玄宗又加安禄山御史大夫的朝衔，赐铁券。天宝九载（750），玄宗封安禄山为东平郡王，这还是唐朝自建立以来第一次封异姓将帅为王。玄宗又在长安城为安禄山营建了富丽堂皇的宅第。次年二月，朝廷又任命安禄山兼河东节度使，辖下兵有五万五千人。这样，平卢、范阳、河东三镇和河北道，对官员们的奖赏和惩罚就都由安禄山来决定了。

安禄山为什么能够如此平步青云、飞黄腾达？

一方面，固然是安禄山逢迎有术，善于投机钻营。据《安禄山事迹》说，天宝二年（743），安禄山第一次入朝奏对的时候，对玄宗说："臣若不行正道，事主不忠，（虫）食臣心。"

第一次见面就这样表白，让玄宗非常感动，马上加给他骠骑大将军的军衔。为了讨得玄宗的欢心，安禄山不断向玄宗献媚取宠，"岁献俘虏、杂畜、奇禽、珍玩之物，不绝于路，郡县疲于递运"。对于玄宗派去考察他的钦差，他不惜重金贿赂，钦差交差时自然为他美言不已。

此外，他还会故意装憨。玄宗命安禄山见太子，安禄山不拜，左右指责他，他说："臣不识朝廷礼仪，皇太子是什么官？"玄宗告诉他说太子是皇储，他却说："臣愚，只知道陛下，不知道太子。"安禄山知道玄宗专宠杨贵妃，就请为贵妃养儿，玄宗许之。觐见时，安禄山总是先拜贵妃，后拜玄宗，玄宗感到奇怪，安禄山解释说："蕃人先母后父。"玄宗听了却很高兴，因为他觉得这样憨直的蕃将能够让自己放心，于是就更加大胆地把东北边防重任托付给他。

另一方面，重用安禄山，又与唐玄宗致力开边、重用边将相关。开元之治的繁荣，让玄宗不禁飘飘然，他开始穷兵黩武，轻启边衅。杜甫《兵车行》诗说"边庭流血成海水，武皇开边意未已"，《前出塞》诗说"君已富土境，开边一何多！"都是针对唐玄宗的开边提出的批评。杜甫《昔游》则更明确地指出了正是开边黩武酿就了"安史之乱"：

> 是时仓廪实，洞达寰区开。猛士思灭胡，将帅望三台。
>
> 君王无所惜，驾驭英雄材。幽燕盛用武，供给亦劳哉！
>
> 吴门转粟帛，泛海陵蓬莱。肉食三十万，猎射起黄埃。

《资治通鉴》说："天宝之后，边将奏益兵浸多，每岁用衣千二十万匹，粮百九十万斛，公私劳费，民始困苦矣。"正如钱穆《国史大纲》所说："安禄山的势力，是唐室用中国财富豢养成的胡兵团。此种胡兵团，只吮吸了唐室的膏血，并没有受到唐室的教育。他们一旦羽翼成长，自然要扑到唐室的内地来。"

安禄山受重用，也与当时的宰相李林甫有关。口蜜腹剑的李林甫，用心计把张九龄、裴耀卿排挤出朝，自己则大权独揽。史载，他"妒贤嫉能，排抑胜己，以保其位"（《资治通鉴》卷二百一十六）。唐玄宗时，朝廷重臣往往会被派到地方任节度使，而节度使如果有才干和军功，也常常被调到朝廷担任宰相。李林甫在靠巴结武惠妃而升任宰相后，为了巩固玄宗对自己的恩宠，保住自己的相位，"志欲杜出将入相之源"，建议玄宗让目不识丁的胡人专任大将，由此安禄山等胡人得以执掌边疆重兵。李林甫的个人野心，使唐初内重外轻的形势变为内轻外重，成为安禄山举兵作乱的一个最为根本的条件。后来元稹作《连昌宫词》，借连昌宫边老翁之口评议："弄权宰相不记名，依稀忆得杨与李。"指出朝廷用相非人乃是致乱之由。

"羯胡事主终无赖"（杜甫《咏怀古迹五首》其一），本来出身胡族混合血统的安禄山，从小没有受过正统的教育和儒学经典的熏陶，本身缺乏忠君爱国观念；再加上玄宗的好武开边，李林甫的嫉能保位，渐渐养虎成患。

二、乱起渔阳

就在安禄山这只凶猛的老虎还在打盹的时候，又偏偏有人要用小草撩拨它的胡须。这个人就是在李林甫死后接替相位的杨国忠。杨国忠本名杨钊，是杨贵妃的族兄。他靠贵妃和贵妃的姐姐虢国夫人的关系，逐渐爬上宰相之位。他本是个不学无术之人，是靠着裙带关系跻身要职的。由于唐玄宗极力偏爱杨妃，才使得杨氏一家"姊妹弟兄皆列土，可怜光彩生门户"（白居易《长恨歌》）。杨国忠在做了宰相后，贪权固位之心，一点儿也不亚于李林甫。他看到安禄山特受玄宗恩宠，非常眼红，害怕安禄山将来会入朝为相，危及己位，就多次在玄宗面前说安禄山有背逆的迹象。

安禄山一向敬畏老奸巨猾的李林甫。史载："禄山于公卿皆慢侮之，独惮林甫，每见，虽盛冬，常汗沾衣。"（《资治通鉴》卷二百一十六）李林甫在位，安禄山还不敢轻举妄动；天宝十一载（752）李林甫死后，安禄山心理上无所顾忌，并不把杨国忠看在眼里，二人的矛盾公开化了。杨国忠数言禄山欲反，可玄宗并不相信。

杨国忠在玄宗跟前诋毁安禄山的消息马上传到了安禄山的耳朵里。安禄山身任三镇节度使，掌控东北地区的精兵，的确久蓄异志。安禄山一方面在朝廷布置眼线，一方面加紧反叛的准备和筹划。他借口"峙兵积谷"，在蓟州修筑雄武城，大贮兵器。为了收买人心，安禄山奏请玄宗发给他很多空名告身，于是安禄山军中一下子有五百多人被任命为将军，有两千多人被任命为中郎将。他收养同罗、奚、契丹等族的壮士，组成名曰"曳落河"（突厥语，意思是"健儿"）的约八千余人的敢死队，作为个人的亲兵。他请求玄宗让自己兼领闲群牧总监，暗中派亲信从各牧监挑选数千匹最优良的战马，另外饲养，以备骑用。

安禄山的异志，朝野早有所闻，就连李白、杜甫这些不在朝堂的诗人都有所忧惧。李白在安史乱前曾到过幽州，后来追忆所见，作诗说他"十月到幽州"时，看到的是"戈铤若罗星"、杀机一片的景象。李白沉痛地说："君王弃北海，扫地借长鲸。呼吸走百川，燕然可摧倾。"（《经乱离后天恩流夜郎忆旧游书怀赠江夏韦太守良宰》）杜甫作诗讽喻："坡陀金虾蟆，出见盖有由。至尊顾之笑，王母不肯收。复归虚无底，化作长黄虬。"（杜甫《奉同郭给事汤东灵湫作》）天宝十四载（755）二月，安禄山上奏，请用三十二名蕃将代替汉将。虽然新任宰相韦见素极力陈说安禄山已有反叛迹象，可玄宗对安禄山依旧无比信任，竟又一口答应。杨国忠多次冒犯安禄山，觉得如此下去可能会对自己不利，于是就想逼安禄山早点行动，以证实自己的先见之明。玄宗派人探听范阳的情况，使者受了安禄山厚赂，回来奏报说安禄山竭忠奉国，并无二心。玄宗更加信任安禄山，诸臣的谏告他根本不再理睬，仍然同爱妃杨玉环在临潼骊山华清池浴温泉、观歌舞，"君臣留欢娱，乐动殷胶葛"（杜甫《自京赴奉先县咏怀五百字》）。

"渔阳鼙鼓动地来，惊破霓裳羽衣曲。"（白居易《长恨歌》）安禄山终于下手了。首乱之地范阳郡，有时叫幽州，治所在蓟（今北京西南）。唐时渔阳县（今天津北）也属蓟州，同是安禄山的辖区，也是叛乱的策源地，所以白居易以"渔阳鼙鼓"代称安禄山的叛军。安禄山本想等到玄宗晏驾，再起兵谋叛。但他与杨国忠的矛盾使其担心夜长梦多，所以决定提前动手。

安禄山在蓟城南郊举行誓师大会，以奉玄宗密诏讨杨国忠为名，命各路兵马向帝都洛阳、长安进军。按照天宝元年前后唐朝的边防部署，三镇兵合计十八万三千四百人。而实际上，安禄山蓄意谋叛，经过多年的暗中扩充兵员，此时其手下兵马早已超过二十万。所以杜甫诗说"肉食三十万，猎射起黄埃"（《昔游》）。

安禄山命范阳节度副使贾循驻守范阳，平卢节度副使吕知海驻守平卢，别将高秀岩驻守大同军，安禄山亲领步骑精锐，浩浩荡荡，一路南下，兵锋直指东都洛阳。叛军所至，旌旗蔽野，烟尘千里，鼓噪动地。当时海内承平日久，百姓百余年不识兵革，忽闻兵起，莫不震骇。太原郡、朔方军以及平原郡太守颜真卿纷纷派人送来消息，证实安禄山确已反叛，玄宗这才不得不相信这个事实。

三、仓促防御

为阻叛军攻占洛阳，唐玄宗命安西节度使封常清为范阳、平卢节度使，赶赴洛阳，开府库，招募新兵，准备迎击叛军。这是临时应急的措施。唐朝边防形势内轻外重，边兵虽众，但兵马分散，路途遥远，难以骤然集中。中央和内地控制的兵力仅八万多人，又都长期不经战阵。所以只好临时招募新兵，以作抵御。

接着，玄宗又进行了抵御叛军的战略部署。他任命郭子仪接替安思顺为朔方节度使，以王承业为太原尹，加强西线防御。又置河南节度使，任命张介然担任，以加强东线防御。唐玄宗下诏斥责安禄山的叛逆行为，但允许他洗心革面，停止行动，回到朝廷，朝廷不治罪。安禄山并不理会，回信措词傲慢。玄宗在长安斩了充当内线的安禄山之子安庆宗，赐其妻荣义郡主自尽。

安禄山率军渡过黄河，直逼重镇陈留郡（在今河南开封东南）。河南节度使张介然刚到陈留，叛军就兵临城下。陈留守军恐惧叛军声势，陈留郡太守郭纳献城投降。安禄山在陈留城得知安庆宗被杀，大怒，斩张介然于军门，并杀陈留降卒近万人，以泄失子之忿。接着，安禄山又轻而易举地拿下了荥阳，声势益振。安禄山命田承嗣、安忠志、张孝忠为前锋，继续西进，向东都洛阳进发。

再说封常清昼夜兼程赶至洛阳，十日之内，招募新兵六万人，又下令拆毁洛阳北边黄河之上的河阳桥，以阻止叛军从北面进攻洛阳。当得知叛军已过黄河，便率所募新兵进屯武牢（即虎牢关，在今河南荥阳汜水镇西，为军事重镇。唐时避李渊祖李虎讳，称武牢。相传周穆王获虎，因于此，故称虎牢），阻击叛军。武牢在洛阳东约一百五六十里处。封常清此举，本意是进可攻退可守。进，可以渡河北上，迎击叛军；守，可与叛军对峙，以免被围困于洛阳城中。可没料到，叛军所向披靡，在几乎没有遇到任何实质性抵御的情况下，业已渡过黄河，兵至武牢。封常清所率皆为新近招募来的、没有经过训练的新兵，而叛军却是训练有素的虎狼之师，尤其是叛军的前锋部队，多是骁勇善战的骑兵。两军交锋，在叛军铁骑横冲直撞之下，唐军土崩瓦解，大败西逃。十二月十二日，东都失陷。安禄山入洛阳，自称"大燕皇帝"。纵兵烧杀抢掠。正如李白《古风》诗所云："俯视洛阳川，茫茫走胡兵。流血涂野草，豺狼尽冠缨。"

封常清退到了陕郡（今河南三门峡市西），与驻扎此地的高仙芝会合。玄宗为了反攻叛军，任命荣王李琬为元帅，高仙芝为副元帅，统军东征。玄宗拿出内府钱帛，在京师募兵，号称

"天武军"，但所募不过五万人，还多是没有经过训练的新兵。高仙芝率部出潼关，至陕郡，玄宗又派宦官边令诚为监军督战。高仙芝和封常清是在西域屡立战功的名将，但玄宗有了安禄山的鉴戒，对大将开始防备起来，所以特地派家奴来监视督察。

封常清建议高仙芝说，陕郡无险可守，新募之兵根本不敌叛军铁骑，不如退至潼关，据险以守。高仙芝认为在理，就率军急撤于潼关。边令诚来到潼关，宣示玄宗敕，以遇敌而退的罪名，斩封常清、高仙芝。

斩封、高二大将后，玄宗拜河西、陇右节度使哥舒翰为兵马副元帅，率兵八万以讨叛军。当时哥舒翰正病废在家，苦辞而不获准。哥舒翰也是边陲名将，时有歌曰："北斗七星高，哥舒夜带刀。至今窥牧马，不敢过临洮。"哥舒翰与安禄山素来不和，势同水火，玄宗想借他的威名，所以重用他，让他以宰相的身份，统率天下诸道，镇守潼关。潼关是关中防御的大门，地形险要，易守难攻。哥舒翰进驻潼关后，立即加固城防，深沟高垒，闭关固守。天宝十五载（756）正月，安禄山命其子安庆绪率兵攻潼关，被哥舒翰击退。叛军主力被阻于潼关数月，不能西进。

安禄山见强攻不行，便使出诱敌之计。他命叛将崔乾佑率领老弱病残的士卒，屯于陕郡，而将精锐部队隐蔽起来，想诱使哥舒翰弃险出战。于是，一个情报传到唐玄宗那里，说崔乾佑在陕郡"兵不满四千，皆羸弱无备"。玄宗急于收复洛阳，觉得这是一个好机会，就遣使令哥舒翰出兵。哥舒翰上书玄宗，陈述利害，说安禄山一定是用老弱病残的士卒来引诱我们，如若进兵，正好中计。况且叛军远来，利在速战；官军凭借潼关天险，利在坚守。所以不如据险待变，再大举反攻。但是，宰相杨国忠却怀疑哥舒翰意在谋己，便对唐玄宗说，哥舒翰按兵不动，会坐失良机。玄宗轻信谗言，便连续遣使催哥舒翰出战。

无奈之下，哥舒翰抚胸恸哭，引兵出关。六月七日，唐军东出潼关百余里，在灵宝西原与崔乾佑部相遇。八日，崔乾佑预先把精兵埋伏在南面山上，领兵与唐军决战。两军相交，唐军被诱进隘路。叛军伏兵突起，唐军士卒拥挤于隘道，枪槊都挥舞不开，死伤甚众。崔乾佑命精骑从唐军后尾发起进攻，以骑兵践踏唐军，唐军前后受击，扔掉盔甲，乱作一团，有的弃甲逃入山谷，有的被挤入黄河淹死，叫喊之声，震天动地。其余唐军见状，不战自溃。杜甫作诗沉痛地说："潼关百万师，往者散何卒？遂令半秦民，残害为异物。"（《北征》）

哥舒翰只带数百骑狼狈逃回潼关。唐军将近二十万军队，逃回潼关的仅八千余人。九日，崔乾佑攻占潼关，哥舒翰被部将火拔归仁等挟持，绑至洛阳。哥舒翰无奈投降了安禄山。

后来，诗人杜甫路经潼关，守关的将士指着潼关，向杜甫描述："连云列战格，飞鸟不能逾。胡来但自守，岂复忧西都。丈人视要处，窄狭容单车。艰难奋长戟，万古用一夫。"杜甫也对哥舒翰的弃险出战深为叹惋："哀哉桃林战，百万化为鱼。请嘱防关将，慎勿学哥舒！"（《潼关吏》）

四、玄宗奔蜀

"九重城阙烟尘生，千乘万骑西南行。"（白居易《长恨歌》）潼关失守，长安危在旦夕。哥舒翰遣部下告急的当晚，玄宗望平安火不至，召宰相商议对策。杨国忠提出：驾幸剑南，以避贼锋。剑南道以在剑阁（今四川省剑阁县北）之南得名，治所在益州（今四川成都）。剑阁地势险要，为古代戍守要塞，有"剑门天下险"之称。李白《蜀道难》诗描写自关中入蜀的蜀道之艰险："剑阁峥嵘而崔嵬，一夫当关，万夫莫开。"看来，蜀中确是避难的最佳去处。于是，唐玄宗带着杨国忠、杨贵妃和一批皇子皇孙，在将军陈玄礼和禁卫军护送下，悄悄地打开宫门，逃出长安。逃难之路，狼狈不堪，乃至乞食于百姓。陈玄礼与随行的将士，愤恨杨国忠引来祸乱，誓欲除之。

天宝十五载（756）六月十四日，玄宗一行来到马嵬驿（今陕西兴平县西）。有二十几个随行的吐蕃使者拦住杨国忠的马，向杨国忠要粮。杨国忠还没来得及答话，周围的兵士嚷起来："杨国忠要造反了！"奋起杀了杨国忠。杨国忠的儿子杨暄及杨贵妃的姐姐秦国夫人、韩国夫人也被杀死。情绪激昂的兵士，把唐玄宗住的驿馆围了起来。唐玄宗走出驿门，慰劳军士，并令收队，军士皆不应。陈玄礼说："杨国忠谋反，贵妃不宜陪侍皇上，希望陛下割恩正法。"玄宗无奈，只好命高力士缢杀杨贵妃。

对于马嵬驿事变，唐代有许多诗人表达过自己的看法。杜甫说："忆昨狼狈初，事与古先别。奸臣竟菹醢，同恶随荡析。不闻夏殷衰，中自诛褒妲。周汉获再兴，宣光果明哲。桓桓陈将军，仗钺奋忠烈。微尔人尽非，于今国犹活。"他肯定了陈玄礼等杀死杨国忠的作法，把陈玄礼看成救国的英雄；并认为玄宗赐死杨妃是明智之举，是"中自诛褒妲"。可李商隐《马嵬》则讥刺玄宗"此日六军同驻马，当时七夕笑牵牛。如何四纪为天子，不及卢家有莫愁"，意谓玄宗自私，不能保护所爱。白居易《长恨歌》则哀婉地描述贵妃就死的惨状："翠华摇摇行复止，西出都门百余里。六军不发无奈何，宛转娥眉马前死。花钿委地无人收，翠翘金雀玉搔头。君王掩面救不得，回看血泪相和流。"对贵妃之死表达了一定同情。

"黄埃散漫风萧索，云栈萦纡登剑阁。"（白居易《长恨歌》）兵变过后，玄宗如惊弓之鸟，匆匆奔蜀。而太子李亨，被当地百姓挽留下（笔者按：或是李亨自我导演的闹剧，待考），主持局面。李亨决定北上朔方，行至灵武郡（今宁夏灵武西南），裴冕、杜鸿渐等人劝进。七月十二日，李亨在灵武即位，改天宝十五载为至德元载，这就是唐肃宗。

肃宗尊玄宗为上皇。玄宗正在入蜀途中，不知道太子即位的消息。七月十五日，行至普安郡，下制以皇子分镇诸道：以太子李亨充天下兵马元帅，领朔方、河东、河北、平卢节度都使，南取长安、洛阳；以永王李璘任山南东道、岭南、黔中、江南西道节度都使。盛王李琦任广陵大都督、江南东路及淮南、河南等路节度都使；丰王李珙任武威都督，河西、陇右、安西、北庭等路节度都使。这些由亲王担任的节度使、节度都使可以自署官属及本路郡县官，任命后告知朝廷。李琦、李珙等人并不出阁任职，只有永王李璘赴镇，镇守江陵。永王还请李白入幕，李白也正欲报效国家，乃欣然从之。其《永王东巡歌》其十一云："试借君王玉马鞭，指挥戎虏坐琼筵。南风一扫胡尘静，西入长安到日边。"表达的正是他从军报国、净扫胡尘的愿望。

唐玄宗到益州后，才得知肃宗已于一个月前即位。乃下制称太上皇，并命房琯等人奉传国玉玺和宝册至灵武传位。肃宗就把房琯也作为自己的宰相，并任命房琯作为前线总指挥，开始了收复长安的战斗。

房琯所部与叛军相遇于咸阳县的陈陶斜。唐军模仿春秋时代的车战战法攻击敌人，结果大败，阵亡四万多人。陈陶斜之败，使刚刚振作起来的唐王朝首战失利，而让得胜归来的叛军趾高气扬。正被困长安的杜甫，写下《悲陈陶》记述当时情景："孟冬十郡良家子，血作陈陶泽中水。野旷天清无战声，四万义军同日死。群胡归来血洗箭，仍唱胡歌饮都市。都人回面向北啼，日夜更望官军至。"房琯败后，与叛军战于青坂，又败。叛军更加嚣张："黄头奚儿日向西，数骑弯弓敢驰突。"（《悲青坂》）

叛军进入长安后，大肆杀戮李唐宗室。先杀霍国公主（玄宗妹）、王妃、驸马等，再于至德元载（756）七月十七日杀皇孙及郡主、县主二十余人。杜甫《哀王孙》记述了王孙们的悲惨遭遇："长安城头头白乌，夜飞延秋门上呼。又向人家啄大屋，屋底达官走避胡。金鞭断折九马死，骨肉不待同驰驱。"安禄山在长安，俘获了没有能跟玄宗出逃的官员。他胁迫这些人出任自己的伪官，其中就有诗人王维和杜甫的好友画师郑虔等。他们都不情愿，所以借病推脱。杜甫诗说王维"一病缘明主，三年独此心"（《奉赠王中允维》），即指此。后来收复洛阳后，朝廷严谴伪官。王维因所作怀念唐室的《凝碧池》诗为肃宗嘉许，且其弟王缙官位已高，请削官为兄赎罪，故仅降职为太子中允。而郑虔则以垂老之身被远贬台州司户。杜甫送之不及，写诗云："万里伤心严谴日，百年垂死中兴时。苍惶已就长途往，邂逅无端出饯迟。"（《送郑十八虔贬台州司户伤其临老陷贼之故阙为面别情见于诗》）后来还为他辩冤，云："可念此翁怀直道，也沾新国用轻刑。"（《题郑十八著作丈故居》）

安禄山自从叛乱后，也经常忧心忡忡。就在安禄山进犯潼关的途中，听到消息：河北已降的诸郡反水了。平原郡太守颜真卿、常山郡太守颜杲卿，在安禄山大军过后，首揭义旗。继而河北诸郡纷纷起义，杀死安禄山任命的伪官，共推颜真卿为盟主，抵制叛军。颜杲卿计杀安禄山井陉口守将李钦凑，活捉帮助安禄山策划叛乱的高邈和何千年。河北诸郡纷纷归顺朝廷，各郡兵力加在一起达二十余万。依附安禄山的，此时只有范阳、卢龙、密云、渔阳、汲、邺等六郡。常山郡（今河北正定）和平原郡（今山东陵县）是自范阳至洛阳的必经之地。两郡归正，等于切断了安禄山叛军的归路。安禄山急忙派猛将史思明、蔡希德各率兵万人，分两路攻打常山。颜杲卿立足未稳而临大敌，向太原守将王承业告急，王承业却拥兵不救，遂致常山失陷。颜杲卿被押至洛阳，慷慨骂贼，叛军割下他的舌头，满口鲜血的他，仍骂声不已。颜杲卿一门三十多人，被残忍杀害。宋文天祥写诗颂道："常山义旗奋，范阳哽喉咽。胡雏一狼狈，六飞入西川。哥舒降且拜，公舌膏戈铤。人世谁无死，公死千万年。"

以郭子仪为首的朔方军多次重创叛军，也直接威胁到叛军的后方。郭子仪率部下将领李光弼、仆固怀恩等大败叛将高秀岩、薛忠义等，活埋了薛忠义所率的数千骑兵。朔方军进围云中郡（今山西大同），攻下马邑城（今山西朔州东北），从而打通了朔方军与太原军的联系。玄宗一心想收复东都，令郭子仪撤军，回到朔方郡。在郭子仪推荐下，朝廷任命李光弼为河东节度使，郭子仪从朔方军中分出一万人，交李光弼统领。李光弼收复常山郡，大败史思明。郭子仪驻扎恒阳（今河北曲阳），史思明又尾随而至。郭子仪采取了深沟高垒以逸待劳之计："贼来则守，贼去则追，昼扬其兵，夜袭其幕"，使敌人不得休息。嘉山（今河北定州）一战，郭子仪大破敌军，斩首四万级，俘虏一千多人，史思明狼狈逃窜。唐军军威大振，叛军胆寒。

安禄山丢失河北，叛军将士家在范阳者，忧虑后退无路，都惶惶不安。安禄山把他的谋士高尚、严庄叫来骂道："你们叫我反唐，说是万无一失。现在后路被切断，进退两难，万无一失在哪里?"叛军破潼关、陷长安后，安禄山稍觉心安，可内讧又开始了。安禄山平日宠爱小妾段氏和她生的儿子安庆恩。段氏想让庆恩取代长子庆绪的"太子"地位，安庆绪颇感自危，严庄乘机唆使安庆绪和安禄山的贴身宦官李猪儿杀安禄山以求自保。唐肃宗至德二载（757）正月，李猪儿杀死安禄山，将尸体埋在床下。安庆绪即位。

五、借兵回纥

再说肃宗即位后，首战失利，房琯丧师殆尽，只有依靠郭子仪的朔方军作为根本了。他任命自己的儿子李俶（即后来的唐代宗李豫）为天下兵马大元帅，郭子仪为副元帅。安禄山死，朝廷想要大举进攻，诏令郭子仪率军直趋京师。军队在澺水西，与叛将安太清、安守忠战斗，唐军失利，部队溃败，"尽委兵仗于清渠之上"。郭子仪收拾残部，退保武功，诣阙请罪。求胜心切的唐肃宗，又以"克城之日，土地、士庶归唐，金帛、女子皆归回纥"的条件，向回纥借兵。至德二载（757）九月，元帅李俶、副元帅郭子仪率蕃汉军队十五万进攻长安。郭子仪等与叛军在长安城西展开战斗，叛军大败，损兵六万，逃出潼关。十月，唐军乘胜东进，攻打洛阳。安庆绪为确保洛阳，命严庄率洛阳主力部队西上，与从长安退保陕郡的张通儒部合力阻击唐军。

郭子仪部与叛军在陕郡城西新店遭遇。叛军依山列阵，郭子仪从正面进攻失利。这时，回纥军从背后登山偷袭，叛军惊恐万端，郭子仪乘机率部出击，大败叛军。杜甫诗"岂谓尽烦回纥马，翻然远救朔方兵"（《诸将五首》），即指此。安庆绪弃洛阳逃往邺城（今河南安阳）。十二月，史思明降唐，受封为范阳节度使，半年后又反叛。

在收复两京的战斗中，回纥兵起到了很大的作用。回纥，别称花门，是唐代西北部族，作战勇猛。杜甫《北征》道："阴风西北来，惨澹随回鹘。其王愿助顺，其俗善驰突。送兵五千人，驱马一万匹。此辈少为贵，四方服勇决。所用皆鹰腾，破敌过箭疾。"杜甫的意思是说，回纥兵确实精猛，但其好战嗜杀，还是少借为好。果然，自恃有功的回纥军，要求肃宗履约，在京大肆行掠："生灵之膏血已干，不能供其求取；朝廷之法令并弛，无以抑其凭陵。"（《旧唐书·回纥传》）所以杜甫说："中原有驱除，隐忍用此物"，"花门既须留，原野转萧瑟。"（《留花门》）

肃宗在凤翔听到收复两京的捷报，群臣称贺。杜甫诗云："杂虏横戈数，功臣甲第高。万方频送喜，无乃圣躬劳。"（《收京三首》其三）可是此时，一直为肃宗平叛作战略筹划的李泌，却悄然离开了。杜甫担心事有翻覆，提醒肃宗不可放松："仙仗离丹极，妖星照玉除。须为下殿走，不可好楼居。"（《收京三首》其一）虽然"已喜皇威清海岱"，还须"常思仙仗过崆峒"（《洗兵马》）。

杜甫的担心不是多余的，果然，邺城之战，战事又起变化。乾元元年（758），唐肃宗命郭子仪与李光弼、王思礼等九路节度使讨伐安庆绪。唐肃宗没有指定元帅，只派宦官鱼朝恩担任观军容宣慰处置使，负责协调诸军。唐肃宗这样做完全是出于自己的私心。他怕功臣功高震主，就以诸将难以相互统属为借口，不设立元帅。杜甫当时就曾对不让郭子仪为帅很疑惑："只残邺城不日得，独任朔方无限功。"（《洗兵马》）

郭子仪、李光弼等九节度使将安庆绪围困于邺城。安庆绪以让位为条件，派人向史思明求救。史思明发范阳兵十三万南下救邺。十二月，史思明攻占魏州（治今河北大名北）。乾元二年（759）正月，史思明在魏州自称大圣燕王。鱼朝恩聚兵六十万，专力攻邺。唐军筑堤两重，挖堑三重，堵漳河水灌城。安庆绪粮尽兵疲，死守待援。唐军因无统帅，指挥不统一，行动不协调，进退互相观望，又以为邺城指日可下，遂产生了松懈情绪。史思明自魏州率主力直抵邺城城下。三月，两军决战时，忽然狂风大作，飞沙走石，天昏地暗，对面不能相见。两军皆大惊溃散，唐军向南，史军向北。唐军师老兵疲，一退不可遏止，丢弃甲仗辎重无数。九节度使各自溃归本镇。史思明收集部众，还屯邺城，诱杀安庆绪等，兼并了安庆绪全部人马。四月，史思明称大燕皇帝，留其子史朝义守邺城，自率军队返回范阳。

鱼朝恩把邺城失利的责任推在郭子仪身上，唐肃宗召郭子仪回朝，让李光弼代替他指挥朔方军。乾元二年（759）九月，史思明军攻洛阳，李光弼兵少不敌，撤出洛阳。史思明欲乘胜取长安，朝廷惊恐。但上元二年（761）三月，史思明被儿子史朝义杀死。史朝义自称皇帝。

宝应元年（762），唐玄宗去世。张皇后（良娣）欲杀宦官李辅国、程元振等，李、程等先发制人，杀死皇后，唐肃宗惊吓而死。唐代宗李豫（即李俶）即位。

史朝义乘唐室有丧，派人诱回纥南下攻唐。唐代宗急忙派人犒劳回纥军，又命仆固怀恩（登里可汗的岳父）去劝说登里可汗改变主意。登里同意再次助唐。唐代宗以其子雍王李适为天下兵马元帅，仆固怀恩为副元帅，又派人向回纥求助。为了掠夺财物，登里可汗亲自率兵来内地，李适前去迎接。登里可汗轻视唐朝，强迫李适行拜舞礼，唐从臣力争，可汗怒殴唐臣。杜甫作诗气愤地说："蜂虿终怀毒，雷霆可震威。莫令鞭血地，再湿汉臣衣。"（《遣愤》）后来，李适即位（唐德宗），痛恨回纥无礼，唐朝又因此招致了很大损失。

唐大军以仆固怀恩与回纥军为前锋，会攻洛阳。史朝义命其部将率兵数万，于城外立栅自固，企图阻挡唐军。仆固怀恩则布阵于洛阳西原，另派骁骑及回纥兵沿山迂回至城外史军栅营的东北，前后夹击，大破叛军。史朝义亲率主力十万出城援救，唐军发起猛烈攻击，叛军大败，被歼六万人。史朝义率轻骑数百落荒东走。

六、最终平叛

宝应元年（762）十一月，唐军在河北进击史朝义叛军余部。史朝义部下诸节度使投降唐军。仆固怀恩为了在朝廷中长期得到尊重，故意要诸降唐叛将据有河北，以为自己日后的党援，并把结果上报朝廷批准。唐朝廷下令说："东京及河南、北受伪官者，一切不问。"于是，原来叛军的节度使都一变而为唐朝的节度使：原叛军猛将张忠志被授为成德军节度使，"统恒、赵、深、定、易五州，赐姓李，名宝臣。"（《资治通鉴》卷二百二十二）。藩镇成德镇（今河北省中部）从此成立，节度使治恒州（今河北正定县）。田承嗣为魏、博、德、沧、瀛五州都防御使（不久升为节度使），藩镇魏博镇（今河北南部、山东北部）从此成立，节度使治魏州（今河北大名北）。李怀仙为幽州卢龙节度使，统幽、营、平、蓟、妫、檀、莫七州，藩镇幽州镇（今北京及河北东北部）从此成立，节度使驻幽州。由于这三镇都在唐朝的河北道，所以被称为河北三镇，又称河朔三镇。

这样，"安史之乱"平息后留下了一个严重的后遗症：河北三镇名义上归顺朝廷，实际上并不服从中央，自己署置将吏官员，拥兵自重，租赋不上供，形成地方割据势力，长期与中央王朝抗礼。而朝廷无力过问，只是采取姑息政策。此后，以河北三镇为代表的藩镇，成为了一股顽固的政治势力。直至唐亡，也没能够彻底解决这些地区的割据问题。

宝应二年（763）正月，史朝义兵败自缢死，安史乱平。

"战伐乾坤破，疮痍府库贫。"（杜甫《送陵州路使君之任》）历时八年的安史之乱，给国家和人民带来了深重的灾难。这场叛乱使人民遭到了一次空前的浩劫："万方哀嗷嗷，十载供军食。"（杜甫《送韦讽上阆州录事参军》）使中原受到了前所未有的蹂躏，整个黄河中下游一片荒凉："寂寞天宝后，园庐但蒿藜。我里百余家，世乱各东西。"（杜甫《无家别》）安史之乱后，北方经济核心地位一去不复返了，经济中心渐趋南移。"安史之乱"是唐王朝由盛而衰的转折点，它对唐代后期的政治、经济、文化等各方面都有着广泛而深远的影响。

沉舟侧畔千帆过，病树前头万木春

——王叔文集团政治革新

巴山楚水凄凉地，二十三年弃置身。怀旧空吟闻笛赋，到乡翻似烂柯人。沉舟侧畔千帆过，病树前头万木春。今日听君歌一曲，暂凭杯酒长精神。

——刘禹锡《酬乐天扬州初逢席上见赠》

唐敬宗宝历二年（826）冬，刘禹锡罢和州刺史后，回归京城，途经扬州，与也回京城的白居易相逢。白居易在筵席上写了一首诗相赠：

为我引杯添酒饮，与君把箸击盘歌。诗称国手徒为尔，命压人头不奈何。举眼风光长寂寞，满朝官职独蹉跎。亦知合被才名折，二十三年折太多。

白居易诗明显是为刘禹锡的长期被贬鸣不平。刘禹锡回忆往事，感慨万千，于是，接过白诗的话头，写了这首《酬乐天扬州初逢席上见赠》来作为酬答。

刘禹锡诗中的名句"沉舟侧畔千帆过，病树前头万木春"，由于比喻中蕴涵着哲理意味，现在已经演变为常用语了，一般用来喻指新生事物必然战胜旧事物。但这其实并非刘禹锡此诗的本意。如果要理解刘禹锡这两句诗的真正用意，还需从永贞元年（805），王叔文集团政治革新失败，刘禹锡被贬为朗州司马开始说起。

一、"二王、刘、柳"

唐贞元二十一年（805）正月二十三日，德宗李适崩。二十六日，太子李诵即位，改元永贞，是为顺宗。

安史乱后，唐王朝皇权衰落。朝廷上，宦官专权，政治腐败，一些正直敢言的大臣如前宰相陆贽等都被相继贬逐出京；地方上，藩镇割据势力称王称霸，愈来愈嚣张。中央与地方、藩镇与藩镇间的战争，连年不断。朝廷又一再向老百姓额外加税，横征暴敛。国家危机四伏，民不聊生，阶级矛盾日益深刻、尖锐。这些，都日益成为唐王朝君臣难以回避的现实问题。顺宗做太子时，就已留意于改革弊政，振作朝纲。史载，李诵做太子时，在宫中与侍读们谈到了宫市的弊害，并表示说："寡人正准备就此事尽力进言。"大家都称赞太子明察，只有一人不说话。他是谁呢？

这人就是王叔文，亦即后来永贞政治革新的实际领袖。当时他的身份是太子的侍棋待诏。按说王叔文比别的侍读更明白宫市之弊，为什么此时不语呢？当太子后来问及此事，叔文答："皇太子之事上也，视膳问安之外，不合辄预外事。陛下在位岁久，如小人离间，谓殿下收取人情，则安能自解？"（《旧唐书·王叔文传》）原来，李诵的父亲唐德宗猜忌心很强，性情又急躁刚愎，王叔文担心小人进谗，节外生枝，故而不语。联系到后来王叔文见李纯被立为太子而面露忧色，以及丁忧离职时的担心等事由，可见他是一个颇具政治嗅觉，有着较强的政治预见的人。李诵对王叔文非常信任，"宫中之事，倚之裁决"

（《旧唐书·王叔文传》）。即位后，顺宗立即开始着手整顿政治，他首先想到的就是王叔文。他把王叔文由苏州司功参军超擢为起居郎、翰林学士，把王叔文调到自己身边，作为政治改革的总策划。

翰林院地处大明宫西，靠近天子，直接隶属于皇帝。翰林学士在当时职权很大，甚至"专掌内命"，参与起草机密诏令。翰林学士也是朝中除宦官之外唯一得以出入内廷的官员，有"天子私人"之称。按说，超擢为翰林学士的王叔文，既然深得唐顺宗倚重，又颇有城府和才具，趁得意之春风，一扫国朝弊政，本当轻而易举。可谁知，王叔文推行革新的命运太不好了。

顺宗李诵在即位的前一年，即贞元二十年（804）九月就中风了。即位后，由于不能说话，不便接见诸臣，就经常住在宫中，周围挂着帘幕，只有嫔妃牛昭容和宦官李忠言在左右服侍。

王叔文虽然可以出入内廷，但只能到翰林院止步。他在翰林院处理朝中事务，作出决策后，还需要有一个人向顺宗汇报。这个人就是可以入至柿林院见李忠言、牛昭容等的王伾。王伾在牛昭容、李忠言与王叔文之间往来传递旨意和信息，因此也是革新集团的重要一员。

王叔文作出决策后，需要有人贯彻执行，王叔文便荐引韦执谊为宰相。韦执谊是顺宗为太子时为王叔文物色的同道。在顺宗的引荐下，韦执谊与王叔文成为密友。韦执谊为宰相后，就成为了革新集团政令的执行者和落实者。

这样，王叔文政治革新的人事链条齐备了。"大抵叔文因伾，伾因忠言，忠言因昭容，更相依仗。伾主传受，叔文主裁可，乃授之中书，执谊作诏文施行焉。"（《新唐书·王叔文传》）

王叔文政治革新集团中还有两位骨干，就是刘禹锡和柳宗元。《新唐书·刘禹锡传》："刘禹锡……素善韦执谊。时王叔文得幸太子，禹锡以名重一时，与之交，叔文每称有宰相器。太子即位，朝廷大议秘策多出叔文，引禹锡及柳宗元与议禁中，所言必从。……号二王、刘、柳"。

二、永贞革新

随着革新集团人事的齐备，一些重大的革新举措陆续出台了。

首先是革除一些朝中弊政。主要有：

一、废除宫市。唐德宗朝的宫市，实际上是一种强取豪夺的征敛方式，而且管理权也落入宦官之手。《新唐书·食货志二》载，贞元年间，"宫中取物于市，以中官为宫市使，两市置'白望'数十百人，以盐估敝衣绢帛，尺寸分裂酬其直，又索进奉门户及脚价钱，有赍物入市而空归者"。白居易《卖炭翁》中的那位卖炭老人，正是这种掠夺制度的受害者：

> 卖炭翁，伐薪烧炭南山中。满面尘灰烟火色，两鬓苍苍十指黑。卖炭得钱何所营？身上衣裳口中食。可怜身上衣正单，心忧炭贱愿天寒。夜来城外一尺雪，晓驾炭车辗冰辙。牛困人饥日已高，市南门外泥中歇。翩翩两骑来是谁？黄衣使者白衫儿。手把文书口称敕，回车叱牛牵向北。一车炭，千余斤，宫使驱将惜不得。半匹红纱一丈绫，系上牛头充炭直。

二、废除五坊小儿。五坊小儿与宫市性质一样，同是暴虐之政。唐朝皇帝及诸王好斗鸡，唐高宗时王勃就是因为替沛王写了一篇向英王鸡挑战的檄文，而被罢斥的。唐玄宗更爱好斗鸡，《岁时广记》卷十七引《东城老父传》："明皇乐民间清明节斗鸡戏，及即位，治鸡坊，索长安雄鸡金尾铁距高冠昂尾千数，养于鸡坊，选六军小儿五百，使教饲之。"鸡坊之设立，玄宗当是始作俑者。杜甫《斗鸡》写其场面："斗鸡初赐锦，舞马既登床。帘下宫人出，楼前御柳长。"虽然性情宽厚的杜甫，善为尊者讳，说玄宗"时时用抵戏，亦未杂风尘"(《能画》)，但他非常清楚，正是玄宗的玩物丧志，才最终酿成了安史之乱。李白就没有这般客气，他率直地揭露斗鸡者的嚣张："路逢斗鸡者，冠盖何辉赫。鼻息干虹蜺，行人皆怵惕。世无洗耳翁，谁知尧与跖！"(《古风》之二十四) 前代皇帝导夫先路，后继者更是变本加厉。唐宫设五坊以养雕、鹘、鹰、鹞、狗，给役者称"小儿"。五坊小儿仗势欺人，张捕鸟雀于坊市闾里，皆为横暴，以讹诈人钱物。甚至张罗网于门，不许人出入；或张于井上，不使人汲水，如有人靠近，则说："你怎么敢惊动供奉鸟雀！"然后痛殴之，令出钱物求谢后才去。有的聚于酒食之肆饮食，醉饱而去，卖者如果索钱，必遭责骂。其张狂无端至此。

王叔文集团革除宫市与五坊小儿这两项弊政，自然赢得了百姓的拥护。

三、禁征宫中乳母。唐德宗贞元年间，宫里要乳母，都令寺观选婢女充当，但总是不能中选，因此寺观轮到出婢女时，经常出卖产业在民间选购有姿色的民女送入宫里，成为民间一害。"永贞革新"禁征乳母，为百姓免了一害。

四、废除常贡以外的进奉。德宗公开奖励各地官僚进奉"羡余"，立"月进""日进"等名目，每年收到的进奉钱多则五十万缗，少也不下三十万缗。各地藩镇官僚更借进奉为名，残酷搜刮，"唯思竭泽，不虑无鱼"。白居易的《红线毯》诗即写进奉之弊："宣州太守加样织，自谓为臣能竭力。百夫同担进宫中，线厚丝多卷不得。宣州太守知不知，一丈毯，千两丝。地不知寒人要暖，少夺人衣作地衣。"明确指出，浪费如此多的蚕丝和劳力，去织地毯势必造成民间无衣可穿，表达对进奉之弊的深切忧虑。王叔文掌权后，下令除规定的常贡外，不许别有进奉，大大减轻了人民的负担。

五、释放宫女和教坊女乐。这也是王叔文用事后的一大善政。唐朝"后宫佳丽三千人"，有许多宫女头发白了也见不到皇帝一面。白居易《上阳白发人》咏叹宫女悲惨生活："上阳人，上阳人，红颜暗老白发新，绿衣使者守宫门，一闭上阳多少春！"深宫的幽闭生活，使得她们只能"唯向深宫望明月，东西四五百回圆"。永贞元年三月初，顺宗释放宫女三百人，释放教坊女乐六百余人，使她们得以与家人团聚。

这些举措，是顺宗为表明革新决心而对皇室私欲进行的节制，也是王叔文集团政治革新的初步措施。然而，王叔文集团真正要对付的还是宦官和藩镇。

安史之乱前，高力士等宦官虽开唐代宦官干政的先河，但完全处于皇权的卵翼之内，基本上未成气候。安史之乱后，宦官的势力渐渐大了起来，成为一股强大的政治力量。唐肃宗李亨出于对将帅的疑忌，开始用拥立自己即位的亲信——宦官李辅国来统率禁军，甚至"政无巨细，皆委参决"，开了宦官掌权的先例。至唐代宗时，宦官的势力又进一步膨胀，充任内枢密史，掌管机密，承诏宣旨。至此，宦官开始逐渐地控制了朝政。唐德宗初即位时，本来对宦官有所警惕，但泾原兵变，朱泚扰乱京师，德宗出走奉天，多亏了宦官窦文场、霍仙鸣等人的拥从。兵变平息后，德宗感觉武臣不可靠，还是用家奴好。于是，委任宦官去做左右神策、天威等军的统帅，宦官专擅朝政的局面形成。《旧唐书·宦官传》云："自贞元之后，威权日炽，兰锜将臣，率皆子蓄；藩方戎帅，必以贿成；万机之与夺任情，九重之废立由己。"皇帝逐渐控制不了宦官，甚至反被宦官所控制。陈寅恪先生在《唐代政治史述论稿》中指出："唐代阉寺多出自今之四川、广东、福建等省，在当时皆边徼蛮夷区域。其地下级人民所受汉化自甚浅薄，而宦官之姓氏又有不类汉姓者，故唐代阉寺中疑多是蛮族或蛮夷化之汉人也。"这些宦官的文化程度一般不高，往往招财纳贿，骄横凌人。白居易《轻肥》诗描写其态云：

> 意气骄满路，鞍马光照尘。借问何为者，人称是内臣。朱绂皆大夫，紫绶悉将军。夸赴军中宴，走马去如云。樽罍溢九酝，水陆罗八珍。果擘洞庭橘，脍切天池鳞。食饱心自若，酒酣气益振。是岁江南旱，衢州人食人！

王叔文集团用事后，看出了宦官专擅之弊，尤其是宦官统军的潜在危害，所以，他们开始着手谋夺宦官兵权。永贞元年（805）五月，王叔文任命很有威望的老将范希朝掌握神策军，并让革新集团的成员韩泰做他的副手。可是，神策军的一些将领大多是宦官们的亲信爪牙，所以当范希朝和韩泰去神策军接管人马时，宦官们已事先做好了准备，故意让将领不听调遣，使范希朝和韩泰空手而回。谋夺宦官兵权受阻，给王叔文集团留下了日后的最大祸患。

安史乱后，中央对地方失控，逐渐形成藩镇割据的局面。代宗时期，朝廷无力彻底消灭投降唐朝的安史余党，便以赏功为名，授以节度使称号，由其分统原安史叛军所占之地。河北三镇名义上虽服从朝廷，实则独立。军中主帅，或父子相承，或由大将代立，朝廷无法过问。德宗时期，藩镇割据的形势日益严峻。而藩镇之乱，也此起彼伏，迄无宁日。建中三年（782），淮西（治蔡州，今河南汝南）节度使李希烈据镇反叛，唐德宗调集淮西邻道兵攻讨，诸道兵都观望不前。又调泾原（今甘肃泾川北）兵东援，可建中四年（783）十月，泾原兵奉前卢龙节度使朱泚造反，德宗被迫出奔奉天，转走梁州，直到兴元元年（784）七月，才得以重返长安。经过这场恐慌之后，德宗转为执行姑息政策，求得暂时安定。顺宗即位，藩镇势力仍然强盛，构成了对中央政权的潜在威胁。在这种情况下，如何抑制藩镇势力，重建中央集权，成为唐王朝君臣必须正视的问题。

王叔文集团的成员都非常清楚藩镇问题的严重性。柳宗元的《封建论》极力说明分封制不如郡县制的优越，其用意和指向非常明确。刘禹锡后来在任和州刺史时，写下了许多怀古诗，如《金陵五题》等，以"兴废由人事，山川空地形"（《金陵怀古》）警示藩镇军阀不可轻举妄动。刘禹锡的《西塞山怀古》一诗旨意更为显豁：

> 王濬楼船下益州，金陵王气黯然收。千寻铁锁沉江底，一片降幡出石头。人世几回伤往事，山形依旧枕寒流。今逢四海为家日，故垒萧萧芦荻秋。

把嘲弄的锋芒指向在历史上曾经占据一方但终于覆灭的统治者，正是对重新抬头的藩镇割据势力的迎头一击。

王叔文集团对于抑制藩镇的态度是明显而坚决的。如剑南西川节度使韦皋，派支度副使刘辟求总领三川（即剑南东川、西川及山南西道），并扬言："太尉使致诚于足下，若能致某都领剑南三川，必有以相酬。如不留意，亦有以奉报。"（《旧唐书·韦皋传》）利诱加威胁，何其嚣张，惹得王叔文大怒，欲杀刘辟，刘辟仓皇逃走。

三、出师未捷

正当王叔文集团的改革大刀阔斧地进行时，不提防冷枪暗箭也在向他们凶狠地袭来。这就是看到顺宗有病而时刻在觊觎皇位的太子一党的势力。打头阵的是该党要员韦皋。

韦皋是太子党藩镇势力中的主要代表，自从兼领三川的无理要求被王叔文拒绝后，一直在伺机报复。他上表奏请唐顺宗休息，让太子李纯监国理政；同时又写信给太子李纯，说王叔文、王伾等人是"群小得志"，扰乱纪纲，要求李纯"斥逐群小"。紧接着荆南节度使裴均、河东节度使严绶等，也相继向顺宗及太子奏表进笺，频频向顺宗施加压力。

与此同时，俱文珍、刘光琦、薛盈珍等太子党一面的宦官，也在为逼迫顺宗退位而加紧运作。永贞元年（805）四月，在宦官俱文珍等的操纵下，立广陵王李淳为皇太子，并改名为李纯。"叔文独有忧色，而不敢言其事，但吟杜甫题诸葛亮祠堂诗末句云：'出师未捷身先死，长使英雄泪满襟。'因歔欷泣下。"（《旧唐书·王叔文传》）接着，俱文珍等趁着王叔文加拜户部侍郎之机，暗中削去其翰林学士之职。王叔文失去此职，便无法参与机密诏令，当然就无法领导革新运动，所以他闻知消息大吃一惊。王伾为之一再疏请，也只允许"三五日一入翰林"。至此，形势已经不利。王叔文又因母丧丁忧守丧去职，形势更急转直下。

永贞元年七月二十八日，俱文珍等逼顺宗下制，称："积疾未复，……其军国政事，宜令皇太子勾当。"八月四日，俱文珍等又假顺宗制："令太子即皇帝位，朕称太上皇，居兴庆宫，制称诰。"（《旧唐书·顺宗本纪》）五日，徙顺宗居兴庆宫。六日，贬王伾为开州司马，王叔文为渝州司马。王伾不久死于贬所，王叔文亦在第二年被赐死。九日，太子李纯正式即位于宣政殿，是为宪宗。九月十三日，贬刘禹锡为连州刺史，柳宗元为邵州刺史，韩泰为抚州刺史，韩晔为池州刺史。十一月七日，贬韦执谊为崖州司马。朝议谓刘、柳等人贬太轻。十四日，再贬刘禹锡为朗州司马，柳宗元为永州司马，韩泰为虔州司马，韩晔为饶州司马；又贬程异为郴州司马，凌准为连州司马，陈谏为台州司马。此十人，合称"二王八司马"。陆质先已病死，李景俭守丧在家，吕温出使吐蕃未还，未及于贬。至此，太子党人夺权成功，而仅五个月的革新运动最终彻底失败了。

永贞革新虽然失败了，但是革新的意义和影响是巨大的。清初王夫之对永贞革新的成绩作出肯定："革德宗末年之乱政，以快人心清国纪，亦云善矣。"[①]清代学者王鸣盛在《十七史商榷》中更加明确地指出，永贞革新"改革积弊，加惠穷民，自天宝至贞元少有及此者"，意义非常重大。其实，永贞革新的一些做法，如对藩镇势力的抑制，也正为新任皇帝唐宪宗所采用。原来在王叔文刀下侥幸溜走的刘辟，到底还是因为任西川节度副使时求兼领三川不获许而发动叛乱，终被唐宪宗剿灭。而王叔文集团要割去而未能的那个宦官弄权的毒瘤，也在迅速的膨胀和恶化。被宦官拥戴而当了皇帝的唐宪宗李纯，最后又被宦官鸩杀。唐宪宗以后的皇帝，也常常是由宦官废立的。

永贞革新失败，一方面是藩镇势力和宦官势力联合绞杀的结果，另一方面也与德宗旧臣的不合作有关。革新集团成员起

---

① ［清］王夫之《读通鉴论》卷二十五，《船山全书》第 10 册，岳麓书社，1988 年，第 944—946 页。

初的官职都比较低微。如王伾，仅官太子侍书；王叔文，仅以棋待诏为东宫侍读；刘禹锡、柳宗元、程异，仅官监察御史；韦执谊，仅官吏部郎中；凌准，仅官侍御史；韩泰，仅官户部郎中；韩晔、陈谏，史书不记当时任官，职位显然更低。在顺宗的支持下，他们与一些新进携手合作，共同开创新的局面。一些德宗旧臣感觉受到了排挤，颇生妒忌之心。韩愈在《永贞行》中说"元臣故老不敢语，昼卧涕泣何汍澜"，就描写出了当时的旧朝元老的怨望之状。王叔文等用事时，在位的宰相除了韦执谊外，还有高郢、郑珣瑜、贾耽等人，这些旧朝元老，有的退职，有的躺倒不干，以示抗议和不合作。韦执谊身处其中，各种关系很难处理。当时做御史中丞的武元衡也明确表示不合作的态度。《旧唐书·武元衡传》："王叔文等使其党以权利诱元衡，元衡拒之。时奉德宗山陵，元衡为仪仗使。监察御史刘禹锡，叔文之党也，求充仪仗判官。元衡不与，其党滋不悦。"韩愈对王伾等收受贿赂、提升官员的做法也曾表示不满，如他在《永贞行》中，称革新党派掌握朝廷大权是"太皇谅阴未出令，小人乘时偷国柄"；又直言不讳地批评说："夜作诏书朝拜官，超资越序曾无难"。

有人说革新运动失败与韦执谊不听王叔文调遣，革新党派内部分裂有关。这种说法恐怕不符合实际。韦执谊在德宗朝就因为顺宗的引荐而与王叔文友善，而且还设计驱逐了敢于非议他们的一批谏臣。当然，韦执谊为了协调各种关系，在几件具体事情的处理上，确实故意同王叔文唱了反调。如侍御史窦群曾上奏欲驱逐刘禹锡出朝，王叔文与人商议，决定罢窦群的官，韦执谊则加以阻止。王叔文要杀刘辟，又遭韦执谊竭力反对。但这些不过是做做样子，以示公正罢了。实际上，韦执谊还是坚决地站在革新派的立场上的，所以，他暗中派人去向王叔文解释和道歉，说："不敢负约，欲共济国家事尔。"（欧阳修《新唐书》列传第九十三）后来，当他的岳父、新任宰相杜黄裳劝请太子监国时，韦执谊则厉声呵斥，惹得杜黄裳拂衣而出。看来，韦执谊是小事故意糊涂，大事则毫不含糊。

事实上，永贞革新集团的多数成员，都能坚持革新主张，具有不妥协的斗争精神。例如柳宗元在革新失败后曾为王叔文之母所写《尚书户部侍郎王君先太夫人河间刘氏志文》，文中给王叔文以极高的评价。他说王叔文"坚明直亮，有文武之用"，说在永贞革新运动中，王叔文"讦谟定命，有扶翼经纬之绩"，"将明出纳，有弥纶通变之劳，副经邦阜财之职"。这样来评价王叔文，当然需要极大的勇气和极强的正义感。在柳宗元的山水游记中更往往寄寓着统治者抑才害贤的幽愤之情。他的《江雪》诗：

千山鸟飞绝，万径人踪灭。孤舟蓑笠翁，独钓寒江雪。

孤舟独钓寒江的渔父，兀傲不屈，正是柳宗元自我人格的生动写照。韩愈《柳子厚墓志铭》中说："子厚前时少年，勇于为人，不自贵重顾藉"，也正好是柳宗元耿介孤直性格的一个注脚。

四、韩愈作史

韩愈在元和八年（813）三月，被提拔为比部郎中、史馆修撰。十一月，接手《顺宗实录》的修撰。《顺宗实录》所记正是永贞时事，成为后来唐史撰写者最主要的材料依据。在接手此项任务之前，韩愈写了《答刘秀才论史书》，言及作史之难，说作史的人，"不有人祸，必有天刑"。柳宗元对老朋友的这种言论很是不高兴，于是在元和九年（814）正月，写了《与韩愈论史官书》。文章最后说："退之宜更思。可为，速为。果卒以为恐惧不敢，则一日可引去，又何云'行且谋也'？今人当为而不为，又诱馆中他人及后生者，此大惑已！不勉己而欲勉人，难矣哉！"柳宗元的意思是说，你韩愈既然有修史的机会，就应当勇挑重担，把永贞年间的真实历史留给后人，如果推诿职位于德薄者，就难以将历史的真相存诸后世了。在这封书信里，柳宗元对韩愈以"鬼神之事，渺茫难知"劝慰之，又以"恐惧不敢"激将之，可谓用心良苦。

其实，韩愈此时的心境，也确实很矛盾。他之后接手修撰《顺宗实录》，也是硬着头皮上的。不照实修，违背董狐直笔的史学传统不说，也对不住自己以道自任的夙愿；尽照实修，又担心不会被朝廷通过，甚至会招来横祸。韦执谊监修国史时，曾定下规矩："修撰官各撰日历，凡至月终即于馆中都会详定是非，使置姓名，同其封锁"，而且，"不得私家置本"，"永为常式"（《唐会要》卷六三）。这实际上是收史家褒贬权于朝廷。所以，韩愈在《答刘秀才论史书》中"夫为史者，不有人祸，则有天刑"的说法，就是其处在两难境地时的愤激之辞。

韩愈最后还是鼓起勇气，完成了《顺宗实录》的修撰。《顺宗实录》基本上是信史。韩愈写永贞革新，并不因与革新的主要人物王叔文有宿怨而有所曲笔。在详述改革各项措施之后，韩愈用了"人情大悦""市井欢呼""百姓相聚以欢呼大喜"等语句说明革新的效果，其赞赏之情溢于言表。然而，韩愈在修史前担心的事情出现了，这样记录永贞革新惹得一些当路要员很不高兴。宰相李吉甫负责监修，他看了韩愈所修《顺宗实录》

就"欲更研讨"，只是还没来得及研讨出结果就死了①。而随后，由于《顺宗实录》揭了宦官的短，宦官们就对其谗毁②，以至于"累朝有诏改修"（《旧唐书·路随传》）。这又说明：尽管韩愈得官或许借助了宦官俱文珍之力③，但韩愈并不因为个人感情而取代正义的原则，具有坚决的卫道精神。这一方面是他"发言直率，无所畏避"（《旧唐书·韩愈传》）性格的表现，另一方面也未尝不与老朋友柳宗元的激励有关。

作为老朋友，柳宗元对于韩愈是理解、支持和信任的。元和九年（814），柳宗元作《与史官韩愈致段秀实太尉逸事书》，把平日留心采访所获知的有关段秀实的一些轶事，寄给韩愈以作修史之参考，而后来宋人修《新唐书》中的《段太尉传》，正是依此而作的。韩愈作《师说》抗颜为师遭人诟议时，柳宗元则作《答论师道书》以声援之。甚至柳宗元死前托孤于韩愈。这些都足以说明韩、柳交谊之深厚。

韩愈也始终把柳宗元、刘禹锡当作密友看待。可是，后世有些评论者以为三人关系颇多抵牾。其根据是韩愈《赴江陵途中寄赠翰林三学士》一诗。韩诗云："同官尽才俊，偏善柳与刘。或虑言语泄，传之落冤仇。二子不宜尔，将疑断还不。"宋代《蔡宽夫诗话》认为韩愈的阳山之贬是王叔文集团的排斥，以致韩愈对柳、刘也产生了怀疑。宋葛立方《韵语阳秋》则更

① 参见韩愈《进顺宗皇帝实录表状》。

② 《唐会要》卷六十四"史馆杂录（下）"："初，韩愈撰《顺宗实录》，说禁中事颇切直，内官恶之，于上前屡言不实，故令刊正也。"

③ 韩愈和俱文珍有联系，可见《送汴州监军俱文珍》等诗，又可见《昌黎外集三·送俱文珍序》及王鸣盛《蛾术编》五十七。

说:"阳山之贬,伾、文之力,而刘、柳下石为多。"这其实是出自对韩诗的误解。宋代胡仔《苕溪渔隐诗话》经过考证,说明蔡宽夫等的说法是不对的,指出韩愈被贬是因为幸臣李实进谗[①]。韩愈上疏言关中民急之状,并向挚友柳、刘倾诉衷肠,随即有阳山之贬,有人误解是柳、刘走漏了消息,才引来李实的谗毁。韩愈诗言,他最善刘、柳,所以说"二子不宜尔",他们绝不会如此的。初听闲言,韩愈也曾犹疑,而马上否定了此说,这就是"将疑断还不"的意思。后世理解前人诗意,每多断章取义,蔡宽夫、葛立方语或失察。倒是南宋刘克庄《后村诗话》卷四说得在理:"退之阳山之贬,此诗及史皆云因论官市,似非刘、柳漏言之故。当时乃有此说,市之风波可畏久矣。然退之于刘、柳豁然不疑,故有'二子不宜尔'之句,庶几不怨天、不尤人矣。"

柳宗元殁,韩愈为作《柳子厚墓志铭》,情见乎辞,众所周知。同样,韩愈殁,刘禹锡也在《祭韩吏部文》中对韩愈予以高度评价(见刘禹锡《祭韩吏部文》,《全唐文》卷六百一十)。这些都足以说明韩、柳、刘三人实为惺惺相惜之挚友。

五、宦海浮沉

"八司马"贬所都在边远之地。直到唐宪宗元和十年(815)年初,柳宗元与韩泰、韩晔、陈谏、刘禹锡等五人才奉诏进京。但当他们赶到长安时,朝廷又改变主意,竟把他们分别贬到更

---

① 《苕溪渔隐诗话》曰:"余阅洪氏《年谱》,然后知宽夫为误。《年谱》云:贞元十九年,公与张署、李方叔上疏言关中民急,为幸臣所谗。幸臣者,李实也。"

荒远的柳州、漳州、汀州、封州和连州为刺史。

柳宗元《登柳州城楼寄漳、汀、封、连四州刺史》写他们当时凄苦、忧郁和愤懑：

> 城上高楼接大荒，海天愁思正茫茫。惊风乱颭芙蓉水，密雨斜侵薜荔墙。岭树重遮千里目，江流曲似九回肠。共来百粤文身地，犹自音书滞一乡！

青冥折翼，事业受挫，给柳宗元、刘禹锡等革新成员的打击是沉重的。柳宗元在贬地，往往借山水以发幽愤。他在《始得西山宴游记》中说，他自被贬后总是战战兢兢地生活，闲暇时，就"施施而行，漫漫而游"，借以排解心中的苦闷，其抑郁感伤之情溢于言表。

和柳宗元比起来，刘禹锡性格显得要开朗一些，有一种乐观向上、顽强不屈的兀傲的个性。他的《秋词》：

> 自古逢秋悲寂寥，我言秋日胜春朝。晴空一鹤排云上，便引诗情到碧霄。

刘禹锡就像一只排云而上、直冲蓝天的野鹤，充溢着战斗精神。元和十年（815），刘禹锡之所以召回后又被改派到至为荒远的播州，恐怕与他奉诏进京后所作的一首诗有关：

> 紫陌红尘拂面来，无人不道看花回。玄都观里桃千树，尽是刘郎去后栽。

刘禹锡回到长安，看看长安的情况，已经发生了很大变化，朝廷官员中，很多新提拔的都是他过去看不惯、合不来的人，心里很不舒坦。京城里有一座有名的道观叫玄都观，里面有个道士，在观里种了一批桃树。那时候正是春暖季节，观里桃花盛开，招引了不少游客。刘禹锡看到玄都观里新栽的桃花，很有感触，于是就借题发挥，写了上面那首题为《戏赠看花诸君子》

的诗。

刘禹锡的这首新作马上在长安传开了。有一些大臣对召回刘禹锡本来就不愿意，读了刘禹锡的诗，就细细琢磨起来，里面到底有什么含意。也不知道哪个说，刘禹锡这首诗表面是写桃花，实际是讽刺当时新提拔的权贵的。这一下子可惹了麻烦，唐宪宗对他也很不满意。于是，刘禹锡被派到人烟稀少、异常偏僻的播州（今贵州遵义市）做刺史。

刘禹锡家里有个老母亲，已经八十多岁了，需要人伺候，如果随行，肯定无法承受长途跋涉的劳顿之苦。柳宗元得知情况后，连夜写了一道奏章，请求把派给他柳州的官职跟刘禹锡对调，让他到播州去。柳宗元待朋友的真诚之举，使许多人很受感动。大臣裴度在唐宪宗面前替刘禹锡说情，宪宗才答应把刘禹锡改派为连州（今广东连县）刺史。

以后，刘禹锡又被调动了好几个地方。过了十四年，唐敬宗宝历二年（826），裴度当了宰相，才把他调回长安。

开头提到的《酬乐天扬州初逢席上见赠》，就是刘禹锡在此次回长安的路上作的。当时刘禹锡遇到白居易，两人本系旧友，相见时谈到市朝荣枯、宦海沉浮、祸福难料、风云莫测时，大概总免不了要感叹唏嘘一番。白居易的赠诗中说："举眼风光长寂寞，满朝官职独蹉跎"，颇为刘禹锡抱不平。刘禹锡也联想到，朝廷在人事上已经发生了巨大的变化，正所谓"王侯第宅皆新主，文武衣冠异昔时"（杜甫《秋兴》其四），现在回去后，恐怕会有恍如隔世的感觉了。所以刘禹锡的酬答之作中间二联道："怀旧空吟闻笛赋，到乡翻似烂柯人。沉舟侧畔千帆过，病树前头万木春。"

三国魏元帝景元四年（263），嵇康被司马氏所杀害。次年，向秀作《思旧赋》悼念嵇康。赋云：

> 悼嵇生之永辞兮，顾日影而弹琴。托运命于领会兮，寄余命于寸阴。听鸣笛之慷慨兮，妙声绝而复寻。停驾言其将迈兮，遂援翰而写心。

"妙声绝而复寻"，"妙声"指嵇康临终前所奏寄托生命（"寄余命"）之琴声（"特妙"），和向秀现在凭吊嵇康旧居时邻家所鸣笛声（"慷慨"）。琴声、笛声"妙声绝而复寻"，乃是象征嵇康虽死犹生，象征嵇康精神不死，永远活在人们心里。下文接着说"遂援翰而写心"，正是表达此意。

刘禹锡诗"怀旧空吟闻笛赋"，用《思旧赋》琴声、笛声"妙声绝而复寻"之典，言如同向秀怀念嵇康，我亦怀念二十三年前的"永贞革新"故人，然而死者已不在人间（"空"）。言外之意则是，如嵇康虽死犹生、精神不死，永远活在人们心里；"永贞革新"故人亦虽死犹生、精神不死，永远活在我的心里。

下文"沉舟侧畔千帆过，病树前头万木春"，继续发挥此意。刘禹锡以"沉舟"喻"永贞革新"之故人，以"病树"自喻，以"千帆""万木"喻无数新贵。二句言死者已长逝矣，他们当年从事过政治革新的朝廷，如今正是无数新贵春风得意，而我自甘病废，姑且让那无数新贵春风得意去吧。言外之意则是，自己宁可废弃，也忠于"永贞革新"故人和当年的理想。风格看似颓废，其实柔中有刚，写出了决不以世俗为转移的品格和定力。人们常说刘禹锡此二句诗表现了新生事物朝气蓬勃、新陈代谢不可抗拒，其实并不符合诗的原意。

刘禹锡再次回到京城时，又是暮春季节。他到玄都观旧地重游，得知那个种桃的道士已经死去，观里的桃树没有人照料，有的被砍，有的枯死了，满地长着燕麦野葵，一片荒凉。他想起当年桃花盛开的情景，联想起一些过去打击他们的政敌，也在朝野倾轧中下了台，就又写下了一首《再游玄都观》诗：

> 百亩中庭半是苔，桃花净尽菜花开。种桃道士归何处？前度刘郎今又来。

十四年过去了，皇帝由宪宗、穆宗、敬宗而文宗，换了四个，人事变迁很大，但政治斗争仍在继续。刘禹锡写这首诗，是有意重提旧事，向打击他的权贵挑战，表示决不因为屡遭报复就屈服妥协。诗里的"种桃道士"指的是打击当时革新运动的当权者。这些人，经过二十多年，"树倒猢狲散"，有的死了，有的失势了。而被排挤的刘禹锡，这时却回来了！刘禹锡对政敌投以轻蔑的嘲笑，从而显示了自己的不屈、乐观和战斗到底的勇气。

夕阳无限好，只是近黄昏

——唐朝的衰亡

> 向晚意不适，驱车登古原。夕阳无限好，只是近黄昏。
>
> ——李商隐《登乐游原》

一天傍晚，晚唐诗人李商隐郁郁不乐地登上长安的乐游原，对着西斜的红日，情不自禁地慨叹："夕阳无限好，只是近黄昏。"意思是说，夕阳即使再好，可惜也维持不了多少时间。清人纪昀评曰："百感茫茫，一时交集，谓之悲身世可，谓之忧时事亦可。"此评很有道理。晚唐时代，中兴无望，大唐运祚已似日薄西山，诗人触景伤情，能不慨然兴叹！

历时近八年的"安史之乱"，大大削弱了唐王朝的实力，肃宗（756—762 年在位）及其之后的代宗（762—780 年在位）、德宗（780—805 年在位）等皆昏庸无能，宠信奸臣，疏远贤良，致使唐帝国的统治更加恶化，国力每况愈下，一蹶不振。李唐王朝因此再未恢复往日的盛世景象。

公元 805 年，唐顺宗即位，起用王叔文、王伾、柳宗元、刘禹锡等人，进行了一些有利于国计民生的政治革新。可是，由于顺宗患有中风病，宦官俱文珍等和反对改革的朝臣结合起来，拥立太子李纯为皇帝，顺宗被迫退位，王叔文集团的政治改革仅仅一百四十六天，最终失败。唐宪宗李纯，任用李绛、裴度等有才能的人作宰相，朝廷稍有振作。如先后平息刘辟、李锜的叛乱，取得魏博镇，平定淮西，收复淄青等，唐朝实现了暂时的统一。但此后，唐宪宗便骄侈起来。他听说凤翔法门寺塔留存有佛的指骨舍利，就派遣僧徒去迎奉。韩愈上疏切谏，结果惹怒了唐宪宗，把韩愈远贬潮州。"一封朝奏九重天，夕贬潮州路八千"，韩愈在诗中表达了他的凄恻与不平。后来，服用了柳泌配制的长生药的唐宪宗，性情变得暴躁多怒，经常责杀身边的宦官，终于被宦官毒杀。公元821年，宦官王守澄等拥立太子李恒即位，即唐穆宗。唐宪宗死后，唐王朝中期结束，开始进入后期。

唐王朝后期，积弊重重。皇帝的昏庸、宦官的擅权、朝官的党争、藩镇的割据，再加上由于诛求过甚而造成的民众的反抗，使得唐王朝一步步地走向衰亡。

一、皇帝庸碌

唐宪宗以后诸帝，大多数庸碌无为。

唐穆宗和唐敬宗是驯服于宦官的两个皇帝。唐穆宗李恒和他父亲一样，也想长生不老，他宠信方士，服用长生药，结果不但不能长生，反而只活了三十岁就早早死了。长庆四年（824），穆宗死，太子李湛即位，就是唐敬宗。

唐敬宗是个一位荒淫无度的浪荡子，喜爱游戏，整天击球打猎，朝政由宦官王守澄把持。唐敬宗命盐铁转运使王播大造竞渡船，并每月从南方进奉钱物（称为"羡余"）。宝历三年（827），唐敬宗夜猎还宫，与宦官刘克明等饮酒。刘克明等嫉妒王守澄的权势，希望换立新君，从而取代王守澄的地位。酒酣之后，敬宗起身上厕所，突然灯烛全灭，刘克明等人趁黑暗把年仅十八岁的敬宗杀死，然后矫称圣旨，拥立绛王李悟（唐宪宗第六子）为皇帝。枢密使王守澄、神策中尉梁守谦等宦官，则领禁兵迎立唐敬宗弟江王李涵为皇帝，杀刘克明、李悟等。李涵即位后，改名李昂，就是唐文宗。

唐文宗亲历了宦官弑君立君的过程，感到自身毫无保障，就想利用朝官来对抗宦官。他与朝官密谋诛灭宦官，但由于做事不密，最终失败。唐文宗被宦官监视，只好饮酒求醉，赋诗遣愁，说自己受制于家奴，比周赧王、汉献帝两个亡国之君还不如。开成五年（840），唐文宗病死。宦官仇士良、鱼弘志等立唐文宗弟颖王李瀍为皇太子，改名李炎，即唐武宗。

唐武宗十分信奉道教，不喜欢佛教。会昌五年（845），他竟下诏命天下佛寺僧尼全都归俗。唐武宗经常服用方士所配制的金丹，变得性情躁急，喜怒无常。他已经得病，方士却骗他是换骨。会昌六年（846），唐武宗和他父亲唐穆宗一样，也因服金丹病死。李商隐《瑶池》：

　　瑶池阿母绮窗开，黄竹歌声动地哀。八骏日行三万里，穆王何事不重来？

诗人意在讽刺长生之虚妄，求仙之荒诞。他在诗中虚构出西王母盼不到周穆王重来的场景，以黄竹歌哀暗示穆王已死，含意深长地说明了神仙也不能使遇仙者免于死亡，所以求仙无益。《李义山诗集笺注》引程梦星曰："此追叹武宗之崩也。武宗好仙，又好游猎，又宠王才人。此诗熔铸其事而出之，只用穆王一事，足概武宗三端。"唐武宗死，宦官立唐宪宗之子李怡为皇太叔，改名李忱。李忱即位，就是唐宣宗。

唐宣宗与唐武宗的父亲唐穆宗同辈，按常例不可继承帝位。

只因他幼年时起，便显得很痴呆，宦官以为容易利用，就破例拥立他做皇帝。唐宣宗即位后，将唐武宗废除的佛教又复兴起来，处理政务，有条有理，大家才知道他有心计，痴呆是伪装出来的。可是，唐宣宗认为他的父亲唐宪宗是郭太后（唐宪宗皇后，但不是唐宣宗生母）与儿子唐穆宗和宦官同谋杀死的，所以即位以后，他就逼死郭太后，又杀唐穆宗作太子时的东宫官属。唐宣宗也热衷于长生之术。大中十三年（859），唐宣宗吃了方士的长生药，结果背生毒疮而死。宦官立其长子李漼为皇帝位，就是唐懿宗。

唐懿宗即位后，"游宴无节"，极其荒淫奢侈。他喜欢在宫里大摆宴席，他喜欢观看乐工优伶演出。懿宗宫中供养的乐工有五百人之多，只要他高兴，就会对这些人大加赏赐，动不动就是上千贯钱。每次外出游览，随从多至十余万人，所花费的钱财不可胜数。李商隐《隋宫》：

> 紫泉宫殿锁烟霞，欲取芜城作帝家。玉玺不缘归日角，锦帆应是到天涯。于今腐草无萤火，终古垂杨有暮鸦。地下若逢陈后主，岂宜重问《后庭花》？

隋炀帝多次乘龙舟南游江都，穷奢极欲，终致亡国。据《隋遗录》载：隋炀帝游江都时，一次梦中恍惚与陈后主相遇，让陈后主的宠妃张丽华教舞《玉树后庭花》。李商隐说，同是以荒淫而亡国，隋炀帝如果见了陈后主，也该感到羞赧吧？那么，唐懿宗如果见到隋炀帝，不知道会做何感想？李商隐如果能活到唐懿宗朝，恐怕感慨会更多些吧？唐懿宗花费大量钱财供奉佛教，他派人到法门寺迎佛骨舍利，群臣多劝谏说，唐宪宗迎佛骨，不久死去，可见迎佛骨致长生是不足为信的。但唐懿宗执迷不悟，竟说："生得见之，死亦无恨！"终于劳民伤财地把佛骨迎接到京师。咸通十五年（874），唐懿宗死，宦官立其少子李儇为皇帝，就是唐僖宗。

唐僖宗即位时才十二岁，即位前，他和小马坊使宦官田令孜最好。所以，他一当上皇帝，就擢升田令孜为神策军中尉。唐僖宗专事游戏，赏赐乐工、伎儿的钱，动不动就以万计，以至于府库空竭。他把政事全交给田令孜，还称他为"阿父"。田令孜把持大权，恃宠横暴，朝政日非。唐僖宗即位后不久，就爆发了以王仙芝、黄巢为首的大规模的农民起义。广明元年（880），起义军进入长安，唐僖宗随田令孜等出逃到成都。后来，唐朝招沙陀酋长李克用来攻起义军。光启四年（888）起义军失败，唐僖宗回到长安。当时长安屡经兵火，已是荆棘满城。身心交瘁的唐僖宗不久就病死了。宦官杨复恭立李晔（唐懿宗第七子、唐僖宗弟）为皇帝，就是唐昭宗。

唐昭宗有振兴唐朝的志向，但是，唐朝已到了腐朽垂亡的阶段，中央的权力已几乎丧尽，唐昭宗所作的努力也只是枉然。在宦官、藩镇、朝官的挟持下，经历了出逃、被囚禁、被挟制、被孤立的重重厄运后，昭宗终于在天复四年（904）被朱全忠杀死。朱全忠杀死唐昭宗后，立唐昭宗第九子辉王李柷为皇帝，就是唐哀帝（也称唐昭宣帝）。唐哀帝即位时才十三岁，不过是朱全忠篡位的一个过渡工具而已。

二、宦官擅权

唐后期的主要矛盾是南司（朝官）和北司（宦官）之争和朝官之间朋党的斗争。

朝官办公的中书、门下两省在宫城南面，通称为"南衙"或"南司"，而宦官组成的内朝相对称为"北司"。唐后期南北司斗争越发频繁剧烈，大体上说，多是北司压过南司，宦官势力占上风。

宦官擅权是唐后期政治的一大特征。唐玄宗开元后期，唐初宦官不登三品的旧制被打破，宦官高力士已是官高位显，连当朝太子都称其为二兄，诸王公主称他为阿翁。"安史之乱"时宦官边令诚、鱼朝恩则屡任监军。唐肃宗信不过朝臣，干脆用自己宠信的宦官李辅国统率禁军，李辅国权倾朝野，结党营私，卖官鬻爵，聚敛财富。陈寅恪先生《唐代政治史述论稿》认为："唐代阉寺中疑多是蛮族或蛮夷化之汉人也。"杜甫曾讽刺李辅国等辈宦官，文化浅薄却用事弄权，是"乱纪纲"的小儿。杜甫《萤火》大概也是讽刺宦官之作：

幸因腐草出，敢近太阳飞。未足临书卷，时能点客衣。

随风隔幔小，带雨傍林微。十月清霜重，飘零何处归。

宦官经常干出贪污受贿之类的丑事，甚至会因私嫌而诬构陷害朝臣。"敢近太阳飞"指宦官蛊惑帝王，"时能点客衣"言其君前进谗，"未足临书卷"则是说他们不堪大用。刘禹锡也把蛊惑君王、进谗害贤的宦官比作蚊子。他的《聚蚊谣》写蚊子得势之时："喧腾鼓舞喜昏黑，昧者不分听者惑。露花滴沥月上天，利嘴迎人着不得。"骂他们必不得好报："清商一来秋日晓，羞尔微形饲丹鸟。"刘禹锡这首诗在立意上与杜甫的《萤火》诗很相似。

安史之乱时，皇帝用宦官监军、统兵，宦官渐掌军权。所以安史之乱后，宦官势力更是猖獗，乃至"万机之与夺任情，九重之废立由己"（《旧唐书·宦官传》）。唐代宗朝的程元振，唐德宗朝的窦文场、霍仙鸣，唐宪宗朝的俱文珍、吐突承璀、王守澄等人，个个都是专权横行的大宦官。

唐穆宗以后的大宦官更是变本加厉，有过之而无不及。大宦官头领往往被授予神策中尉、枢密使的重要职位。左、右神策中尉和左、右枢密使被称为"四贵"。神策中尉独掌兵权，枢密使则分掌政权。神策军是安史之乱后朝廷为了威慑藩镇而建立的中央直属部队，是王朝禁军。唐德宗贞元中设立左、右神策中尉统领神策军，让宦官窦文场、霍仙鸣担任。以后，担任神策中尉的多是宦官。唐敬宗时正式设置了两员由大宦官充任的枢密使。枢密使的本职虽说只是掌管机密、承诏宣旨，但由于常在皇帝身边，权力不亚于宰相。宦官掌握了这样的军政要职，更是肆无忌惮了。唐后期八个皇帝由宦官拥立，两个皇帝被宦官害死。宦官把持了国策的制定、皇帝的废立，至于朝臣的任免，自然更是不在话下了。

这样，宦官与朝臣的矛盾和冲突也就越来越尖锐。

唐穆宗是由宦官拥立的，从唐穆宗起，掌握唐朝政权的人，不是皇帝而是宦官。唐穆宗时，由于宦官势力极盛，裴度为首的一部分正直朝官受到压抑，而另一些朝官却极力巴结宦官，以求得高位，元稹就很有代表性。元稹交结宦官，当上知制诰，受到朝官的鄙视。一次，同行在一起吃瓜，有苍蝇飞下来，中书舍人武儒衡挥扇驱蝇，说："这东西从哪里来的！"朝官把依附宦官者比作苍蝇，足见双方怨恨之深。

唐敬宗时，宦官梁守谦、王守澄等揽权用事，仍然排挤正直朝官。

唐文宗朝，南北司的斗争已经表面化了。大和二年（828），名士刘蕡应举贤良方正，公开在对策中反对宦官。他声言"阉寺持废立之权"，弄得"宫闱将变，社稷将危"，劝皇帝屏退宦官，信任朝官，政权交给宰相，兵权交给将帅，这样做，才能救皇帝、救国家。考官赞赏刘蕡的文章，但惧怕宦官的专横，不敢录取他。后来令狐楚等表荐刘蕡为秘书郎，而宦官深恨刘蕡，以罪诬之，刘蕡被贬为柳州司户而死于贬所。对刘蕡的贬谪冤死，李商隐极为悲痛，作《哭司户刘蕡》云："路有论冤谪，言皆在中兴。空闻迁贾谊，不待相孙弘。"说行路之人都在议论刘蕡在贤良对策中的言论全是为着国家的中兴。可见，刘蕡的言论是多数朝官的共同心声。毛泽东在读《旧唐书·刘蕡传》时，对刘蕡的勇气很赞赏，并作诗说："千载长天起大云，中唐俊伟有刘蕡。孤鸿铩羽悲鸣镝，万马齐喑叫一声。"刘蕡敢置生死于不顾，抨击宦官，确有胆略。

宦官的跋扈，终于让皇帝再也忍受不下去了。

唐文宗的祖父宪宗、哥哥敬宗均为宦官所害，父亲穆宗和自己都是宦官所立，故对宦官既恨又怕。于是，唐文宗用宋申锡为宰相，密谋诛灭宦官。王守澄和亲信郑注发觉宋申锡的密谋，使人诬告宋申锡欲谋废立，唐文宗却信以为真，害怕危及自己的帝位，贬宋申锡为开州司马。唐文宗得了中风病，王守澄荐郑注去诊治。王守澄又把进士出身的李训推荐给唐文宗。郑注和李训成了唐文宗的宠臣。

大和九年（835），唐文宗想诛灭宦官，将心事密告李训、郑注。李、郑二人认为有大利可图，也就为唐文宗出谋划策。他们先擢用宦官仇士良为中尉，分去王守澄的权势；不久，他们又让唐文宗逼王守澄喝毒酒自杀。李、郑二人又密谋，准备由郑注出任凤翔节度使，等王守澄下葬时，唐文宗令全部宦官去会葬，郑注率兵杀死全部宦官。于是，郑注去凤翔准备兵力，李训和徒党商议，认为如此行事，功劳将被郑注占去，不如先下手杀了宦官，可以独得大功。于是，李训上朝，让徒党报告说禁卫军大厅后院的一棵石榴树上，昨天夜里降了甘露。原来，封建王朝是最讲迷信的，天降甘露被认为是好兆头。李训当即带领文武百官向文宗庆贺，还请唐文宗亲自到后院观赏甘露。唐文宗命令宰相李训先去察看。李训装模作样到院子里去兜了一转回来说："我去看了一下，恐怕不是真的甘露，请陛下派人复查。"唐文宗故意令中尉仇士良、鱼弘志率众宦官再去看看。仇士良等前去，走到门边时，一阵风吹来，吹动了门边挂的布幕。仇士良发现布幕里埋伏了不少手拿明晃晃武器的兵士。仇士良大吃一惊，连忙退出，奔回唐文宗那里。李训看到仇士良逃走，立刻命令埋伏的卫士赶上去。哪知道仇士良和宦官们已经把唐文宗抢在手里，把他拉进软轿，抬起就走。李训赶上去，拉住文宗的轿子不放，一个宦官抢前一步，朝李训劈胸一拳，把他打倒在地。仇士良趁机扶着文宗的软轿，进内宫去了。李训见阴谋败露，逃至终南山。仇士良等入宫，派出神策兵，大肆捕杀朝官。结果，李训以及宰相王涯等一千多人被杀，朝廷上血流成河。郑注也被监军宦官所杀。这就是历史上有名的"甘露之变"。

　　这场变故过后，朝廷大权全归北司，宦官的气势更盛了。史称"自是天下事皆决于北司，宰相行文书而已。宦官气益盛，迫胁天子，下视宰相，陵暴朝士如草芥"（《资治通鉴》卷二百四十五）。仇士良在职二十余年，前后共杀二王、一妃、四宰相。仇士良回家时，给送行的宦官传授秘诀，说："天子不可闲着无事，要常常引导他纵情享乐，乐事要日新月盛，使得他无暇顾及其他事，然后我辈才可以得志。尤其不可让他读书，亲近儒生，他见到前朝兴亡的故事，心里害怕，我辈就要被疏斥。"后来，仇士良病死，有人告发他有不法行为，结果从他的家里搜出了数千件兵器。武宗一怒之下没收其财产。据说，他家的财产用三十辆车子，运了一个多月还没有运完。宦官个个是贪暴之徒，操纵国政，朝廷前途堪忧。李商隐《曲江》：

> 望断平时翠辇过，空闻子夜鬼悲歌。金舆不返倾城色，玉殿犹分下苑波。死忆华亭闻唳鹤，老忧王室泣铜驼。天荒地变心虽折，若比伤春意未多。

这首诗借曲江今昔暗寓时事。曲江，是唐代长安最大的名胜风景区。安史乱后荒废。唐文宗颇想恢复升平故事，派神策军修治曲江。甘露之变发生后不久，下令罢修。曲江的兴废，和唐王朝的盛衰密切相关。"平时翠辇过"，指的是事变前文宗车驾出游曲江的情景；"子夜鬼悲歌"，则是经历了甘露之变后的曲江之景象，这景象，荒凉中显出凄厉，正暗示出刚过去不久的那场"流血千门，僵尸万计"的惨酷事变。"金舆不返倾城色"，是说文宗受制于家奴，形同幽囚，翠辇金舆，遂绝迹于曲江。"死忆华亭闻唳鹤"，以陆机事暗示甘露事变期间大批朝臣惨遭宦官杀戮的情事。西晋陆机因被宦官进谗而受诛，临死前悲叹道："华亭鹤唳，岂可复闻乎？""老忧王室泣铜驼"借索靖事抒写对唐王朝国运将倾的忧虑。西晋灭亡前，索靖预见到天下将乱，指着洛阳宫门前的铜驼叹息道："会见汝在荆棘中耳！"末尾，李商隐指出：甘露之变尽管令人心摧，但更令人伤痛的却是国家所面临的衰颓没落的命运。

稍有头脑的皇帝，也感觉到了，不肃清宦官，国家的衰颓没落就不可避免。文宗以后，要杀尽宦官的皇帝，还有两位：唐宣宗和唐昭宗。

唐宣宗即位以后，与令狐绹商量杀尽宦官。令狐绹密奏说，只要有罪不赦，有缺不补，宦官自然会逐渐耗尽。可是，这个密奏被宦官发现了，宦官更加敌视朝官。

唐昭宗十分痛恨宦官，因为宦官田令孜挟持僖宗入蜀曾鞭打过他。昭宗即位后，更憎恶取代田令孜的宦官杨复恭专权跋扈，想除灭他，曾亲自发兵攻杨复恭私宅，杨复恭出逃汉中。宦官刘季述等合谋，准备将唐昭宗废掉。光化三年（900），刘季述等乘唐昭宗酒醉，率禁兵进宫，囚禁了唐昭宗。唐昭宗被关在少阳院内，门上的大锁也用铁水熔固，饮食就从一个墙洞里送进去。宰相崔胤联合神策军将领谋杀了刘季述等，迎唐昭宗复位。趁唐末大乱而起的实力派朱全忠，这时与崔胤合谋，大杀宦官，宦官几乎被杀尽，唐昭宗也随之完全被朱全忠孤立，唐朝的统治也名存实亡了。

三、朋党斗争

朝官之间朋党的斗争，即所谓的"牛李党争"，在中晚唐也愈演愈烈。李党的首领是李德裕。牛党的首领是牛僧孺和李宗闵，但实际上牛僧孺只是名义上的，李宗闵才是"牛党"的实际领袖。

牛李党争的开始是由进士考试而起。唐宪宗元和三年（808），朝廷进行科举，牛僧孺、皇甫湜、李宗闵三人在考卷里批评朝政，考官认为符合选中的条件，便把他们推荐给唐宪宗。当时宰相李吉甫（李德裕之父）见牛僧孺、李宗闵揭露了他的短处，对自己十分不利，所以就在唐宪宗面前说牛僧孺、李宗闵与考官有私人关系。宪宗听信李吉甫的话，将考官和审查考卷的翰林学士免职贬官，牛僧孺等三人也不予重用。谁知这件事却引致朝野哗然，争为牛僧孺等人鸣冤叫屈，谴责李吉甫嫉贤妒能。迫于舆论压力，宪宗只好出李吉甫为淮南节度使。这样朝臣初步形成两派对立的形势。

唐穆宗长庆元年（821），又举行进士考试。由牛党人物钱徽主持。中书舍人李宗闵之婿苏巢等登第。前宰相段文昌向穆宗奏称礼部贡举不公。翰林学士李德裕等也说段文昌所揭发是实情。因此，钱徽被降职，李宗闵也受到牵连，被贬谪到外地。李宗闵认为李德裕成心排挤他，于是大为怀恨。从此"德裕、宗闵各分朋党，更相倾轧，垂四十年"。

到了唐文宗即位以后，李宗闵走宦官的门路，当上了宰相。李宗闵向文宗推荐牛僧孺，也把他提拔成宰相。这样，两人一掌权，就极力打击李德裕，把李德裕调出京城，贬谪他为西川节度使。

开成五年（840），唐武宗即位，牛党失势，李德裕当上了宰相，开始了李党独掌朝政的时期。他极力排斥牛僧孺、李宗闵，把牛党的人都贬谪到南方去了。会昌六年（846），唐宣宗即位后，又对武宗时期的旧臣一概排斥，李德裕被贬为崖州（今海南岛琼山东南）司户，死于贬所。牛李两党之争终于以牛党获胜结束。

牛李党争的背景相当复杂，其中有几个特点需要特别指出：

一是牛僧孺、李宗闵跟一些科举出身的官员结成一派，李德裕也跟士族出身的人结成一派。陈寅恪先生认为：牛党代表新兴的庶族地主以进士出身的官员；李党代表北朝以来山东士族以门荫入仕的官员。他们之间的分歧不仅是政见不同，也包括对礼法、门风等文化传统的态度之异。

二是牛李两党在对待藩镇态度上，有主张强硬政策与妥协政策的分歧。牛僧孺、李德裕交替当政之前，唐宪宗元和年间的宰相们，就如何对待藩镇割据一事，分为两派：宰相李吉甫、武元衡、裴度等主张武力平叛；另一派宰相李绛、韦贯之、李逢吉主张安抚妥协。李吉甫死后，主战派的中心人物是裴度，反对派的中心人物是李逢吉。所以有的学者认为，元和年间就是党争的酝酿时期，而后来的牛僧孺和李宗闵是李逢吉的政治继承者，李德裕是裴度的政治继承者。

三是牛李党争又与宦官和朝官的争斗相关联。牛李党争是在宦官专权时期，朝廷的官员中反对宦官的大都遭到排挤打击，朝官只有依靠宦官才能在朝廷上立足和显达。另一方面，宦官也有意识地操纵两派的进退，以达到符合自身利益的目的。这样，以李宗闵为首领的牛党和以李德裕为首领的李党都与宦官有些联系。李宗闵与唐文宗时的左右枢密使宦官杨承和、王践言关系密切。牛僧孺在李逢吉和宦官王守澄的支持下才做到宰相，又在某种程度上依恃李宗闵。总的来说，李宗闵依附宦官，牛僧孺虽与宦官的关系不是十分密切，但他要依附李宗闵。李德裕作为坚持传统礼法的世家子弟，从感情上是厌恶宦官的，但他在几次出外任节度使时，与担任监军的宦官关系处理得很好。宦官杨钦义在其军中监军时，他以礼相待、以信相交。杨钦义回朝担任枢密使，李德裕就被任命为宰相。

穆宗、敬宗、文宗三朝，除去大和九年（835）甘露之变前夕，牛李两党都被当时掌权的李训、郑注排斥朝外，大体上是两党交替进退，一党在朝，便排斥对方为外任。牛李党争使本来腐朽衰落的唐王朝走向灭亡。唐文宗慨叹："去河北贼易，去朝廷朋党难！"

四、藩镇割据

在朝廷内部，宦官与朝官、朝官与朝官激烈争斗的同时，都城之外，藩镇割据的情况又一天比一天地严重起来。

唐宪宗平定四镇之乱、淮西之乱后，藩镇势力削弱，暂时恢复了统一局面。但唐宪宗死后，藩镇马上又有反复。"河北三镇"（成德、魏博、幽州）相继叛变，不再听命于朝廷。唐穆宗长庆元年（821），卢龙发生兵乱，将士囚禁朝廷派去的新节度使张弘靖，尽杀其幕僚。接着，成德军将又杀成德节度使田弘正。朝廷命裴度统兵讨伐，又命魏博节度使田布（田弘正之子）出兵助讨成德。但魏博将士不肯出力，要求田布恢复独立状态，田布无法报父仇，因而自杀。"河北三镇"又脱离了中央控制。唐穆宗即位后，着手"销兵"（即裁减兵员）以节省财政开支。可是，由于被裁的士卒无可靠生计，纷纷投奔三镇。裴度的讨伐军无功而还。朝廷因为军费浩大，无法支撑长期作战，只好承认现实。经此，唐朝中央再也没有恢复河北的打算了。

朝廷不但对河北三镇无可奈何，即使对唐朝尚能控制的区域内新出现的一些割据者，也只好姑息。如徐州大将王智兴逐节度使崔群，自领军务，朝廷即授以节镇。像这种牙将逐帅的事件，在各藩镇及地方都时常出现，这正是权力下移的象征。再如，昭义镇据有泽潞（今山西长治）等州，其节度使刘悟擅自囚监军使刘承偕，朝廷也无可奈何，只好宣布流放刘承偕，刘悟才将其释放。后来刘悟子孙三代据有昭义镇。直到唐武宗会昌四年（844），在李德裕主持下，才平定了昭义镇。

唐僖宗乾符二年（875），黄巢领导的唐末农民战争爆发后，唐朝虽然征集各镇士兵围剿，并委任都统、副都统为统帅，实际上指挥并不统一。许多节镇利用时机扩充自己的实力。这些藩镇都在观察形势，伺机而动。黄巢攻入长安后，唐朝中央政权实际已经瓦解。在农民战争中趁机发展壮大了的各股割据势力，在农民起义军失败后，立即转入互相兼并的战争中，数十年战争不断，几乎遍及全国。在这种无休无止的战乱中，百姓饱受离乱之苦，千村零落，万户萧疏。郑谷"访邻多指冢，问路半移原"（《访姨兄渭口别墅》)、"伤心绕村落，应少旧耕夫"（《久不得张乔消息》)，写的就是战乱后新冢累累、陵谷变迁的惨痛景象。

唐昭宗时，藩镇云起。其大者如王建据西川、杨行密据淮南、钱镠据吴越、王潮据福建。李茂贞兼凤翔、山南西道、武定、天雄四镇节度使，占有十五个州，成为关中最强大的藩镇。尤其强悍者，是李克用和朱全忠。沙陀军李克用起兵代北，黄巢起义军攻入长安时，因奉诏率军救援有功，授河东节度使。此后不断扩张，先后占领云州（今大同）、幽州（今北京），势力扩展到河北，唐朝封李克用为晋王。黄巢起义军叛将朱温（即朱全忠）降唐后，唐任命他任宣武军节度使，加东北面都招讨使。朱全忠凭借汴州（今河南开封）优越的地理条件，逐步吞并割据中原和河北地区的藩镇。

这些藩镇，根本不把朝廷放在眼里。唐昭宗任李谿为宰相，李茂贞和邠宁节度使王行瑜、华州节度使韩建就率兵入京，杀了李谿和另一宰相韦昭度。李克用也进长安，杀王行瑜。李茂贞带唐昭宗出逃终南山中。唐昭宗自终南山回京后，募兵数万人，交给宗室子弟统率，作为自己的武装力量。李茂贞借口朝廷对凤翔用兵，率兵进逼京师。唐昭宗仓促出京，落到了韩建的手里。韩建逼唐昭宗解散诸王所率全部禁兵，并捕获诸王十一人，当时就杀死。韩建、李茂贞怕朱全忠来夺唐昭宗，将他送回长安。朱全忠想劫昭宗去东都，宦官韩全诲等却胁迫他去凤翔，投靠节度使李茂贞。朱全忠率兵入关中，韩建投降，取得华州，随后进入长安城。朱全忠攻凤翔，李茂贞困守孤城，自知失败，只好向朱全忠求降。朱全忠杀了韩全海，回长安后又杀了全部宦官。从此朱全忠完全控制了唐昭宗。天复四年（904），朱全忠指使党羽宰相裴枢强迫唐昭宗和百官以及长安居民迁往洛阳。唐昭宗路过华州，有人夹路呼万岁，唐昭宗涕泣说："不要呼万岁，我不再是你们的主子了！"又对左右侍从说："我这次漂泊，不知哪里是归宿！"说罢大哭。唐昭宗到了洛阳，左右侍从全被朱全忠杀死。李茂贞、李克用，以及割据西川的王建，割据淮南的杨行密等人虚张声势，说要救唐昭宗。朱全忠知道留唐昭宗，会给自己招来麻烦，于是派人杀死唐昭宗。朱全忠立李柷为皇帝（哀帝，也称昭宣帝），次年又杀唐昭宗诸子九人。907 年，唐哀帝被迫让皇帝位给朱全忠。朱全忠受禅称帝，国号大梁，废唐哀帝为济阴王，次年又将他杀了。唐哀帝在虚位三年，只活了十七岁。唐朝灭亡后，唐代割据的藩镇，演变为五代十国，直到北宋建立以后，才结束这一局面。

五、黄巢起义

表面上看来，唐朝亡于朱全忠之手。其实，导致唐朝灭亡的真正原因，是黄巢起义以及由此造成的唐中央集权的失控。朱全忠不过是压垮唐王朝的最后一根稻草。

唐末统治极其黑暗。

首先，土地兼并日益严重。至唐朝末年，已出现"富者有连阡之田，贫者无立锥之地"的局面。地主官僚的大小庄田遍布各地，大者有田上万顷，而大量农民却失掉土地，日益破产。农民土地被兼并了，只好逃亡。官府就把破产逃亡户的赋税强加到未逃户身上，这就使未逃户也走上破产逃亡之路。聂夷中

《伤田家》:

> 二月卖新丝，五月粜新谷。医得眼前疮，剜却心头肉。

> 我愿君王心，化作光明烛。不照绮罗筵，只照逃亡屋。

诗写唐末农民迫于生计，在丝未成、谷未熟的时候，以低价把它们卖出去的情形，表现了农民生活的艰难悲惨。诗人希望君主良心发现，关注民瘼。

可是，腐朽贪残的统治者从来就不会发善心。咸通十年（869），陕州大旱，有百姓告灾，观察使崔荛竟指着庭院中的树说："这树上还长叶子，哪里有什么干旱？"并痛打告灾的人。韦庄《咸通》:

> 咸通时代物情奢，欢杀金张许史家。破产竞留天上乐，铸山争买洞中花。诸郎宴罢银灯合，仙子游回璧月斜。人意似知今日事，急催弦管送年华。

一方面，到处都是"物情奢""急催弦管"的宴游，整个官场弥漫着穷奢极欲、醉生梦死的风气。另一方面，农民则被繁苛的赋税压得喘不过气来。"战伐乾坤破，疮痍府库贫。"（杜甫《送陵州路使君之任》）安史之乱后，由于朝廷屡屡出兵讨伐藩镇，军费的支出很多，所以不断加重赋税。此外，政府还巧立名目，通过"和籴""和市"等，以低于市场的价格强买人民的粮食、布帛，有时甚至不给钱。唐懿宗以后，政府的财政危机严重，经常向农民预征两三年的赋税，使农民的负担更加沉重。横征暴敛的结果，只能使得民生日益凋敝。晚唐诗人杜荀鹤《伤硖石县病叟》云:

> 无子无孙一病翁，将何筋力事耕农。官家不管蓬蒿地，须勒王租出此中。

其《山中寡妇》又云:

夫因兵死守蓬茅，麻苎衣衫鬓发焦。桑柘废来犹纳税，田园荒后尚征苗。时挑野菜和根煮，旋斫生柴带叶烧。任是深山更深处，也应无计避征徭。

这两首诗，一写无子无孙的病翁，一写夫死寡居的孀妇。《孟子·梁惠王下》："老而无妻曰鳏，老而无夫曰寡，老而无子曰独，幼而无父曰孤。此四者天下之穷民而无告者，文王发政施仁，必先斯四者。"按理，病翁孀妇本应得到政府的照顾和救济。可是，哪怕是他们自己开垦的赖以维持生存的荒地，也要被征租税。这种敲骨吸髓式的盘剥，让农民衣食无着，只好吃野菜、拾橡子充饥。皮日休《橡媪叹》：

秋深橡子熟，散落榛芜冈。伛偻黄发媪，拾之践晨霜。移时始盈掬，尽日方满筐。几曝复几蒸，用作三冬粮。山前有熟稻，紫穗袭人香。细获又精舂，粒粒如玉珰。持之纳于官，私室无仓箱。如何一石余，只作五斗量！狡吏不畏刑，贪官不避赃。农时作私债，农毕归官仓。自冬及于春，橡实诳饥肠。吾闻田成子，诈仁犹自王。吁嗟逢橡媪，不觉泪沾裳。

尽管是丰年，但黄发驼背的老妇还要深山拾橡子以作为一冬的过活。橡媪除了要承担苛重的租税外，还要忍受贪官污吏的勒索和"私债"的剥削。

唐懿宗时期，翰林学士刘允章在《直谏书》中，指出当时国有"九破"，民有"八苦"。九破是终年聚兵，蛮夷炽兴，权豪奢僭，大将不朝，广造佛寺，贿赂公行，长吏残暴，赋役不等，食禄人多而输税人少；八苦是官吏苛刻，私债征夺，赋税繁多，所由乞敛，替逃入差科，冤屈不得申理，冻无衣、饥无食，病不得医，死不得葬。这说明唐朝至此时已危机四伏，再也不能继续统治下去了。唐末，地方节度使竟借钱通过宦官买官，到任以后，拼命搜刮还债，被称为"债帅"。"债帅"们除了还债，恐怕自己也要大捞一把，哪里管百姓的死活！杜荀鹤《再经胡城县》形象地描写了"长吏残暴"、百姓"冤屈不得申理"的情景：

> 去岁曾经此县城，县民无口不冤声。今来县宰加朱绂，便是生灵血染成。

官贪吏狡，冤不得申，民不堪命，只有反抗一条路了。

大中十三年（859），浙东人裘甫举起反唐义旗，揭开了唐末农民起义的序幕。

咸通九年（868），庞勋领导桂林戍卒起义，把农民反抗唐廷的斗争推向一个新高潮。

唐僖宗乾符元年（874），王仙芝率领农民数千人在长垣（今河南长垣东北）打起反唐旗帜，黄巢于次年起义响应。后与王仙芝会师，队伍发展到数万人。唐廷派平卢节度使宋威布勒诸镇兵马前往镇压。乾符三年（876），起义军攻克汝州，包围郑州，洛阳为之大震。同年七月，起义军在攻蕲州城时，王仙芝动摇，欲接受唐朝的招降，遭到黄巢的坚决反对。黄巢责骂王仙芝说："当初共立大誓，横行天下。如今你去做官，起义军将何处安身？"黄巢志向远大，他在起义前有两首赋菊之作，从中可以看出他的气度抱负：

> 待到秋来九月八，我花开后百花杀。冲天香阵透长安，满城尽带黄金甲。（《不第后赋菊》）

> 飒飒西风满院栽，蕊寒香冷蝶难来。他年我若为青帝，报与桃花一处开。（《题菊花》）

黄巢的怒责，使王仙芝只好把投降的念头搁置起来。此后，王仙芝与黄巢分兵作战。黄巢率领一支义军，北上转战于今山东南部、河南东部、安徽北部一带；王仙芝率领一支义军，继续在今湖北和河南南部战斗。

乾符五年（878），王仙芝在湖北黄梅战死，其部分士卒由尚让率领北上，并入黄巢部。两支义军会合后，有众十余万，势力又见壮大。大家推黄巢为黄王，号冲天大将军，建元王霸。从此，黄巢成为起义军的最高领导人。黄巢率众开始了大范围的流动作战：先攻中原诸城，几度威胁洛阳；随后由河南率军南下，进入湖北，再渡长江，进入江西、安徽、浙江，修七百里山路入福建，攻克福州。乾符六年（879）九月，攻占广州。十月，黄巢挥师北伐，进军途中，沿途群众纷纷参加义军，众达六十多万。

广明元年（880）十一月，义军夺取唐东都洛阳。十二月，起义军进入长安，唐僖宗仓皇出逃成都。罗隐《帝幸蜀》：

> 马嵬山色翠依依，又见銮舆幸蜀归。泉下阿蛮应有语，这回休更怨杨妃。

此诗借为杨妃洗刷，冷嘲热讽，反映了唐僖宗在黄巢起义军的打击下逃亡蜀地的历史事件。

义军入城时，百姓夹道聚观，起义军大将尚让向居民宣慰说：黄王起兵，本为百姓，不像李家不爱惜你们，你们不必惊恐。但对唐朝官员，义军毫不留情。"内库烧为锦绣灰，天街踏尽公卿骨"（韦庄《秦妇吟》），大约是当时的历史情况的真实反映。入长安后，黄巢称帝，国号大齐，改元金统。

唐僖宗逃亡途中，诏诸道兵收复京师。各地武装集团假借戡乱，大肆劫掠百姓。杜荀鹤《旅泊遇郡中叛乱示同志》：

> 握手相看谁敢言，军家刀剑在腰边。遍搜宝货无藏处，

乱杀平人不怕天。古寺拆为修寨木，荒坟开作甃城砖。郡侯逐出浑闲事，正是銮舆幸蜀年。

中和二年（882），唐宰相、充诸道行营都统王铎统率大小十多路官军，四面包围长安。由于久困城中，义军缺粮，形势日趋不利。九月，驻守城外要地同州（今陕西大荔）的义军将领朱全忠叛变降唐。接着，华州降唐。义军实力大为削弱。唐军久攻长安不下，遂求救于沙陀李克用。中和三年（883）二月，李克用在梁田陂（今陕西华县西）与尚让决战，义军大败。黄巢不得不撤出长安。次年六月，黄巢被其甥林言所杀，唐末农民战争遂告失败。

黄巢农民军尽管最终失败了，但是，当其强盛之时，拥众六十余万，南征北伐，行程数万里，横扫黄河、长江、珠江三大流域，唐军纷纷溃败，不少州县被攻破，许多官僚被惩处，使唐政府陷入土崩瓦解，名存实亡。史称，此后，"郡将自擅，常赋殆绝，藩镇废置，不自朝廷"，"王室日卑，号令不出国门"。经过这场风暴，唐王朝只剩下一个空壳。拥有军事实力的藩镇之间，经过互相攻战，最后仅剩下十几个。在这些藩镇中，又以朱全忠和李克用的势力最大。朱全忠与李克用为了扩大地盘及控制唐帝，连年进行战争。到天复二年（902），朱全忠终于打败了李克用，为他最后亡唐提供了充足的准备，907年终于篡唐自立。

昏庸的皇帝，跋扈的宦官，激烈的党争，野心勃勃的藩镇，搅在一起，逼得农民揭竿而起，最终葬送了大唐江山。

"繁华事散逐香尘，流水无情草自春。"（杜牧《金谷园》）大唐往日的风光，如无情的流水一样一去不复返了。在唐王朝这幢摩天大厦坍塌的前夕，诗人韦庄写过一首《台城》来哀悼六朝的沦亡：

　　　　江雨霏霏江草齐，六朝如梦鸟空啼。无情最是台城柳，
　　依旧烟笼十里堤。

　　一切的繁华都已成为历史陈迹，留给人们多少感伤与怅
惘！诗人生活在晚唐乱世，他凭吊六朝兴亡，实际上也正是为
唐朝的衰败没落唱的一曲挽歌。

故人具鸡黍，邀我至田家
——唐朝的均田制

故人具鸡黍，邀我至田家。绿树村边合，青山郭外斜。

开轩面场圃，把酒话桑麻。待到重阳日，还来就菊花。

——孟浩然《过故人庄》

孟浩然《过故人庄》所反映的田园生活，是那样的幽美明净，是那样的醇厚有味。田家故人，鸡黍相邀，对场圃，话桑麻，处处展示着农村安详简朴的生活气氛，让人觉得十分亲切。这一方面让人感觉到田家厚道真挚的待客之道，另一方面，也透露出田家主人对这种自给自足的小农生活的惬意和满足。

唐统治者前期实行了均田制和租庸调制，农民的生活境况有了较大的改善，农村经济也获得迅速的恢复和发展。因此，诗人笔下的田园生活，固然有粉饰美化的成分，但在一定程度上也是对他所处时代的真诚赞歌。

事实上，这种给农民带来些许实惠的均田制，并不是唐朝的发明，而且也没有贯穿唐朝的始终。它是北魏太和到唐朝前期施行的土地制度。

一、均田制的历史

中国封建时代的土地制度不断变化。曹魏采用屯田制，西晋采用占田制，北魏太和至唐中叶则采用均田制。所谓均田制，指对农民实行计口授田，对皇室、贵族、勋臣和官吏按等级分配土地。

北魏最早施行均田制。北魏初年，华北及中原地区由于长期战乱，土地荒芜，人口大量逃亡。一些未曾南逃的农民，因不堪承受沉重的租调徭役负担，多荫庇于世家大族，出现了数十家为一户，甚至一宗近万室的现象，这严重影响了按户征收的赋役收入。另外，北魏统一北方后，很多以前南逃的农民相继重返家园，其原有土地往往已为别人耕种，随之产生很多地权纠纷，耽误了农耕，也扰乱了社会秩序的安定。为解决上述矛盾，北魏孝文帝太和九年（485），采纳李安世的均田建议，颁布均田令。

北魏的均田制规定：（1）露田：十五岁以上的男子授露田四十亩，妇人二十亩。露田加倍授给，以备休耕，是为"倍田"。露田不准买卖，身死及年满七十岁时，归还官府。（2）桑田：初授田的人，男子授桑田二十亩（不宜种桑的地方，男子授麻田十亩，妇女五亩）。桑田"皆为世业，身终不还"，但要在三年内种上规定的桑、榆、枣树。桑田可以买定额二十亩的不足部分或卖有余部分，"盈者得卖其盈，不足者得买所不足"。（3）贵族官僚地主可以通过奴婢、耕牛受田，另外获得土地。奴婢授露田的办法同普通农民一样，人数不限，田地归奴婢主人掌握，如再卖身别主，需将田地还官。四岁以上的耕牛一头授田三十亩，以四头为限。（4）官吏：从刺史到县令，按官职高低分别给公田十五顷到六顷作为俸田，离任时移交下任，不得转卖。

北魏在颁布均田制的同时，施行与此相适应的租调制：规定一夫一妇（每户）每年出帛一匹、粟二石。十五岁以上的未婚男女四人，从事耕织的奴婢八人，耕牛二十头，租调分别相当于一夫一妇的数量。

北齐、北周仍然施行均田制。北齐的均田制与北魏类似。北周主要是取消倍田之名，应受额改为一夫一妇授田一百四十亩，未婚的丁男授田一百亩。另有宅地，但无桑麻地。受田年龄改为十八岁成丁受田，六十五岁年老退田。农民自十八岁至六十四岁都要缴纳租赋，一夫一妇每年纳调绢一匹，绵八两（或布一匹、麻十斤），粟五斛；未婚丁男减半，自十八岁到五十九岁的男子，要服力役二十至三十天。北周实行均田制后，促进了关中地区的经济发展，使国力一天天强盛起来。

隋代继续推行均田制。隋文帝开皇二年（582）令，丁男、中男的永业、露田受田额与北齐同。补充内容中突出的一点是官人永业田与品级相适应。此外，内外官按品级高下授给职分田。官署又给公廨田，以供公用。赋役负担以一夫一妇为一床，纳租粟三石，调绢一匹，绵三两。单丁及奴婢、部曲、客女按半床纳租调。丁男每年服役三十日。隋炀帝杨广即位，免除妇人和奴婢、部曲的租调，大概也同时废除了他们受田的制度。均田制实施的范围和时间，中国南北方是不同的。从公元485年到589年，均田制始终仅施行于北中国，江南没有推行。隋灭陈统一南北后，均田制也开始在江南地区推行。

二、唐朝的均田制

唐朝施行均田制的条件，比前朝更为有利。一是有了此前历朝推行均田制的基础和榜样。二是由于战争中许多土地变成无主的荒田，可有足够的田地供国家授田。经过隋末大动乱，人口锐减：隋炀帝大业二年（606）计有890万户、4602万人，而经过李世民的"贞观之治"后，到唐高宗永徽三年（652）仍只有380万户。三是随着全国的统一，经过战争的冲击，当时的世家大族势力被削弱，他们的土地包括隋皇室拥有的土地已被农民掌握。因此，唐初重新推行均田制，在世家大族方面所遭受的阻力也较小。于是，武德七年（624），唐高祖颁布了均田令，希望和北魏、东魏、北齐、西魏、北周、隋一样，通过授田制度编户齐民以征收赋税，固定国家的财源。

唐代均田制，在隋代基础上，明确取消了奴婢、妇人及耕牛受田，土地买卖限制放宽，内容更为详备。综合武德七年（624）令、开元七年（719）令、开元二十五年（737）令等记载，均田制规定的主要内容为：

（一）农民授田：中男和丁男每人授田一百亩，其中二十亩为永业田，可以传子孙；八十亩为口分田，死后还官。黄、小，也各给永业田二十亩。中男年十八岁以上，亦依丁男给田。口分田到了丁男年老时（六十岁），由政府收回五十亩，保留永业田二十亩，口分田三十亩。身死，口分田由政府全部收回。永业田可以传给子孙，不在收受的范围之内。不是户主的老男、笃疾、废疾，各给口分田四十亩。寡妻妾，各给口分田三十亩。

唐政府规定：民始生为黄，四岁至十五岁为小，男子十六岁至二十岁为中，二十一岁至五十九岁为丁，六十岁以上为老。

至唐玄宗时，改十八岁至二十二岁为中，二十三岁为丁。国家每年一造计账，三年一造户籍。户口簿籍是国家推行均田和租调制度的依据。

唐代授田多寡，视宽乡（人少地多）、狭乡（人多地少）而异。宽乡土地有余，狭乡土地不足，因此狭乡丁男授永业、口分田，为宽乡的一半，即五十亩。而实际上，狭乡的实际授田数，又远远少于这个数目。唐政府规定：狭乡的人不准许在宽乡遥受田亩。

（二）奴婢授田：北魏孝文帝太和九年（485）所颁布的均田令，奴婢和平民一样授田。到了北齐和隋初，对受田奴婢的人数，有了限制。从隋炀帝起，一直到唐代，官私奴婢和部曲都不受田。唐代只规定官奴婢（即番户。官奴婢为番户，再免为杂户，三免为良人）授田，但是为一般百姓口分田的一半。而杂户的授田数，和平民一样。杂户身份有所提高，反映了隋末农民战争后，社会阶级关系的变化。

世家大族的土地，在当时的经济关系中，还是占据主导的地位。世家大族的土地，并没有因为实施均田制，而被政府没收或分与农民。即世家大族的土地，是不在均田的范围之内的。而且唐代法律明确规定，部曲、客女和奴婢为"不课口"，因此世家大族土地上的耕种者，只是向他们缴纳田租，为世家大族服劳役，并不必负担政府的课役。

（三）道士、僧、尼、工商业者授田：道士给田三十亩，女道士给二十亩，僧、尼也一样。而以工商为业的，永业、口分田各减半，在狭乡的工商业者甚至不给田。王梵志《良田收百顷》诗称："良田收百顷，兄弟犹工商。却是成忧恼，珠金虚满堂。"看来，唐朝前期对工商业者的限制还是很严格的，即使是有百顷良田的地主，也不能改变兄弟工商业者的身份。

（四）贵族官僚授田：有爵位的贵族从亲王到公侯伯子男，受永业田一百顷递降至五顷；职事官从一品到八九品授永业田六十顷至二顷；散官五品以上同职事官；勋官从上柱国到云骑、武骑尉，受永业田三十顷递降至六十亩。五品以上官人永业田和勋田只能在宽乡授给，但准许在狭乡买荫赐田充。六品以下可在本乡取还公田充。杜甫在《曲江三章，章五句》中发牢骚："自断此生休问天，杜曲幸有桑麻田，故将移住南山边。"杜甫为什么会在"杜曲幸有桑麻田"呢？杜甫家族"奉儒守官"，杜曲之田，很可能就是其父（杜闲，官至奉天令）祖（杜审言，官至修文馆直学士）因官而授的永业田。此外，在职官还有多少不等的职分田，田租补充俸禄，离任移交，各级官府也有多少不等的公廨田，田租作官署费用。这两种土地的所有权归国家。

（五）允许土地买卖：贵族官僚的永业田和赐田，可自由出卖。百姓的永业田虽是世业，可以传给子孙，不在收授的范围内，但也只许在受田者"身死，家贫，无以供葬"，以及"流移"去乡的两种情况下，听任私卖。口分田是禁止买卖的，而受田者只许在"乐迁就宽乡"，或把口分田"卖充住宅、邸店"等情况下，听任私卖。而即使具备了这些条件，还得通过法定手续，同政府申牒呈报。若不呈报，就被认为是不合法的。就买方言，买田数不得超过本人应授田数。

关于唐代均田制的推行情况，有几点需要说明：

一是均田令规定的受田数量，指的是应受田，也就是受田的最高限额。

实施均田令时，民户除原有私地和已占有的小块无主土地按田令规定进行登记，算作已受额外，不满应受额部分，是否可以补充，补充多少，则因时因地而异。总的说来，农民所拥有的土地绝大多数是达不到应受额的。宽乡要好一些。这些宽乡，往往是因为长期战乱而产生了大量无主土地、荒田的地区，如唐初的山东地区。农民在宽乡所受土地较多些。但狭乡缺乏无主土地，农户受田则很少。唐贞观时，关中的灵口就是狭乡地区，一丁受田只有三十亩[①]。有的地区还不到三十亩。均田制能用来授受的土地只是无主土地和荒地，数量有限。因而均田农民受田，开始就普遍达不到应受额。均田令规定的受田数量，只是作为一种最高限额，在这一前提下，进行可能的调整。

二是均田制所均之"田"，并非全国范围内的所有土地。

均田制虽然包括私有土地，但私有土地并未收归国有。均田制具有两重性，既包括封建国家土地所有制，又包括土地私有制。一方面，由于战争，唐初存在着大量无主土地和荒地，按照传统，属国家所有。这些土地成了露田（正田、口分田）、职分田、公廨田等的重要来源。另一方面，地主势力和土地私有制早已根深蒂固，依然存在着。实施均田制并没有改变私有土地的所有权性质。实施均田令时，不仅把国有土地按桑田、露田名目请受登记，原有的私地在不变动所有权前提下，也按均田令规定进行了登记，充抵应受额。原有的私田、园宅地、桑田（麻田、世业田、永业田）、官人永业田、勋田、赐田等，属私人所有。均田制的两重性，正是客观存在着的两种不同性

105

---

① 太宗贞观十八年（644）幸灵口，"见村落逼侧，问其受田，丁三十亩。遂夜分而寝。忧其不给，诏雍州录尤少田者并给复，移之于宽乡"。见《册府元龟》卷四十二"帝王部·惠民门"及同书卷一百一十三"帝王部·巡幸二"。

质的土地所有制在法令上的反映。这两种封建所有制性质不同的土地，并存于均田制范围内，互相影响，互相转化，占支配地位的是封建地主土地所有制。

三是唐朝均田制具有明显的等级化特点。

唐朝土地占有的等级规定，更加层次分明，多种多样。以民户而论，年龄、职业、家庭、身份、健康状况和区域（宽乡、狭乡）之别，都成为占有不同数量土地的根据。同样，官吏受田，单就永业田一项，就有二十个等级。因此，唐朝实行的均田制，是一种以贵族为主体的封建土地等级所有制。虽然这种等级的土地所有制并不具有绝对的约束力，却是"明其经界，定其等威"的表现。根据这些规定，封建主有"优复蠲免"的特权。从唐朝初年那种"贵贱有章"，"车服田宅，莫敢潜逾"的封建等级秩序看，唐政府对于封建土地等级所有制是竭力维护的。均田制只是相对的均田，即在分等级的前提下同等级的土地基本均等。

由上可见，唐朝的均田制并未触动地主官僚的私有土地，对农民的授田只限于无主荒地。农民所受土地大都达不到法定数额。尽管如此，均田制在当时还是有多重积极意义的。具体表现在：

一、唐朝的均田制在授田对象中，增加了杂户、管户和工商业者，这说明这些人的地位在逐渐上升，变成了均田农民。国家公开授田，可以招徕流民和豪强大族控制下的荫户（依附农民）。荫户摆脱豪强大族控制，转变为国家编户，使政府控制的自耕小农这一阶层的人数大大增多。自耕农增多，户口滋殖，有利于开垦荒地，有利于国家征收赋税和调发徭役，从而增强了专制主义中央集权制。

二、均田制的施行，一方面依照官品授永业田等方式，保障贵族官僚地主利益，但限制他们占田过限。一方面又限制民户出卖应受份额的土地。这样，农民也能拥有一定数量的土地，多少改善了他们的处境，对小农经济的维持与社会生产的发展，都起了积极的作用。唐前期自耕农、庶族地主普遍存在和封建经济的繁荣，与均田制的推行是有直接关系的。

三、均田制规定每户占有土地的数量，规定露田不准买卖，这些规定在一定的时间内和一定程度上，限制了豪强大族兼并土地。均田制取消对奴婢、部曲的授田，也在一定程度上限制了贵族地主乘机占有大量土地的机会。

唐朝均田制有一个原则性规定："凡授田，先课后不课，先贫后富，先无后少。"(《唐六典·尚书户部》) 这个原则，对拯救贫乏、缓和矛盾、防止农民逃亡，有一定作用。《唐律疏义》卷十三《户婚中》说，官吏执行均田制不做好七件事将被依法办罪："假有里正应课而不课，是一事；应受而不授，是二事；应还而不收，是三事；授田先不课而后课，是四事；先少后无，是五事；先富后贫，是六事；田畴荒芜，是七事。皆累为坐。"这样就强了各级行政长官的责任心，使唐的均田制开始时就得到较认真的实施。

三、唐朝的租庸调制与府兵制

唐在颁布均田制的同时颁布了与此相适应的赋役制度——租庸调制，该制是在均田制的基础上，计丁征取。丁男每年向国家交纳粟二石或稻三斛，叫租；交纳绢二丈、绵三两或布二丈五尺、麻三斤，叫调；丁男每年服徭役二十天，如不服役，每天输绢三尺或布三尺七寸五分，叫庸，亦称"输庸代役"。还可以加役以代租调：凡加役十五天免调，三十天租调俱免，额外加役最多不能超过三十天。另外，贵族、官僚享有蠲免租庸调的特权。杨绾《复宫阙后上执政书》说："且敕有进士及第，许免一门差徭，其余杂科，至于免一身而已。"杜甫《自京赴奉先县咏怀五百字》亦称自己："生常免租税，名不隶征伐。"

唐朝初年，唐政府征敛赋役"务在宽简"，十分注意实行轻徭薄赋的政策。租调制规定了政府对均田户的剥削限额，农民的负担相对减轻了，从而提高了他们生产的积极性。"输庸代役"使农民有较多的时间进行生产，这是唐朝出现的新变化，对农民的人身束缚多少有点松动。这些都有利于农业生产的发展，使政府收入迅速增加，国力也日益强盛起来。王维《积雨辋川庄作》：

　　积雨空林烟火迟，蒸藜炊黍饷东菑。漠漠水田飞白鹭，阴阴夏木啭黄鹂。

诗中的田头送饭，表明了农民参加生产劳动的积极性；而连成大片的漠漠水田，则反映出农民对于土地的开垦和劳作的实际效果。

均田制使农民获得一定的土地，租庸调制又保证了农民的劳动时间，这两种制度成为唐朝经济繁荣的重要保障。因此，唐前期出现了历史上著名的贞观之治和开元盛世。

据司马光《资治通鉴》说："是岁（指贞观三年），天下大稔，流散者咸归乡里，斗米不过三四钱，终岁断死刑才二十九人。东至于海，南极五岭，皆外户不闭，行旅不赍粮，取给于道路焉。"王安石《河北民》："汝生不及贞观中，斗粟数钱无兵戎！"史家、诗人所述，大体一致。

唐玄宗时，经济又有发展。据史料记载，隋末一斗米数百钱，开元十三年（725），东都（洛阳）斗米十五钱，青、徐（山东一带）斗米仅五钱，粟三钱，此后直至天宝末年，物价也一直比较稳定。据杜佑《通典》记载，天宝年间，唐朝户口数逐渐上升，在全国户数有一千三四百万；官仓私廪充实，天宝八载（749），官仓存粮共有粟米九千六百万石。元结《问进士第三》云："开元、天宝之中，耕者益力。四海之内，高山绝壑，末耜亦满。人家粮储，皆及数岁，太仓委积，陈腐不可校量。"地主私廪储粮数当亦十分可观。杜甫《忆昔》：

> 忆昔开元全盛日，小邑犹藏万家室。稻米流脂粟米白，公私仓廪俱丰食。九州道路无豺虎，远行不劳吉日出。齐纨鲁缟车班班，男耕女桑不相失。

杜甫从住、食、行、衣四个方面，描绘了开元社会的富庶和繁荣。如果说杜甫是以宏观视角审视当时的社会状况，那么，王维的《渭川田家》则把观察角度聚焦到一个"墟落"：

> 斜阳照墟落，穷巷牛羊归。野老念牧童，倚杖候荆扉。雉雊麦苗秀，蚕眠桑叶稀。田夫荷锄立，相见语依依。

诗中安宁、闲逸、亲切、和谐的乡村田园，确实令人神往。这些都与唐前期社会相对富裕稳定的局面是比较吻合。这种局面的形成，既与社会经济的繁荣相关，又与其时政治的和平稳定相关。政治的和平稳定，在很大程度上得益于府兵制。府兵制、均田制、租庸调制是唐王朝一系列相配套的政治经济措施。

府兵制是北周、隋旧制。唐代的府兵制做了一些变更：唐太宗分全国为十道，共置六百三十四府，分隶中央十二卫统率。府分三等，下府兵额八百人，中府兵额一千人，上府兵额一千二百人，下依次设团、队、火等各级编制单位。府下虽然有兵，但无调动权力，将帅受皇帝之旨有统兵之权，但事毕"兵散于府，将归于朝"，将帅不能长期控制士兵，因此在府兵制下不会出现藩镇割据的局面。军府绝大部分驻京师附近，体现了居重驭轻，"举关中之众以临四方"的政治、军事意图。府兵制的实行有利于加强中央集权和封建统治的稳定。

均田制是府兵制存在的基础。府兵制的特点可以简单概括为：平时为民，战时为兵；寓兵于农，兵农合一。兵士在均田制农民中选拔，被选中者，免其租庸调。民年二十服兵役，六十免役。府兵的户籍由军府统领和管辖。和平时期耕地种田。战争发生时，自带粮食与马匹、兵刃，出征打仗。虽然兵役负担很重，但由于他们尚能分配到足够的永业田、口分田，府兵本人也能够免除租庸调，因此他们的经济比较优裕。这种兵役制度，有利于农业生产，既减轻国家军费开支，也扩大了兵源。

租庸调制也是府兵制存在的基础。唐朝推行以庸代役，而且庸不再有年龄限制。租庸调制的实行，有利于保证农民的生产劳动时间，有利于减轻农民的赋役负担，有利于保障政府的赋税收入，是府兵制得以巩固的重要基础。

既然府兵制以均田制和与均田制相配合的租庸调制作为基础和前提，那么，随着均田制和租庸调制逐渐被破坏，高宗后期以至武后时，府兵制也逐渐瓦解，到玄宗统治时终于被废除。但是府兵制兵农合一的方式，一些军镇可能在肃、代时期还会参用。如杜甫《遭田父泥饮美严中丞》："回头指大男，渠是弓弩手。名在飞骑籍，长番岁时久。前日放营农，辛苦救衰朽。差科死则已，誓不举家走。"田父的儿子在军给番，在农忙时还能回家帮忙，说明严武镇蜀，组织武装时，很可能参用了府兵制的组织形式。

四、均田制的瓦解

均田制和租庸调制被破坏的最主要的原因是日趋加剧的土地兼并。

唐代推行均田制，旨在通过占田限额、口分还授和限制土地买卖来抑制兼并，稳定小农地产。不过这种限制兼并的稳定性是暂时的、相对的。地主拥有大量私属奴婢，他们往往打通关节，以私属奴婢冒充自耕农得到土地占有权，加上他们又多隐瞒既有土地，以至于所占田土超过了法令所限。均田制对贵族官僚授田的规定不仅数额很高（如亲王10000亩，正一品6000亩），而且皆传子孙，“不在收授之限”。再加上对土地买卖限制的规定也比较松弛，这就为地主官僚兼并小农土地提供了合法依据。

若说唐的均田制是在等级制下的相对均等，那么赋税则连相对均等都没有。唐朝租庸调制规定，贵族官僚享有免纳租调和不服徭役的特权，而恰恰又是他们占有最多土地。贵族官僚利用免交租役的特权，“无厌辈不惟自置庄田，抑亦广占物产。百姓惧其徭役，悉愿与人，不计货物，只希影覆。”（杨夔《复宫阙后上执政书》）王梵志有两首诗，描述的正是这种情况。其《多置庄田广修宅》诗：“多置庄田广修宅，四邻买尽犹嫌窄。雕墙峻宇无歇时，几日能为宅中客？”又《富饶田舍儿》诗：“广种如屯田，宅舍青烟起。槽上饲肥马，仍更买奴婢。牛羊共成群，满圈豢豚子。窖内多埋谷，寻常愿米贵。里正追役来，坐着南厅里。广设好饮食，多须劝遣醉。追车即与车，须马即与马。须钱便与钱，和市亦不避……纵有重差科，有钱不怕你。”诗中所描绘的这些地主官僚占有大片田产，且财力雄厚，实际上已成为大土地所有者。同时由于"有钱",他们可以通过贿赂等手段买通胥吏,规避"差科"。

与此情况相对照的是,大量农民走向破产或贫困化。如上所述,均田制下,农民实际所受田地普遍不足于法定面积。武后时狄仁杰所上《乞免民租疏》称江西彭泽一带的情况是:

> 山峻无田,百姓所营之田,一户不过十亩、五亩。准例常年纵得全熟,纳官之外,半载无粮。今总不收,将何活路?

有些贫苦农民的土地甚至更少。王梵志《贫儿二亩地》诗云:"贫儿二亩地,干枯十树桑。桑下种粟麦,四时供父娘。"这些贫民度日维艰,甚至有的贫民,土地完全被兼并掉,靠为人佣力客作维持生计:"妇即客春持,夫即客扶犁。黄昏到家里,无米复无柴。男女空饿肚,状似一食斋。里正追庸调,村头共相催。"(王梵志《贫穷田舍汉》)无土地又无家产的贫民,"庸调"却不得免。高适《封丘作》讲他作封丘县尉时,不忍心向贫民逼租索税,说:"鞭挞黎庶令人悲。"唐政府对原来授田的农民横征暴敛,农民不堪忍受,或纷纷逃亡,或出卖土地而投靠贵族官僚地主为佃客。这又加速了土地的兼并。

开元、天宝之际,兼并之风愈演愈烈。《通典》卷二《食货二·田制下》云:"开元之季,天宝以来,法令弛坏,兼并之弊,有逾于汉成、哀之间",均田令具文而已。伴随着土地兼并的进行,国有土地和小农土地迅速向各类地主手中集聚。他们在兼并来的土地上纷纷置庄管理,地主的田庄、别业便迅速得以发展。天宝十一载(752)玄宗下诏称:"王公百官及富豪之家,比置庄田,恣行吞并,莫惧章程。"(《册府元龟》卷四百九十五《邦计部·田制》)

安史之乱前后，田庄、别业明显增多。地主把占有的多片田地，按照阡陌相连的一片，组成一个农业生产单位，称为庄。庄，又有庄田、田庄、别业、墅、别墅、田园等许多别名。这些庄田，大抵由帝王赏赐或逐渐兼并土地而获得。乱前，田庄、别业就已不少了。李白《赠闾丘处士》说：

贤人有素业，乃在沙塘陂。竹影扫秋月，荷衣落古池。

闲读《山海经》，散帙卧遥帷。且耽田家乐，遂旷林中期。

野酌劝芳酒，园蔬烹露葵。如能树桃李，为我结茅茨。

看来，这位闾丘处士凭借素业庄田，优游度岁，惹得李白也不免心生艳羡。宋之问在《蓝田山庄诗》写道："考室先依地，为农且用天。辋川朝伐木，兰水暮浇田。"他的蓝田山庄后来为王维所有，称辋川别业。王维《辋川别业》："不到东山向一年，归来才及种春田。雨中草色绿堪染，水上桃花红欲然。"即指此。储光羲《田家杂兴》说："种桑百余树，种黍三十亩。衣食既有余，时时会亲友。"又说"春至鸧鹒鸣，薄言向田墅。不能自力作，黾勉娶邻女。既念生子孙，方思广田圃。闲时相顾笑，喜悦好禾黍。"看得出，储光羲也有自己的"田墅"，而且，他尽管"衣食既有余"，但还有扩大田地的打算。

安史之乱后，田庄、别业就更多了。即以唐代一些著名诗人所拥有的田庄、别业情况来看，就可窥其一斑。如顾况有长洲别业、茅山别业①，顾况在茅山别业中亲自过问农事，其《山居即事》诗云："崦合桃花水，窗分柳谷烟。抱孙堪种树，倚杖

---

① 见皎然《送顾处士歌》、顾况《山居即事》。

问耘田。"再如，皎然在湖州有谢墅、陆羽有青塘别业[1]，刘长卿有歙州碧涧别业[2]，做过宰相的武元衡、权德舆分别有南徐别业[3]和丹阳别墅[4]，这自不必说，就连天天哭穷的孟郊也有义兴庄田庄[5]。

在官僚地主兼并土地，广置庄田的情况日益严重的同时，佛、道思想的流行和发展，使得佛寺、道观日益增多，僧、尼、道士、女冠大量产生。佛寺、道观的兴建，寺田、庙产的拓广，也使国家和小农的土地越来越少，使农民的负担越来越重。

寺观田庄的发展引人注目。如越州阿育王寺，有常住田十顷，为"陆水膏腴之沃壤"（万齐融《阿育王寺常住田碑》）；天宝八载（749），唐玄宗下诏修造紫阳观，徒众受有土地，观内有车、奴婢、耕牛（陈希烈《修造紫阳观敕牒》）。寺观的田产除了来自政府和施主的舍田外，还有寺观自己的购置。如肃宗至德元载（756），扬州六合县灵居寺贤禅师就曾"积衣钵余，崇常住业，置鸡笼墅、肥地庄，山原连延，亘数十顷"（叔孙矩《大唐扬州六合县灵居寺碑》）。韩愈《原道》说："古之为民者四，今之为民者六；古之教者处其一，今之教者处其三。农之家一，而食粟之家六；工之家一，而用器之家六；贾之家一，而资焉之家六。奈之何民不穷且盗也！"韩愈的意思是说，历朝百姓，有士、农、工、商四类，现在却要再加上佛徒和道士；

[1] 皎然《赋得谢墅送王长史》《喜义兴权明府自君山至集陆处士羽青塘别业》二诗可证。
[2] 刘长卿《碧涧别墅喜皇甫侍御相访》诗可证。
[3] 武元衡《南徐别业早春有怀》诗可证。
[4] 权德舆《省中春晚忽忆江南居》诗可证。
[5] 孟浩然《乙酉岁舍弟扶持归义兴庄居》诗可证。

原来是农、工、商三类百姓养活读书人，都勉强支撑，现在他们还要养活佛徒和道士两类人，这不是逼着老百姓造反吗？

韩愈说得不错。地主官僚、佛寺道观对农民土地的侵夺和兼并，让许多农民失去土地，衣食无着，社会上出现了严重的贫富对立和两极分化，正是"朱门酒肉臭，路有冻死骨"（杜甫《自京赴奉先县咏怀五百字》）。杜甫《岁晏行》所言"高马达官厌酒肉，此辈杼轴茅茨空"，"况闻处处鬻男女，割慈忍爱还租庸"，也正是当时社会境况的真实写照。

安史之乱所造成的对社会生产的大破坏，唐朝对农民赋税剥削的日益加重，更使得广大农民的生活境遇一天比一天窘迫。"战伐乾坤破，疮痍府库贫"（杜甫《送陵州路使君赴任》），"盗贼浮生困，诛求异俗贫"（杜甫《东屯北崦》），"乱世诛求急，黎民糠籺窄"（杜甫《驱竖子摘苍耳》），"哀哀寡妇诛求尽，恸哭秋原何处村"（杜甫《白帝》）。从杜甫的这些诗句不难看出，唐朝为了填补安史之乱造成的巨大的军费开支，毫不留情地加重了对农民的赋税征收，从而使租庸调制被严重破坏。元结的《舂陵行》这样写道：

> 军国多所需，切责在有司。有司临郡县，刑法竞欲施。供给岂不忧？征敛又可悲。州小经乱亡，遗人实困疲。大乡无十家，大族命单嬴。朝餐是草根，暮食仍木皮。出言气欲绝，意速行步迟。追呼尚不忍，况乃鞭扑之！邮亭传急符，来往迹相追。更无宽大恩，但有迫促期。欲令鬻儿女，言发恐乱随。悉使索其家，而又无生资。听彼道路言，怨伤谁复知！

几经兵荒马乱，人民疲困不堪，而官府横征暴敛却有增无已。敲骨吸髓的压榨，已经让农民山穷水尽，走投无路了。于是，越来越多的农民脱离了土地。他们有的走上了逃亡之路，成为流民。柳宗元《捕蛇者说》借捕蛇者之口，讲农户的流亡情状："曩与吾祖居者，今其室十无一焉。与吾父居者，今其室十无二三焉。与吾居十二年者，今其室十无四五焉。非死即徙尔。"白居易《赠友五首》其二："银生楚山曲，金生鄱溪滨。南人弃农业，求之多苦辛。"尽管采金和采银是非常辛苦的，但农民仍不再从事干了多年的农业，而是"弃本以趋末"。流亡、改行之外，大部分失地农民只好成为贵族官僚地主的佃客。

地主官僚，又趁着农民破产的机会，占田拓土，大肆兼并。陆贽说，当时"制度弛紊，疆理隳坏，恣人相吞，无复畔限"（《均节赋税恤百姓六条》）。刘允文说"强家大族，畴接壤利，动涉千顷，年登万箱"（《苏州新开常熟塘碑铭》）。杜牧为浙西观察使崔郾写的行状里引崔氏之言说当时三吴地区"上田沃土，多归豪强"。这些都是豪强地主兼并土地的有力证明。

到中唐时，破产农民急剧增多，而地主通过兼并，广置田庄、别业。田庄、别业这种大土地所有制形式，成了当时事实上的土地所有制形式，均田制已经名存实亡了。德宗建中元年（780），两税法颁布，标志着均田制的最后瓦解。

从北魏太和九年（485）孝文帝颁布均田令，到唐德宗建中元年（780）均田制最后瓦解，作为中国封建政府重要土地制度之一的均田制，在历史的长河中历时约三百年。

瓦卜传神语，畲田费火声

——唐代乡村的劳动和生活

瓦卜传神语，畲田费火声。

这是杜甫《戏作俳谐体遣闷》(其二) 中的两句。"瓦卜"是一种巫俗，就是把瓦片打碎，观察分析其纹理，以此占卜吉凶。畲田，即焚火种田，用草木灰作基肥。可见，唐代某些偏僻山区，交通不便，生产落后，还保持着刀耕火种的古老耕作方法。杜甫的这两句诗，反映了当时乡村劳动和生活方面的一些情况。

民以食为天。唐人一切的文化生活和艺术创造，都必须以最广大的乡村民众的生产劳动为基础。而这些生活在社会底层的普通劳动者在劳作过程中的艰辛，他们喜怒哀乐的情感表达，却容易被人忽略。而实际上，正是这些生活于农村的、劳碌于稼穑耕织的普通民众，创造了唐代社会的物质财富，并直接或间接参与了唐代的文化创造，从而使得大唐的经济水平和文化建树都有了长足的发展。从这个意义上讲，正是普通乡村民众的大俗，才成就了唐代文化艺术的大雅。

一、唐代农人的劳动和农事祭祀活动

唐代乡村中的男女老幼都有明确的分工。一般说来，男子是家庭中的主要劳动力，从事着耕、猎、渔、樵、牧等体力劳动。另外唐代的均田制，在隋代基础上，明确取消了奴婢、妇人及耕牛受田的规定。也就是说，唐代的土地，政府只给男子，不给女子。这也是唐人尊男卑女的一个重要原因。

既然是家庭劳动的主力，男子也就应该承担起整个家庭的重担，从事较繁重的体力劳动。张籍《江村行》说"妇姑采桑不向田"，那么，田间地头的劳作任务，也就主要由男子负责。

"一粒红稻饭，几滴牛颔血。"（郑遨《伤农》）在生产技术尚不发达的唐代，农业劳作主要还是依靠人力，这样，农人就要付出更多的辛苦。他们往往是天不亮就要下田。有时，为了抢时播种，甚至半夜就起来耕作。如崔道融《田上》："雨足高田白，披蓑半夜耕。人牛力俱尽，东方殊未明。"

农人要耕耘、锄草。如孟浩然《东陂遇雨率尔贻谢甫池》："田家春事起，丁壮就东陂"；韦应物《观田家》："丁壮俱在野，场圃亦就埋"；储光羲《同王十三维偶然作十首》："野老本贫贱，冒暑锄瓜田。"无论"丁壮"，还是"野老"，都勉力耕作，不曾稍息，"冒暑"或者淋雨，则是常有的事。白居易《观刈麦》如实记述了农人冒暑苦作的情景：

> 田家少闲月，五月人倍忙。夜来南风起，小麦覆陇黄。妇姑荷箪食，童稚携壶浆。相随饷田去，丁壮在南冈。足蒸暑土气，背灼炎天光。力尽不知热，但惜夏日长。

农人要引水、灌溉。祖咏《田家即事》："攀条憩林麓，引水开泉源"；崔颢《结定襄郡狱效陶体》："里巷鸣春鸠，田园引流水。"唐人还有引山泉水灌溉农田的习俗，杜甫在《行官张望补稻畦水归》中写道："东屯大江北，百顷平若案。六月青稻多，千畦碧泉乱。"就是对此的形象描绘。

农人要开畦、间柳。王维《春园即事》："开畦分白水，间柳发红桃。"开畦，就是把田地分成阡陌垄亩，以利于灌溉；间柳，就是用桃树苗把柳树苗分开。

当然，农人还要做些家务劳动。比如建房、补屋、编篱、整枝等。张籍《江村行》说"田头刈莎结成屋"，司空图《独坐》说"编篱新带萤，补屋草和花"。建房补屋，是要有力气的，所以男子是主力。王维《春中田园作》云："持斧伐远扬，荷锄觇泉脉。"整枝，枝条既可以作柴，也可以用来"编篱"。

俗话说，靠山吃山，靠水吃水。靠山的农人，时或砍柴。白居易在《朱陈村》中写道："女汲涧中水，男采山上薪。"可见当时唐朝男女分工中，男子有采薪的任务。张籍《采樵吟》说"上山采樵选枯树，深处樵多出辛苦"，可见采樵不是个容易事，不但辛苦，还有危险。储光羲《樵父词》"终年登险阻，不复忧安危"，就写出了个中辛酸。虽然文士们有时在表白对隐逸的希求时，也说些"帝里诸亲别来久，岂知王粲爱樵渔"（卢纶《秋中过独孤郊居》）之类的话，但一般人是看不上采樵人的。李昌符的《客恨》："肥马王孙定相笑，不知岐路厌樵渔。"可见采樵人在唐代地位的低下。

但尽管王孙公子们看不上采樵，采樵却也有其"不足为外人道"的方法和技巧。储光羲《樵父词》中写道："诘朝砺斧寻，视暮行歌归。"采樵人早晨先磨斧头，再进山采薪，傍晚的时候就一边唱歌一边回家，这叫"磨刀不误砍柴工"。储光羲《樵父词》中还提到："山北饶朽木，山南多枯枝。枯枝作采薪，爨室私自知。"山的北面的朽木不要，采山南面的枯枝。这有一定的科学根据：山的南面光照比较丰富，枯枝干燥用来作薪再适合不过，而山北面的朽木就比较潮湿。樵夫采樵一般会进深山采枯树，这样比较省力而且做到了物尽其用，节约木材资源。"爨室私自知"，这也是采樵人的经验。唐代还有养柴源的民俗，陆龟蒙的《樵人十吟》"生自苍崖边，能谙白云养"，原注曰："山家谓养柴地为养。"可看出当时已有养柴薪地的民俗，这是对林业资源合理利用的一种表现。柴砍完了，就用牛车拉回家去。王维《田家》"柴车驾羸牸"即其例。

再看唐代采薪业的衍生产品——炭。烧炭是唐人的主要取暖方式，也是唐代富贵人家用来炙肉、煮茶的主要方法，所以卖炭也是贫民维持生计的手段之一。这一点我们可以从白居易的《卖炭翁》里取证："卖炭翁，伐薪烧炭南山中。满面尘灰烟火色，两鬓苍苍十指黑。卖炭得钱何所营？身上衣裳口中食。"

靠山的农人也有时放牧。王绩《野望》"牧人驱犊返"，写农人放牧归来；王维《田家》"草屦牧豪稀"，则写农人穿着草鞋放牧的情景。放牧还多由小孩子来承担。如司空曙《田家》"呼儿催放犊"，王维《宿郑州》"村童雨中牧"，储光羲和李涉的《牧童词》中对此更有细致的描写。王维的《渭川田家》："斜光照墟落，穷巷牛羊归。野老念牧童，倚杖候荆扉。"写的是傍晚小孙子放牧就要回村了，老爷爷在村口等待孙子回家的情景。当然，孩童放牧是比较轻松快乐的，很多唐诗都描绘了牧童坐在牛背上披着蓑衣吹着笛子的悠闲情景。"牧童披短蓑，腰笛期烟渚。不问水边人，骑牛傍山去。"（于濆《山村晓思》）孩子到了外面一边放牧一边玩耍，若是累了就倚在牛背上休息，以至于成年人见了都不免心生羡慕："谁人得似牧童心，牛上横眠秋听深。"（卢肇《牧童》）

靠山的农人，有时也打猎。如王绩《野望》"猎马带禽归"，《淇上即事田园》"猎犬随人还"，都写乡村狩猎。

靠水的农人，则时或捕鱼。如杜甫《野老》"渔人网集澄潭下"，王维《山居秋暝》"莲动下渔舟"，都写打鱼生活。而且唐代还出现了较少的以捕鱼为生的专业渔民，甚至有些地区"树列巢滩鹤，乡多钓浦人"（方干《送江阴霍明府之任》）。

唐代的捕鱼方式也多样丰富，杜甫《观打渔歌》"渔人漾舟沉大海，载江一拥数百鳞"中提及的"网"，就是渔人大面积捕鱼的常用渔具。此外还有以竹筒和丝线组成的钓具。柳宗元《江雪》"孤舟蓑笠翁，独钓寒江雪"，老翁所用的就是钓具。还有一种用竹木编制的小型渔具，比如说笱，开口处插上逆向竹片，让鱼进来后出不去。陆龟蒙《渔具诗》："斩木置水中，枝条互相蔽。寒鱼逐容此，自以为生计。初冰忽融治，尽取无遗裔。"诗中提及的就是此渔具。再就是比较原始的鱼叉，"列炬春溪口，平潭如不流。照见游泳鱼，一一如清昼"（皮日休《奉和鲁望渔具十五咏·叉鱼》），就描述了唐人在夜间用火带来的光亮来吸引游鱼然后叉取。此外还有用药捕鱼："盈川是毒流，细大同时死"（陆龟蒙《渔具诗·药鱼》），但这种方法是比较有争议的，单从这首诗中就可以看出药鱼"细大同时死"会破坏生态环境，不可常用；当然也有用水獭、鸬鹚等动物捕鱼的手法。

唐代的农人，特别是专业渔人，多数并不是抓鱼自己食用，而是拿去交易，于是就出现了以贩卖鱼为生的渔商："渔商波上客，鸡犬岸旁村。"（王维《早入荥阳界》）出现了因鱼交易而产生的鱼市："腊晴江暖鹧鸪飞，梅雪香黏越女衣。鱼市酒村相识遍，短船歌月醉方归。"（罗邺《南行》）可见唐朝当时的捕鱼民俗已经有了商业化的元素。

靠水的农人，也有一些充当了纤夫。李白《丁都护歌》，写纤夫之苦："云阳上征去，两岸饶商贾。吴牛喘月时，拖船一何苦。水浊不可饮，壶浆半成土。一唱督护歌，心摧泪如雨。"诗中展现的画面是：一群衣衫褴褛的纤夫，冒着酷暑，喊着号子，挽着纤，喘着气，面朝黄土背朝天，一步一颠地艰难行进着。李白把将纤夫拖船的艰难、生活条件的恶劣、心境的哀伤一一写了出来。这首诗里纤夫拉的是商船，为的是挣点糊口的钱。有时，靠水而居的农人，还被当地官员强拉去充当纤夫，去"牵驿船"。王建《水夫谣》就通过一个纤夫的内心独白，对当时不合理的劳役制度进行了控诉：

> 苦哉生长当驿边，官家使我牵驿船。辛苦日多乐日少，水宿沙行如海鸟。逆风上水万斛重，前驿迢迢后森森。半夜缘堤雪和雨，受他驱遣还复去。夜寒衣湿披短蓑，臆穿足裂忍痛何！到明辛苦无处说，齐声腾踏牵船歌。一间茅屋何所值，父母之乡去不得。我愿此水作平田，长使水夫不怨天。

农人不堪忍受水上服役的痛苦，产生了逃离的念头，可是又不愿意背井离乡。

但对于一般的农人来说，樵渔都还只是副业，农人的"本职工作"到底还是稼穑耕种。

唐代农人的主要劳动工具，不外乎耒耜犁锄等。张籍《野老歌》："岁暮锄犁倚空室，呼儿登山收橡实。"锄犁冬天不用，就将其收起。丘为《题农父庐舍》："沟塍流水处，耒耜平芜间。"所谓耒耜，形如木叉，上有曲柄，下面是犁头，可用来松土。

唐代的北方平原地区已经普遍推广了畜力犁耕的技术，农人早已使用耕牛等牲畜拉犁耕地。储光羲《田家即事》："迎晨起饭牛，双驾耕东菑。"农人早早地起来把牛喂饱，就牵着牛走向田里了。这里说的"双驾"指的是当时的耦耕，即二牛挽犁、二人或一人扶辕的犁地方式。王维在《田家乐七首》其二中也曾提到耦耕："讵胜耦耕南亩，何如高卧东窗。"据陆龟蒙《耒耜经》记载，当时农人使用的农具，除了犁头以外，还有耙、砺、碌碡等，用于碎土松土，除去杂草，平整地面，使耕作更为精细。

唐代农业开始向山地丘陵地区发展，但生产技术相对落后。在西南、两湖、岭南等广大地区，还盛行着刀耕火种的劳动习俗。刘禹锡在《竹枝词九首》其九中就曾提到"长刀短笠去烧畲"，烧畲指的就是火耕，是一种焚烧草木以灰作肥料再趁热掘坑下种的耕作方法。王维在《燕子龛禅师》中写道"种田烧白云，斫漆响丹壑"，岑参在《与鲜于庶子自梓州成都少尹自褒城同行至利州道中作》也说"水种新插秧，山田正烧畲"，温庭筠也在《烧歌》中记述了刀耕火种的情形："起来望南山，山火烧山田。微红夕如灭，短焰复相连。差差向岩石，冉冉凌青壁。低随回风尽，远照檐茅赤。邻翁能楚言，倚锸欲潸然。自言楚越俗，烧畲为早田。"这些唐诗证明唐代很多地方还保留着刀耕火种的耕作方式。刘禹锡在长庆年间任夔州刺史时作《畲田行》中描绘道：

> 何处好畲田，团团缦山腹。钻龟得雨卦，上山烧卧木。惊麏走且顾，群雉声咿喔。红焰远成霞，轻煤飞入郭。风引上高岑，猎猎度青林。青林望靡靡，赤光低复起。照潭出老蛟，爆竹惊山鬼。夜色不见山，孤明星汉间。如星复如月，俱逐晓风灭。本从敲石光，遂至烘天热。下种暖灰中，乘阳坼牙蘖。苍苍一雨后，苕颖如云发。巴人拱手吟，耕耨不关心。由来得地势，径寸有余阴。

当地人民先用龟甲卜雨卦，如果有雨就在下雨前上山烧木做灰肥，在暖灰中播种，不仅可以为种子发芽提供适宜的温度，也可以为其提供肥料，在雨后就会发芽生长，大大增加了种子的发芽率。

其实，从这首诗中"照潭出老蛟，爆竹惊山鬼"等句，可以看出唐朝的农耕民俗中包含了占卜和祭祀的元素。当时农人收获与自然环境息息相关，水旱灾害，海水倒灌，蝗、鼠、蟹等动物灾害都会导致颗粒无收。陆龟蒙《五歌·刈获》："自春徂秋天弗雨，廉廉早稻才遮亩。芒粒稀疏熟更轻，地与禾头不相拄。"从春到秋均无落雨，早稻的长势会非常不好。唐代的农人在对自然没有有效的应对方法时，也就只好寄希望于占卜、祭祀来乞求丰收。

刘禹锡《畬田行》中提到的就是龟卜，而南方有烧田习俗的地方还有瓦卜，杜甫《戏作俳谐体遣闷二首》之一写道："瓦卜传神语，畬田费火声。"就是烧田播种前的一种占卜。倘使遇到长时间的干旱，人们还要求助于水神开展祈雨活动，李约《观祈雨》"桑条无叶柳生烟，箫管迎龙水庙前"，就是一个典型的例子。

唐代农人靠天吃饭，对于自然因素的依赖是显而易见的。对于农人而言，往往是"雨贵如油"。韦应物《观田家》"饥劬不自苦，膏泽且为喜"就说出了农人的心声，白居易《秋游原上》诗"是时就雨足，禾黍夹道青"着实道出农人喜雨的原因。而一旦"好雨知时节，当春乃发生"，农家的欢欣之状，自不待言。这在唐诗中也有所展现。如崔道融《溪上遇雨》："耕蓑钓笠取未暇，秋田有望从淋漓"，农人高兴得连蓑衣斗笠都来不及取，直奔田地而去，好像有雨就等于有了收成一样值得庆贺。司空曙《田家》描绘得更生动："田家喜雨足，邻老相招携。泉溢沟塍坏，麦高桑柘低。呼儿催放犊，邀客待烹鸡。搔首蓬门下，如将轩冕齐。"雨后，这个农人杀鸡邀客，遍请邻老，在门外笑逐颜开地搔着头皮，好像自己当了大官一般。

可有的时候，农人又非常担心下雨。收麦、晒谷时最需天晴，顾况《过山农家》中说："板桥人渡泉声，茅檐日午鸡鸣。莫嗔焙茶烟暗，却喜晒谷天晴。"雍裕之《农家望晴》："尝闻秦地西风雨，为问西风早晚回？白发老农如鹤立，麦场高处望云开"，就反映了鹤立于麦场高处的白发老农焦灼的心情。

养蚕受天气的影响有时也很大。王建《簇蚕词》中写道："但得青天不下雨，上无苍蝇下无鼠。"蚕上簇时天气晴和乃是蚕家的大幸，倘使逢雨，则不利于"茧稠"。

那么，怎样才能让老天该下雨的时候下雨，该放晴的时候放晴呢？唐代乡村农人在没有更好的办法时，就只好祈求神仙保佑了。唐代农人经常通过占卜来"占年""占气候"，占卜的方法也千奇百怪。孟浩然《田家元日》云："田家占气候，共说此丰年"，是指农人通过"占气候"预测庄稼的收成；温庭筠《烧歌》："持钱就人卜，敲瓦隔林鸣。卜得山上卦，归来桑枣下"，写的是农人用铜钱预测未来农事顺利与否的情形；柳宗元《柳州峒氓》："鸡骨占年拜水神"，讲的是峒地农人用鸡骨来占卜年景，跪拜水神来祈求降雨。但这些还都是带有地方特点的占卜。

在唐代，比较普遍的农事祭祀活动，则是"作社"。农人为了祈求风调雨顺、五谷丰登，每年都要举办"作社"活动。

社日，是田家祭祀的一种，即农人祭祀土地神的节日，希望得到神灵庇佑，五谷丰登，分别在立春、立秋后的第五个戊日举行，春社，一般祈求风调雨顺，秋社，多为酬神答谢。早在南北朝《荆楚岁时记》中就记载："社日，四邻并结综会社，牲醪。为屋于树下，先祭神，然后飨其胙。"到唐代，社日活动更为盛行了。在生产力并不发达、"望天收"占据主流的乡村，人们相当重视社日活动。杜甫《社日》说："报效神如在，馨香旧不违"，人们通过祭祀表达他们对风调雨顺的良好祈愿。

　　田家祭祀既是乡间的头等大事，更是乡民难得的节日狂欢。每临社日，"村鼓时时急，渔舟个个轻"，鼓点频繁，非常热闹，渔父农夫，聚餐会饮，尽醉方休。王驾《社日》："鹅湖山下稻粱肥，豚栅鸡栖半掩扉。桑柘影斜春社散，家家扶得醉人归"，就反映了村民春社日聚饮的情景。喝了一整天的酒，酒桌上讲的话，也大抵是希望来年"稻粱肥"。杜甫有一首《遭田父泥饮美严中丞》的诗，说一个老农社日临近时邀请杜甫"尝春酒"。在席间，老农就提到"今年大作社"。所谓"大作社"指举办的规模较大的社日。可见，有时年景不好，限于经济条件，农人也往往"小作社"。要是遇上好的年景，农人就乐得大办，屠宰牲口、备好佳酿，以供奉神灵，祈祷来年收成更好。

　　社日前后，还有一种普遍的农家祭祀活动，就是"赛田神"。"新年春雨晴，处处赛神声"（温庭筠《烧歌》）可见其兴盛的状况。赛田神有时在春社时进行。如白居易《春村》："牛马因风远，鸡豚过社稀。黄昏林下路，鼓笛赛神归"，说的就是春季开展的赛神活动。赛神有时也在秋社时进行。如张籍《江村行》"一年耕种长苦辛，田熟家家将赛神"，指的就是秋季的赛神活动。王维《凉州郊外游望》一诗，是诗人在凉州城外游览时所遇到的田家赛神活动的实地描写：

　　　　野老才三户，边村少四邻。婆娑依里社，箫鼓赛田神。
　　洒酒浇刍狗，焚香拜木人。女巫纷屡舞，罗袜自生尘。
这是一幅绝好的西北边村赛神图：一个只有三户人家的村庄，

却在土地庙前举行了一场煞是热闹的赛田神活动。当时箫鼓齐鸣，又是给神献酒，又是给神像叩头烧香，之后还有女巫在神前献舞，目的是求得田神泽福，保佑丰收。

二、唐代乡村妇女的劳动生活

唐代乡村，男子负责耕、猎、渔、樵，女子则承担起了织、采、炊、洗等劳作。

中国古代社会自给自足的自然经济结构，使得男耕女织成为了唐代农民劳动的常态。正像唐诗里所说的那样："一女不得织，万夫受其寒。"（苏涣《变律》）唐代的广大乡村妇女，不但要解决自家的穿衣问题，还承担着向朝廷输献调庸的任务。杜甫《自京赴奉先县咏怀五百字》说得明白："彤庭所分帛，本自寒女出。鞭挞其夫家，聚敛贡城阙。"根据《新唐书·食货志一》记载："丁随乡所出，岁输绢二匹，绫、绝二丈，布加五之一，绵三两，麻三斤，非蚕乡则输银十四两，谓之调。用人之力，岁二十日，闰加二日，不役者日为绢三尺，谓之庸。"朝廷征收的调和庸，都是妇女在织机上辛苦劳作的成果。

杜甫《白丝行》描述了妇女织作的整个过程：

> 缫丝须长不须白，越罗蜀锦金粟尺。象床玉手乱殷红，万草千花动凝碧。已悲素质随时染，裂下鸣机色相射。美人细意熨贴平，裁缝灭尽针线迹。春天衣着为君舞，蛱蝶飞来黄鹂语。落絮游丝亦有情，随风照日宜轻举。

从这个过程看，要制成一件衣服，工序还是不少的。从缫丝、染色、织造，到熨贴、裁缝，哪一道工序都离不开织女的双手。如果白天织不完，村妇就连夜劳作，经常是"百里鸡犬静，千庐机杼鸣"（李白《赠范金乡》诗之二）。钱起《效古秋夜长》就为我们展示了一幅村妇夜织的图景："秋汉飞玉霜，北风扫荷香。含情纺织孤灯尽，拭泪相思寒漏长。檐前碧云静如水，月吊栖乌啼鸟起。谁家少妇事鸳机，锦幕云屏深掩扉。白玉窗中闻落叶，应怜寒女独无衣。"

在南方，还有舟中纺织的习俗。如张籍《江南曲》："江南人家多橘树，吴姬舟上织白苎。土地卑湿饶虫蛇，连木为牌入江住。"由于住宅卑湿简陋，少妇一家干脆搬到船上去住。少妇也就在船上织苎，以便打鱼纺织两不误。

无论白天还是夜晚，无论是陆上还是舟中，村妇就这样一天一天地织个不停。可是，她们最感到不平的是，她们自己并不能享受到劳动成果。"陇上扶犁儿，手种腹常饥。窗下掷梭女，手织身无衣。"（于濆《辛苦吟》）在封建社会，可不像我们今天这样，广大劳动者，都能成为自己劳动成果的享有者。那时的情况，正像一首民歌里说的那样："泥瓦匠住草房，纺织娘没衣裳，卖盐的老婆喝淡汤，种粮的吃米糠，磨面的吃瓜秧，炒菜的光闻香，编凉席的睡光床，卖鞋婆子赤脚走，抬棺材的死路旁。"孟郊《织妇辞》借织妇之口倾诉："夫是田中郎，妾是田中女。当年嫁得君，为君秉机杼。筋力日已疲，不息窗下机。如何织纨素，自着蓝缕衣。官家榜村路，更索栽桑树。"表面是在埋怨丈夫，而诗的最后一句"官家榜村路，更索栽桑树"则暗示，正是官家的剥削，才使自己"着蓝缕衣"的。如果这首诗还算说得较含蓄，那么，王建的《当窗织》则交代得更直白：

叹息复叹息，园中有枣行人食。贫家女为富家织，父母隔墙不得力。水寒手涩丝脆断，续来续去心肠烂。草虫促促机下啼，两日催成一匹半。输官上头有零落，姑未得衣身不着。当窗却美青楼倡，十指不动衣盈箱。

由于官家催逼，织妇在刺骨的水里把因脆弱而断开的丝，不停地续来续去，续得织妇心都凉了，两日才织成一匹半。由此可以想见，在纺织工艺并不发达的唐代，织妇劳动强度之大。就这样，织妇的织成品几乎全部"输官"，剩点零头勉强给婆母做了一件衣裳，可就住在隔墙的娘家爹妈，却借不上光，自己也没有新衣穿，以至于织妇都羡慕起了"青楼倡"。正是社会的不公，才使得织妇产生了这样的反常心理。

如果您说这个织妇"两日催成一匹半"，技术不好，那么，织技高超的织妇又怎样呢？唐代朝廷官府，把一些织技高超的农户列为"织锦户"，登记在册。她们纺织的产品，要作为贡品，进献给宫廷。王建的《织锦曲》就反映了这个情况：

> 大女身为织锦户，名在县家供进簿。长头起样呈作官，闻道官家中苦难。回花侧叶与人别，唯恐秋天丝线干。红缕葳蕤紫茸软，蝶飞参差花宛转。一梭声尽重一梭，玉腕不停罗袖卷。窗中夜久睡髻偏，横钗欲堕垂着肩。合衣卧时参没后，停灯起在鸡鸣前。一匹千金亦不卖，限日未成官里怪。锦江水涠贡转多，宫中尽着单丝罗。莫言山积无尽日，百尺高楼一曲歌。

由这首诗歌，我们可以了解到：官家对于织锦的审查极为严格，对丝线的花纹、色彩、湿度、图案，都有苛刻的要求。从"回花侧叶与人别"看，还要求每件织品有自己的特色。因为是贡品，所以官府非常注重质量和工艺。唐代纺织品的种类繁多，如杜甫《丽人行》"绣罗衣裳照暮春，蹙金孔雀银麒麟"中提到的"罗"；李白《对酒》"青黛画眉红锦靴，道字不正娇唱歌"中提到的"锦"；许浑《寓怀》"南国浣纱伴，盈盈天下姝"中提到

"纱";白居易《卖炭翁》"半匹红绡一丈绫,系向牛头充炭直"中提到的"绡""绫"等。据《唐六典》记载,当时的纺织物有布、绢、纱、绫、罗、锦、绮等。以上每一种纺织物又有十几种甚至几十种不同的纹样。白居易《缭绫》就描绘过这些织品织造技艺的高超:"缭绫缭绫何所似?不似罗绡与纨绮。应似天台山上明月前,四十五尺瀑布泉。中有文章又奇绝,地铺白烟花簇雪。织者何人衣者谁?越溪寒女汉宫姬。去年中使宣口敕,天上取样人间织。织为云外秋雁行,染作江南春水色。广裁衫袖长制裙,金斗熨波刀剪纹。异彩奇文相隐映,转侧看花花不定。"因为质量和工艺上的讲究,织起来也就更精细、更费时:"丝细缲多女手疼,扎扎千声不盈尺。"

于是,王建《织锦曲》里的这个织妇,就不得不"一梭声尽重一梭"地从事着这单调而又辛苦的工作,天快亮的时候实在熬不住瞌睡了,就和衣小睡,起来后继续织。她们的产品质量好,按说能卖上好价钱,可她们不能卖。为什么?因为"限日未成官里怪"。

若是遇到朝廷有征战,这些织锦户的命运就更不好了。元稹《织妇词》:

> 织夫何太忙,蚕经三卧行欲老。蚕神女圣早成丝,今年丝税抽征早。早征非是官人恶,去岁官家事戎索。征人战苦束刀疮,主将勋高换罗幕。缲丝织帛犹努力,变缉撩机苦难织。东家头白双女儿,为解挑纹嫁不得。檐前袅袅游丝上,上有蜘蛛巧来往。羡他虫豸解缘天,能向虚空织罗网。

元稹自己解释"东家头白双儿女,为解挑纹嫁不得"一句时说:"予掾荆州,目击贡绫户有终老不嫁之女。"有人说这可能是这个贡户，掌握了特殊工艺，怕嫁了女儿把工艺泄露给夫家，但我觉得最主要的原因可能是这个贡户，害怕完不成任务而遭受官府的责罚。

就像南唐诗人李询《赠织锦诗》所说的那样，"札札机声晓复晡，眼穿力尽意何如。美人一曲成千赐，心里犹嫌花样疏"。织妇眼穿力尽，织成的锦绣，统治者并不珍惜。"莫言山积无尽日，百尺高楼一曲歌。"一歌之赏，要费织妇几多心血！白居易《缭绫》："昭阳舞人恩正深，春衣一对直千金。汗沾粉污不再着，曳土踏泥无惜心。"痛惜宫人的奢侈和浪费。其实，岂止皇宫如此浪费呢？"长安贵豪家，妖艳不可数。裁此百日功，唯将一朝舞。舞罢复裁新，岂思劳者苦。"（韦应物《杂体五首》其三）

纺织的原料之一，是蚕丝。为了养蚕，乡村妇女就得采桑。采桑也不容易，因为有时春寒桑叶小不够蚕食："春风吹蚕细如蚁，桑芽才努青鸦嘴。侵晨探采谁家女，手挽长条泪如雨。去岁初眠当此时，今岁春寒叶放迟。"（唐彦谦《采桑女》）有时蚕对桑叶的消耗量大："养蚕为素丝，叶尽蚕不老。倾筐对空林，此意向谁道？"（苏涣《变律》）有时村落附近的桑叶被采光了，村妇就只好到远处去采："墙下桑叶尽，春蚕半未老。城南路迢迢，今日起更早。"（刘驾《桑妇》）浴蚕，为育蚕选种的一种方法，即将蚕种浸于盐水或以野菜花、韭花、白豆花制成的液体中，汰弱留强，以进行选种，这当然也是乡村妇女的任务。如王建在《雨过山村》中写道"雨里鸡鸣一两家，竹溪村路板桥斜。妇姑相唤浴蚕去，闲着中庭栀子花"；再如贯休《春晚书山家屋壁》"蚕娘洗茧前溪渌，牧童吹笛和衣浴"，都讲到妇女的浴蚕劳动。

唐代的村妇，就是这样，通过从采桑、养蚕、缲丝到纺织

131

这一系列家庭劳动，来维持生计，并且缴纳唐代赋税中的"庸"和"调"。

除了蚕织的主要劳动以外，唐代的乡村妇女有时还有一些其他的劳动，如采莲、采菱、饷田、洗衣、结网等。

采莲、采菱是南方女子独有的劳动民俗，女子采莲、采菱的美丽形象在唐诗中多有描述。刘禹锡的《采菱行》，对采菱的场面及采菱女的风情表现得淋漓尽致：

> 白马湖平秋日光，紫菱如锦彩鸳翔。荡舟游女满中央，采菱不顾马上郎。争多逐胜纷相向，时转兰桡破轻浪。长鬟弱袂动参差，钗影钏文浮荡漾。笑语哇咬顾晚晖，蓼花缘岸扣舷归。归来共到市桥步，野蔓系船萍满衣。

这首诗写的就是采菱的少女们，在采菱船上一边互相嬉戏玩笑一边采菱的劳动景象。菱是一种水生植物，味道甘美，深受江南人喜爱。江南人多喜欢用菱来待客，刘禹锡就在此诗下题："武陵俗嗜芰菱。岁秋矣，有女郎盛游于白马湖，薄言采之，归以御客。"

采莲、采菱，比较适合少女来做。李中《溪边吟》："鸂鶒双飞下碧流，蓼花蘋穗正含秋。茜裙二八采莲去，笑冲微雨上兰舟。"这是十六岁的少女身着红裙去采莲。杜易简《湘川新曲二首》："二八相招携，采菱渡前溪。弱腕随桡起，纤腰向舸低。"写的采菱少女，也年方二八。"弱腕随桡起，纤腰向舸低"，对少女划桨时优美而有节奏的动作进行了生动的描绘。刘方平《采莲曲》："落日清江里，荆歌艳楚腰。采莲从小惯，十五即乘潮。"这是描述十五岁的少女采莲的图景。孙光宪《采莲》："菡萏香连十顷陂，小姑贪戏采莲迟。晚来弄水船头湿，更脱红裙裹鸭儿。"诗中的这个小姑，在采莲时不忘玩耍，还要"更脱红裙裹鸭儿"，可见一定是个天真烂漫的女童。还有更小的。白居易《池上》："小娃撑小艇，偷采白莲回。不解藏踪迹，浮萍一道开。"诗中的小女娃，估计还在需要大人照看的年龄，却趁大人没注意的时候悄悄地采摘白莲，这岂不急坏了大人？不过，却容易找到："不解藏踪迹，浮萍一道开。"

少女们在一起，免不了要嬉闹歌唱。于是，就有了采莲、采菱的少女们的菱歌莲曲。如张籍《采莲曲》云："秋江岸边莲子多，采莲女儿凭船歌。青房圆实齐戢戢，争前竞折漾微波"；崔国辅《小长干曲》云："月暗送潮风，相寻路不通。菱歌唱不彻，知在此塘中"；戎昱的《相和歌辞》也说："春风日暮南湖里，争唱菱歌不肯休。"因为莲叶浓密，又出水较高，往往只闻其歌，不见其人，这就更增添了诗人的好奇心理：

> 锦莲浮处水粼粼，风外香生袜底尘。荷叶荷裙相映色，闻歌不见采莲人。(何希尧《操莲曲》)

> 荷叶罗裙一色裁，芙蓉向脸两边开。乱入池中看不见，闻歌始觉有人来。(王昌龄《采莲曲》)

两首诗都描绘了身穿绿色裙衫的采莲少女，与弥望的莲叶和谐统一地融为一体的美妙场景。

唐代乡村妇女，还常在农忙时节送饭到田里，即"饷田"。如王建《田家留客》"新妇厨中炊欲熟"；王维《积雨辋川庄作》"蒸藜炊黍饷东菑"；储光羲《田家即事》"高机犹织卧蚕子，下坂饥逢饷饭妻"等，都提到了妇女做饭、饷田的事务。

缝衣、捣衣、洗衣等，也是唐代乡村妇女的常务。王维《丁寓田家有赠》"农夫行饷田，闺妇起缝素"；《山居秋暝》"竹喧归浣女，莲动下渔舟"；《白石滩》"家住水东西，浣纱月明下"；白居易《春村》"农夫春旧谷，蚕妇捣新衣"。村女浣纱，无限娇媚,曾引得大诗人李白驻足观赏:"玉面耶溪女,青娥红粉妆。一双金齿屐,两足白如霜。"(《浣纱石上女》)李白《越女词五首》其一:"长干吴儿女,眉目艳新月。屐上足如霜,不着鸦头袜。"诗中所描写的浣纱美女,是活泼、健康、美丽的民间女子,李白尤其欣赏她们如霜般皎洁的两足。

有些地方的妇女,还有负水、结网的活计。刘禹锡《竹枝词九首》其九"银钏金钗来负水"写的就是妇女挑水。陆龟蒙《和袭美钓侣》:"雨后沙虚古岸崩,鱼梁移入乱云层。归时月堕汀洲暗,认得妻儿结网灯",写的则是丈夫外出捕鱼,妻子在家补网的渔人生活。

唐代乡村妇女有时也参与农事劳动。一种情况是在农忙时节,妇孺齐上阵:"农月无闲人,倾家事南亩"(王维《新晴野望》);全家总动员:"妇姑荷箪食,童稚携壶浆。相随饷田去,丁壮在南冈。"(白居易《观刈麦》)还有一种情况,就是战争时期,男子被拉去服兵役,妇女只好承担起农事劳作,成为农事的主力,但往往因为力气小、经验少,而使得"禾生陇亩无东西"(杜甫《兵车行》)。在特殊地区,也有"土风坐男使女立,男当门户女出入"的情况。杜甫有一首《负薪行》,写的是夔州的乡土风俗重男轻女,女子要担负主要劳动,而且要砍柴卖钱,补贴家用,当家的男人却坐着享受。但这不过是夔州的地方风俗。毕竟,在唐代男耕女织是有比较明确的分工的,这是我国自古的习俗。

三、质朴而生动的唐代乡村风情

乡村的屋舍,一般都建在距离田地不太远的地方,为的是劳作方便。如张籍《江村行》说"田头刘莎结为屋,归来系牛还独宿"；崔颢《结定襄郡狱效陶体》说："里巷鸣春鸠，田园引流水"；王维《白石滩》说"家住水东西，浣纱月明下"。农村的房屋，往往是以草、竹为材料搭建简易的茅屋、竹楼。如元稹《酬乐天》："短檐苫稻草，微俸封渔租"；刘禹锡《采菱行》："家家竹楼临广陌，下有连樯多估客"。屋子常漏，他们就常修："编篱薪带茧，补屋草和花。"（司空图《独坐》）

山野乡村，比之都市，人情味、亲情味更浓厚一些。

王维《渭川田家》："斜光照墟落，穷巷牛羊归。野老念牧童，倚杖候荆扉。雉雊麦苗秀，蚕眠桑叶稀。田夫荷锄立，相见语依依。即此羡闲逸，怅然吟式微。"诗歌展现了一个温馨的场景：日落收工，老爷爷在村口等待放牛的小孙子，一起回家吃饭，而农人扛着锄头，在声声雉雊的背景之下，亲切地交谈。储光羲《田家杂兴八首》其一："楚山有高士，梁国有遗老。筑室既相邻，向田复同道。糗糒常共饭，儿孙每更抱"，两个心地善良的老邻居的形象，呼之欲出，反映的是苦寒农家相濡以沫的情感。杜甫《羌村三首》其三："父老四五人，问我久远行。手中各有携，倾榼浊复清。"父老携酒来慰问远道归来的诗人，乡邻间纯朴的感情并未因战乱而泯灭。唐代农人的质朴，使得在乡邻关系方面，保持着一种安闲平和之态，不仅是"东邻西舍无相侵"（贯休《春晚书山家屋壁二首》其二），乡邻感情还显得十分和睦亲昵。

家里来了客人，乡里人总要拿出最好的饭菜招待："夜雨剪春韭，新炊间黄粱"（杜甫《赠卫八处士》）；处处为客人着想："丁宁回语屋中妻，有客勿令儿夜啼"（王建《田家留客》）；朴实而又直率地劝酒："叫妇开大瓶，盆中为吾取。……朝来偶然出，自卯将及酉。……高声索果栗，欲起时被肘。指挥过无礼，未

觉村野丑。月出遮我留，仍嗔问升斗。"（杜甫《遭田家泥饮美严中丞》）

同样，乡村亲情也是从日常生活的和睦相处中一丝丝透露出来的，既有长辈对晚辈的疼爱："皤腹老翁眉似雪，海棠花下戏儿孙"（滕白《题文川村居》），"昼引老妻乘小艇，晴看稚子浴清江"（杜甫《进艇》）；又有夫妻之间的融洽和默契："秋浦田舍翁，采鱼水中宿。妻子张白鹇，结罝映深竹"（李白《秋浦歌》其十六），"老妻画纸为棋局，稚子敲针作钓钩"（杜甫《江村》）；还有同辈间的慰藉和同情："仲夏日中时，草木看欲焦。田家惜工力，把锄来东皋……归来悲困极，兄嫂共相饶。"（储光羲《同王十三维偶然作》其一）

最生动的是乡村青年男女的爱情，特别是少女少妇的微妙朦胧的爱恋心理，在唐诗中常有展现。

爱美，是女人的天性。尤其是少女，更是如此。王维《莲花坞》："日日采莲去，洲长多暮归。弄篙莫溅水，畏湿红莲衣。"采莲的少女"畏湿红莲衣"的描写很生动。劳动妇女不是不爱美，只是难得有闲暇。如施肩吾《江南织绫词》："卿卿买得越人丝，贪弄金梭懒画眉"，懒画眉的原因是"贪弄金梭"；再如王建《雨过山村》："雨里鸡鸣一两家，竹溪村路板桥斜。妇姑相唤浴蚕去，闲着中庭栀子花"，村中女伴都去浴蚕了，庭院中开得正盛的栀子花也无人欣赏了，言外之意，平日得闲，"妇姑"们常聚集于栀子花下，一边赏花，一边做女红、聊情事。

少女的美丽和妩媚，总能引来小伙子们的驻足观赏。李白《采莲曲》：

> 若耶溪傍采莲女，笑隔荷花共人语。日照新妆水底明，风飘香袂空中举。

岸上谁家游冶郎，三三五五映垂杨。紫骝嘶入落花去，
　见此踟蹰空断肠。
乡村少女采莲，泛舟若耶溪。爱美的姑娘们特意穿上新衣服，
打扮得漂漂亮亮的。轻风吹袖，笑语盈盈。惹得岸上少年，
三三五五，躲在树后观赏。少女们呢？她们注意到了有人偷窥
吗？当然看到了。不但看到了，那些小伙子们的离开，又让她
们惆怅不已。

少女们到了情窦初开的年龄，总有一些细小的隐秘心思。
陈去疾《采莲曲》："粉光花色叶中开，荷气衣香水上来。棹响
清潭见斜领，双鸳何事亦相猜？"其实，不是双鸳猜人，而是人
见双鸳动了心思。陈陶《续古二十九首》其二十四："婵娟越机
里，织得双栖凤。慰此殊世花，金梭忽停弄。"少女一边纺织，
一边欣赏自己的得意之作，忽然她停住了织梭，原来是看到了
"双栖凤"。储光羲《江南曲四首》其二："逐流牵荇叶，缘岸摘
芦苗。为惜鸳鸯鸟，轻轻动画桡。"女孩子见了双宿双栖的鸳鸯
鸟，不忍心惊动它们，轻轻地把小船划开了。善良的女孩在想
些什么呢？

女孩的心思最难猜。鲍溶《越女词》："越女芙蓉妆，浣
纱清浅水。忽惊春心晓，不敢思君子。君子纵我思，宁来浣溪
里？"诗中的这个少女春心萌动，但又相当矜持，她努力地克制
自己"不敢思君子"，但她的心理又是很矛盾的：也或许那个小
伙子对我有心吧？可是，我还是别想了吧。就是我再想，人家
不到我洗衣服这里来，又有什么用呢？白居易《采莲曲》：
　　菱叶萦波荷飐风，荷花深处小船通。逢郎欲语低头笑，
　碧玉搔头落水中。
这首诗描写的是一位采莲姑娘腼腆的情态和羞涩的心理。采莲

姑娘遇到自己心仪的小伙子，正想说话却又怕人笑话而止住，羞涩得在那里低头微笑，不想一不小心，头上的碧玉簪儿落入水中。少女欲语低头的羞涩神态，总能给人留下深刻的印象。李白《越女词五首》其三："耶溪采莲女，见客棹歌回。笑入荷花去，佯羞不出来。"少女见有人在看自己，就掉过船头避开，但诗人看得出来，少女是"佯羞"，否则为什么又笑又歌呢，还不是要吸引人的注意？

女孩的心思不难猜。女孩的矜持，大多是她们不清楚男孩子是否对她真心爱慕。刘禹锡《竹枝词》："杨柳青青江水平，闻郎江上唱歌声。东边日出西边雨，道是无晴还有晴。"究竟无情还是有情，真让人费尽心思，莫知所从。

女孩有办法。张祜《拔蒲歌》："拔蒲来，领郎镜湖边。郎心在何处，莫趁新莲去。拔得无心蒲，问郎看好无？"这个女孩子，为了考验男孩的心思，拔了一棵无心的蒲草来试探他。再看崔颢的《江南曲》：

> 君家何处住，妾住在横塘。停船暂借问，或恐是同乡。
> 家临九江水，来去九江侧。同是长干人，自小不相识。

这几句小诗，全是女孩的话语，诗人省略去了男孩的回答。女孩先是小心地和男孩搭讪：你家住哪儿？不等男孩回答，她就自报家门"妾住在横塘"，还特意停下船来，揣测着对男孩说我们可能是同乡。后段男孩的答语果然证实，两人"同是长干人"。但他们还是为"自小不相识"而唏嘘不已，大有相见恨晚之意，一段优美的爱情或许就能由此开始。

唐代的乡村女子，可不是"养在深闺人未识"。殷英童《采莲曲》："荡舟无数伴，解缆自相催。汗粉无庸拭，风裙随意开。棹移浮荇乱，船进倚荷来。藕丝牵作缕，莲叶捧成杯。"从"汗粉无庸拭，风裙随意开"我们自可看出她们没有做作忸怩之态，是一群纯真无邪、开朗大方的少女。由于她们经常劳作在外，与男子的接触机会比较多，所以有的女子，就比较胆大一些，遇到心仪的小伙子，或许还能"主动出击"。如皇甫松《采莲子》：

> 船动湖光滟滟秋，贪看年少信船流。无端隔水抛莲子，遥被人知半日羞。

少女见到了一个美少年，看得如呆似痴，也顾不得划桨了，任船漂流。她隔着水把莲子（"怜子"之意）抛向了自己的意中人，却不料被人远远地看到了，羞得这个少女半日都不敢抬头。有的女子就更大方一些。如储光羲《江南曲四首》其三："日暮长江里，相邀归渡头。落花如有意，来去逐船流。"又如丁仙芝《江南曲》："长干斜路北，近浦是儿家。有意来相访，明朝出浣纱。"再如陆龟蒙《南塘曲》："妾住东湖下，郎居南浦边。闲临烟水望，认得采菱船。"还有徐彦伯《采莲曲》："妾家越水边，摇艇入江烟。既觅同心侣，复采同心莲。"从这些诗句可以看出，唐代乡村的青年男女们天真活泼，对美好的爱情有着大胆炽热的追求。

已婚的乡村妇女，反而比较持重矜持。如李白《湖边采莲妇》："小姑织白纻，未解将人语。大嫂采芙蓉，溪湖千万重。长兄行不在，莫使外人逢。愿学秋胡妇，贞心比古松。"诗中的这个少妇，忠于爱情，谨于容止。但唐代的村妇，对于丈夫，则是充满爱昵，不曾拘谨。王昌龄《越女》："越女作桂舟，还将桂为楫。湖上水渺漫，清江不可涉。摘取芙蓉花，莫摘芙蓉叶。将归问夫婿，颜色何如妾？"诗中的少妇，显然是在同她的丈夫撒娇取宠。有时，村妇的丈夫外出服劳役或者兵役，她们也百般挂念。王勃《采莲曲》："塞外征夫犹未还，江南采莲今已暮……不惜西津交佩解，还羞北海雁书迟……共问寒江千里外，征客关山路几重。"这是写采莲少妇的思亲念远。李白《乌夜啼》诗："停梭怅然忆远人，独宿孤房泪如雨。"温庭筠《杨柳枝》："织锦机边莺语频，停梭垂泪忆征人。塞门三月犹萧索，纵有垂杨未觉春。"都是写织妇对丈夫的挂念。

但是，对纯真美好的爱情的追求，有时也无可奈何于现实生活的严酷。唐代中后期经济逐渐衰落，男家选妇重财的特点比较突出。王周《道中未开木杏花》：

> 粉英香萼一般般，无限行人立马看。村女浴蚕桑柘绿，枉将颜色忍春寒。

那么多的人在赏花，可是浴蚕的村女不明白，这些"一般般"的花有什么特别的，竟吸引"无限行人立马看"，他们怎么忍心让我这个穿着桑柘绿裙的美女独立于寒风之中呢？难道就是因为我是个浴蚕的贫家村女？再看王岩的《贫女》：

> 难把菱花照素颜，试临春水插花看。木兰船上游春子，笑指荆钗下远滩。

贫女家穷，买不起首饰，所以才照水插花，不想却引来了富家子弟的嘲笑。白居易《秦中吟·议婚》把两个贫富不同出身的女子做了对比：

> 天下无正声，悦耳即为娱。人间无正色，悦目即为姝。颜色非相远，贫富则有殊。贫为时所弃，富为时所趋。红楼富家女，金缕绣罗襦。见人不敛手，娇痴二八初。母兄未开口，已嫁不须臾。绿窗贫家女，寂寞二十余。荆钗不直钱，衣上无真珠。几回人欲聘，临日又踟蹰。主人会良媒，置酒满玉壶。四座且勿饮，听我歌两途。富家女易嫁，

140

> 嫁早轻其夫。贫家女难嫁，嫁晚孝于姑。闻君欲娶妇，娶妇意何如。

可见，贫女难嫁，在当时已经是一个值得注意的社会问题。有的贫家女子甚至不得不求人说媒。李山甫《贫女》诗："平生不识绣衣裳，闲把荆钗亦自伤。镜里只应谙素貌，人间多自信红妆。当年未嫁还忧老，终日求媒即道狂。两意定知无说处，暗垂珠泪湿蚕筐。"求媒，对于女子来说，是羞于启齿的事情。所以，也有的女子就决意终老不嫁。如秦韬玉《贫女》："蓬门未识绮罗香，拟托良媒益自伤。谁爱风流高格调，共怜时世俭梳妆。敢将十指夸针巧，不把双眉斗画长。苦恨年年压金线，为他人作嫁衣裳。"

还真得感谢唐代这些诗人们，为我们留下来这么多形象而生动的唐代乡村生活画面，让我们今天还能通过这些画面，去了解那时普通民众的劳动、生活和情感。

少年辛苦终身事，莫向光阴惰寸功

——唐代的教育习俗

窗竹影摇书案上，野泉声入砚池中。少年辛苦终身事，莫向光阴惰寸功。

这是唐代诗人杜荀鹤的一首劝学诗《题弟侄书堂》。杜荀鹤自幼好学，勤奋刻苦，历经艰辛，终成才华出众的诗人，名列于后人编纂的《唐才子传》。他以自己的学习经历，勉励后学少年珍惜光阴，立志成材。

一、望子成龙：休觅彩衣轻

唐代还有很多学者、诗人，都像杜荀鹤一样，对于少年儿童的学习和教育非常重视。比如，杜甫教育儿子就是这样。他的小儿子宗武（乳名"骥子"）还在襁褓的时候，他就开始进行启蒙教育了："骥子好男儿，前年学语时。问知人客姓，诵得老夫诗。"（《遣兴》）后来安史之乱后，杜甫携家辗转漂泊，两个儿子的学业稍有松懈，杜甫不胜唏嘘："失学从儿懒，长贫任妇愁。"（《屏迹三首》其三）字里行间透露出杜甫对于家教松懈的深切自责。他教育孩子"熟精《文选》理，休觅彩衣轻"（《宗武生日》），望子成才的心情是十分迫切的。

"知识改变命运"，这是当今社会比较流行的一句话。大约唐人也非常认可这一观点。韩愈有一首诗《符读书城南》，是写给他刚刚入学读书的儿子的：

> 木之就规矩，在梓匠轮舆。人之能为人，由腹有诗书。诗书勤乃有，不勤腹空虚。欲知学之力，贤愚同一初。由其不能学，所入遂异闾。两家各生子，提孩巧相如。少长聚嬉戏，不殊同队鱼。年至十二三，头角稍相疏。二十渐乖张，清沟映污渠。三十骨骼成，乃一龙一猪。飞黄腾踏去，不能顾蟾蜍。一为马前卒，鞭背生虫蛆。一为公与相，潭潭府中居。问之何因尔，学与不学欤。金璧虽重宝，费用难贮储。学问藏之身，身在则有余。君子与小人，不系父母且。不见公与相，起身自犁锄。不见三公后，寒饥出无驴。文章岂不贵，经训乃菑畬。潢潦无根源，朝满夕已除。人不通古今，马牛而襟裾。行身陷不义，况望多名誉。时秋积雨霁，新凉入郊墟。灯火稍可亲，简编可卷舒。岂不旦夕念，为尔惜居诸。恩义有相夺，作诗劝踟蹰。

"符"是韩愈长子韩昶的乳名。韩愈送儿子到城南读书时，就写了这首诗训导他。因为是教导小孩的，韩愈此诗写得较为直白通俗。在韩愈看来，"人之能为人，由腹有诗书"。而只有勤奋才会获得知识。小时候，人的贤愚是一样的，后来的差别都是读书造成的。为了说明这一道理，韩愈举了一个浅显易懂的事例：两家各生一个孩子，小时一样乖巧，玩耍起来像池塘里的一群鱼，没有什么区别，二十岁时差别已十分明显，到三十岁，则差别更大，"乃一龙一猪"，一个是备受欺凌的奴仆，一个是高高在上的达官贵人。而这一切的根源，就在于"学与不学"。有人说，韩愈在诗中宣扬"不读书受苦，读书就享福"，显示了赤裸裸的功利主义的读书目的，是应该批判的。但是，倘若以唐代的社会文化背景来做分析，此诗倒是如实反映了当时唐人的普遍社会心理和读书价值观。韩愈断言"学问藏之身，身在则有余"，把人之成才与否归结为后天的努力与否上，正反映出唐人不重门阀、积极进取、力争有为的精神风貌。

唐代也有些人乐于以自己的成就，作经验之谈，来训导子弟读书。如白居易《狂言示诸侄》说："世欺不识字，我忝攻文笔。世欺不得官，我忝居班秩。"韩愈《示儿》："始我来京师，止携一束书。辛勤三十年，以有此屋庐。此屋岂为华，于我自有余。中堂高且新，四时登牢蔬。"都是以自己因读书而得官，或因读书而富足，来劝勉、教诲子侄勉力向学的。

唐代韦嗣立在《请崇学校疏》中谈到："八岁入小学，十五入太学，春秋教以礼乐，冬夏教以诗书。是以教洽而化流，行成而不悖。故自天子至于庶人，未有不须学而成者也。"唐人为求取功名，从孩童始即致力于读书。那么，他们读书的地点和方式又是什么样子呢？

总的说来，唐代的教育包括官学和私学两类。官学又有中央官学和设置于各州、县的地方官学。

二、唐代的中央官学：六学二馆

唐初，中央官学教育比较发达。中央主要是"六学二馆"，即国子学、太学、四门学、律学、书学、算学和弘文馆、崇文馆。中央官学有以下特点：

一、唐代中央官学"六学"在设立时带有非常明显的等级特征，即各种中央官学对入学人数、入学资格都有较为严格的规定，招生对象随等级的不同而不同。这些学校，等级越高，名额越少，等级低些，名额渐次增多。

二、国子学地位最高，"六学"多隶属于国子监。国子监学生由尚书省选送。

三、弘文馆、崇文馆是高于"六学"的贵族学校，只有皇帝、皇太后近亲及宰相等一品功臣子弟才能入学。（参见《新唐书》卷三十四《选举志上》）

"六学二馆"的在学者，大都是年龄在 14 至 19 岁的青少年学生，只有律学规定为 18 至 25 岁。中央和地方的官学学生在入学时要交学费，还保留着行束脩礼的礼俗："国子太学各绢三匹，四门绢一匹……州县各绢一匹，皆有酒脯。其束脩，三分入博士，二分入助教。"（《令入学行束脩礼敕》）学生的学费有一半是作为老师的工资或奖金的。

为了适应于学生的学业专长，"六学二馆"的教学内容具有一定的可选择性。国子学、太学、四门学的教学方式相同。《孝经》《论语》是必修课，学制一年。另外设置大经（《礼记》《春秋左氏传》）、中经（《诗》《周礼》《仪礼》）、小经（《易》《尚书》《春秋公羊传》《春秋穀梁传》）为选修课。选修课的学制是：小经（除《易》外）各一年半；《易》和中经各两年；大经各三年。只有通二中经（通大经、小经各一也可）、通三经（大经、中经、小经各一）、通五经（大经皆通，余经各一）者，才允许毕业。书学、算学的情况是：学书者除学习石经三体与《说文》《字林》《尔雅》等专业课，还要"日纸一幅"，进行练习，此外还要学习时务策、读《国语》等以提高知识水平。学算者，要学习《孙子算经》《五曹算经》《九章算术》《海岛算经》《张丘建算经》《夏侯阳算经》《周髀算经》《五经算术》《缀术》《缉古算经》（合称"算经十书"）和《数术记遗》《三等数》等算学书籍。

"六学二馆"的日常管理制度也比较明确。学校每十天放假一天，是为旬假。每年还有两次较长假期，一次在五月，称为"田假"，一次在九月，称为"授衣假"，各十五日，让学生回乡省亲，路程如超过二百里，则按远近酌加路程假。如果不按规定日期返回学校，或者一年中旷课累计满三十日，请事假超过一百日，请病假超过二百日，都予以退学处分。

"六学二馆"的考试制度也很明确。每个旬假放假前先考试，考背诵和讲解，不及格者则予以处罚。学年结束后，有期末考试。在一年所学的全部课程中，问大义十条，答对八条的为上等，答对六条的为中，答对五条以下的为下等。如果三次考下等，或者在学九年还不符合举送参加科举考试的标准者，则勒令退学。毕业考试，以通两经为基数，由国子监组织考试，合格者送尚书省参加科举考试。国子学、太学、四门学因当时科举考试中有通五经、三经、二经三个科目，学生如果已通二经、三经，还愿意继续学习者，可以提升一级学习以作鼓励，即四门学生补太学，太学生补国子学。

唐代的中央官学"六学二馆"在唐初就开始设立了。武德元年（618），唐政府就下令京都设国子学、太学、四门学。贞观年代，大量兴办学校，京都弘文馆、崇文馆都是此时创建，国子监也增置书学、算学，后又加置律学，学生数量猛增，加上邻国派遣的留学生，六学二馆共计八千多人，唐代官学达到极盛。自唐高宗显庆末（661）至武周长安四年（704），是武则天执政时期。这四十多年中，官学开始走向衰微。嗣圣元年（684），陈子昂上《谏政理书》，说当时的情况是："堂宇荒秽，殆无人踪，诗书礼乐，罕闻习者。"圣历二年（699），韦嗣立上《请崇学校疏》，说："国家自永淳已来，二十余载，国学废散，胄子衰缺，时轻儒学之官，莫存章句之选。"张说在景云二年（711）所作《上东宫请讲学启》中也说"今礼经残缺，学校凌迟，历代经史，率多纰缪"，所以他"伏愿崇太学，简明师，重道尊儒，以养天下之士"。

唐玄宗为了恢复发展官学，施行了一些改革措施。可玄宗的改革措施仅仅推行了两年，还来不及走向规范，就因安史之乱而匆匆作罢了。

安史之乱又使得唐代官学迅速衰微。代宗宝应二年（763），贾至说："今西京有太学，州县有小学；兵革一动，生徒流离；儒臣师氏，禄廪无由；贡士不称行实，胄子何尝讲习。"（《旧唐书》卷一百九十《贾至传》）这实际道出了安史之乱后官学衰微的原因和情状。所以贾至主张恢复官学，尊崇学校。虽然诸臣也认为贾至说得有道理，但他的建议并未马上实行，当年的选举仍然以乡贡为主。与贾至友善的杜甫，观点与贾至是相近的。他在《题衡山县文宣王庙新学堂呈陆宰》诗中感慨"金甲相排荡，青衿一憔悴。呜呼已十年，儒服敝于地。征夫不遑息，学者沦素志"的现实局面，提出"周室宜中兴，孔门未应弃"，对于衡山县令立学堂一事大加褒扬，说"衡山虽小邑，首唱恢大义"，力图"高歌激宇宙，凡百慎失坠"。

中唐时期，官学凋敝更甚。唐德宗年间李观所上《请修太学书》说："在昔学有六馆，……今存者三，亡者三。"还记载："博士、助教锄犁其中，播五稼于三时，视辟雍如农郊，堂宇颓废，磊砢属联。"很显然，唐朝最高学府里的教授们由于没有受到政府的重视与拨款，索性把太学当成了农场。宪宗元和八年（813），进士舒元舆曾写了《问国学记》，叙述自己到中央官学参观的情况。他说自己到太学后，看到人去堂虚，院子里被人种满了蔬菜。屋子里也没有座椅，只有"苔草没地"。官学凋敝的情况，一直持续至晚唐，以至于有些官员实在看不下去了，倡导把百官的俸禄捐献出一点儿来助修国学。

三、日见凋敝的唐代的地方官学

唐朝地方兴办的学校，有官学，也有私学。一般说来，唐朝设置在州、县一级的，多是地方官学。按《新唐书》卷三十四《选举志上》，唐政府规定地方官学的学生数额：京都学生八十人；在地方，大的州府各六十人，中等的州府各五十人，较小州府四十人；京县五十人，大县四十人，中县三十五人，下县二十人。

地方官学开始时也有较为严格的纪律规定和奖惩政策。《全唐文》卷四百三十八冯伉《科处应解补学生奏》：

> 国家崇儒，本于劝学。既居庠序，宜在交修。其有艺业不勤、游处非类、樗蒲六博、酗酒喧争、凌慢有司、不修法度，有一于此，并请解退。又有文章帖义不及格、限频经五年不堪申送者，亦请解退。

对于成绩优异的学生，地方则可以保送入中央官学。中央官学因为贡举及第或辞退学生出现空缺时，便由地方学生补充。

仅从唐朝政府的有关规定来看，唐代地方学校的设置似乎已很规范，但实际的情况远非如此。实际上，由于资金筹措、师资配备、校舍兴建等诸多方面的困难，唐代地方学校远未达到政府的相关要求。曾有学者对唐代太湖地区的官学进行考察后发现：唐前期，太湖地区州县学校绝大多数没有建立起来，乡里学校更不见记载①。苏、湖、常三州安史之乱以前只有湖州一州有州学的较详细的文字记载，说唐初置孔子庙附有学堂，"置经学博士、助教、生员六十员"。而在天宝中，"诏废，惟留补州助教一人、学生二人，备春秋二社岁赋乡饮酒而已"。苏、湖、常三州所属 17 个县中，在安史之乱前有县学记载的，也只有苏州昆山一县，后来"以兵火废"。苏、湖、常三州在当时是比较富庶的地方，当地政府还不能对兴办学校提供足够的资金支持，其他一些地方的办学情况也就可想而知了。很多州县即使在和平时期也有相当长的时间没有学校，自然也就谈不上有学生了。据《封氏闻见记》所记，到玄宗时，州县之学已经"绝无举人"了。

唐代官学教师这一职位也被士人所轻视。宋敏求《唐大诏令集》卷一百五《求儒学诏》载，时人"谓儒官为冗列，视之若遗"。杜甫的好友郑虔曾官广文馆博士，待遇很差，于是杜甫代他鸣不平："诸公衮衮登台省，广文先生官独冷。甲第纷纷厌粱肉，广文先生饭不足。"（《醉时歌》）中央官学的教师尚且如此，地方州县的教师待遇就更差了。《封氏闻见记》卷一："国朝以来，州县皆有博士，县则州补，州则吏曹授焉。然博士无吏职，唯主教授，多以醇儒处之。衣冠俊义，耻居此任。"看来，如果不是以弘扬道义为己任的"醇儒"，是没有人愿意作州、县官学的教师的。而且，唐朝政府在有学校的地方州、县里，似乎也并没有专职分管教育的机构和人员。韩愈在潮州兴学时，州里没有主管教育的官员，韩愈只好先请一位叫赵德的县尉来

---

① 顾向明：《唐代太湖地区官学考析》，《临沂师范学院学报》2003 年第 1 期。

代管。

以上可见州、县官学凋敝的大概情况。

四、蒙学性质的乡里村学

唐代设在县下的乡学，大多不是官学，而是私学性质或半私学性质的学校。

唐高祖武德七年（624），下《兴学诏》，诏诸"州县及乡里，并令置学"（《唐大诏令集》卷一百五）。唐玄宗开元二十六年（738）敕："古者乡有序，党有塾，将以弘长儒教，诱进学徒，化人成俗，率由于是。其天下州县，每乡之内，各里置一学，仍择师资，令其教授。"（《唐会要》卷三十五）天宝三载（744），又下诏，要"乡学之中，倍增教授；郡县官长，明申劝课"。这些都说明从唐代开国之始，到安史之乱前的正常社会状态下，不但有州县官办的学校，还有乡里村学的设置。

这些乡里村学，有一些是富裕之家兴建以专门教育本家族子弟的。元稹幼年丧父，家境困窘，靠"母兄乞丐以供资养"，他看到邻居家的儿童"有父兄为开学校"，但自己"幼学之年，不蒙师训"（元稹《同州刺史谢上表》），很是伤感。

也有的是官员致仕或归乡时捐资兴办的。如《旧唐书》卷一一三《苗晋卿传》载，苗晋卿在天宝年间（742—756）归乡里时，"出俸钱三万为乡学本，以教授子弟"。

还有的是官员改造废旧的寺庙、祠堂等而为学校的。如《唐会要》卷三十五《学校》云："贞元三年正月，右补阙宇文炫上言：请京畿诸县乡村废寺，并为乡学。"诏许之。

在乡学读书的子弟生徒，也有成绩优异者。卢藏用《陈子昂别传》说陈子昂"始以豪家子驰侠使气，至年十七八，未知书。尝从博徒入乡学，慨然立志，因谢绝门客，专精坟典。数年之间，经史百家，罔不该览，尤善属文，雅有相如、子云之风骨。初为诗，幽人王适见而惊曰：'此子必为文宗矣。'年二十一，始东入咸京，游大学，历抵群公，都邑靡然属目矣，由是为远近所籍甚。"陈子昂经过三四年的乡学苦读，竟能从"未知书"到被人许以文宗，可见有的乡学是大有益于士子的学业长进的。

但并非所有的乡学都有很好的教学条件和良好的师资。对于乡里村学，唐朝政府只给政策支持，而经费和师资似乎都要由各地自行筹措解决。所以，乡学的办学条件往往很差。《因话录》卷六《羽部》"窦相易直"条："窦相易直，幼时名秘，家贫，受业村学。教授叟有道术，而人不知。一日近暮，风雨暴至，学童悉归家不得，而宿于漏屋之下。寒，争附火……"可见村学校舍是多么破烂不堪。校舍尚且如此简陋，村学教师的穷困，更是不言而喻。《太平广记》卷三百九"蒋琛"条："雩人蒋琛精熟二经，常教授于乡里。每秋冬于雩溪太湖中流设网罟以给食。"这位蒋老师如果不去打鱼，恐怕吃饭都要成问题。《玄怪录》卷二"齐饶州"条讲，村学校舍为"草堂"，该村学的田先生有时需要"转食"，"少求食于牧竖"，这是真的要饭了。由上可以看出，乡学教师居住条件恶劣、待遇菲薄，很难维持生活，或者仅能勉强糊口。在这样的条件下，而能有高质量的教学效果的，委实不多。

乡里村学的教学内容，对于年龄较小的乡童，要从蒙童读物教起。首先，要解决"句读之不知"的问题，如学习《千字文》《开蒙要训》《俗务要名林》等以掌握一般的文字知识。其他，如以《太公家教》教孩子们一些基本的伦理道德规范；以《蒙求》教孩子们一些典章制度、重要典故；以《兔园册府》等仿照科举考试的形式做模拟训练等。唐时科举还专设童子科。童子科是常科科目中的一个小科目，招举面向年幼、聪慧的童子。唐初规定："凡童子科，十岁以下能通一经及《孝经》《论语》，卷诵文十，通者予官；通七，予出身。"（《新唐书·选举志上》）唐宣宗大中十年（856），因诸道所荐送童子有许多年超过了规定年龄，所以又将年龄放宽到十二岁以下。故乡童中有学业极为优异者，有机会举童子科。

对于掌握了基本知识的学生，乡学则主要教习他们儒家经籍、名家诗文等。《新五代史·梁太祖本纪上》载，朱温的父亲朱诚"以《五经》教授乡里"。这里的《五经》当是贞观中孔颖达等人奉敕所修撰的《五经正义》。当代名家的诗文，也是乡校非常重要的教学内容。白居易在《与元九书》中说："自长安抵江西三四千里，凡乡校、佛寺、逆旅、行舟之中，往往有题仆诗者；士庶、僧徒、孀妇、处女之口，每每有咏仆诗者。"元稹作《白氏长庆集序》曰："予尝于平水市中，见村校诸童竞习歌咏。召而问之，皆对曰：先生教我乐天、微之诗。"唐人皮日休《伤严子重》序云："余为童在乡校时，简上抄杜舍人牧之集，见有与进士严恽诗。"可见，当时，成名的诗人如白居易、元稹、杜牧等人的诗作，也成了乡校村学的教材。

五、唐代士人的自学与切磋

乡里村学，大多为乡童识句读、明常识、粗通文理而设。如果家里有条件读书，士子们则更多地选择在家自学。因为学习诗赋并不像学习经书那样需要指点讲解，而是在很大程度上靠学习者自己的揣摩、仿效，心思灵秀者自能成才。韩愈《答崔立之书》：

> 及来京师，见有举进士者，人多贵之，仆诚乐之，就
> 求其术，或出礼部所试赋诗策等以相示，仆以为可无学而
> 能，因诣州县求举。

韩愈得知考进士须考诗赋，就认为"可无学而能"，认为没有什
么了不起，于是满怀信心地去应试了。韩愈说自己"生七岁而
读书，十三而能文，二十五而擢第于春官，以文名于四方"（《与
凤翔刑尚书书》）。韩愈是怎样学习，以至于这样迅速成才的
呢？其实韩愈早年的身世经历坎坷，成才全靠自己的勤苦自学。
李汉《唐吏部侍郎昌黎先生讳愈文集序》说韩愈："幼孤，随兄
播迁韶岭。兄卒，鞠于嫂氏。辛勤来归。自知读书为文，日记
数千百言。比壮，经书通念晓析，酷排释氏。诸名百子，皆搜
抉无隐。"皇甫湜《韩文公神道碑》也说韩愈："七岁属文，意
语天出，长悦古学，业孔子、孟轲，而侈其文。"二文所言"自
知读书为文"，"意语天出"，即韩愈自学成才的明证。

像韩愈这样，在家自学，感觉火候已到就去应考，是当时
一般举子的习惯做法。韩愈《进士策问》："今之举者，不本于
乡，不序于庠，一朝而群至乎有司，有司之不之知也宜矣。"这
是说，当时不通过学校的自学已成风气，也就难怪当时官学的
花名册中没有这些应举者的名字了。

士子自学成才，是唐人最为重要的教育形态之一。士子们
在能够识文断字、粗解文义后，往往独立研读经史著作，写作
诗赋文章，或交游切磋以资长进。唐代的进士、学者、诗人，
大都有自学经历。除韩愈外，我们再来看几位唐代著名诗人的
情况：

李白自叙其"五岁诵六甲，十岁观百家"（《上安州裴长史

书》），"十五观奇书，作赋凌相如"（《赠张相镐》），"三十成文章"（《上韩荆州书》）。由此可知李白在青少年时代，曾经有很长的一段时间，进行过刻苦勤奋的自学。

杜甫《壮游》自述："七龄思即壮，开口咏凤凰。九龄书大字，有作成一囊"，又说："脱略小时辈，结交皆老苍。"可见杜甫也经历了少年自学，并自觉与年长者切磋学习的过程。

白居易也是典型的自学成才者。白居易《与元九书》自言其少年自学之甘苦："及五六岁，便学为诗，九岁谙识声韵。十五六，始知有进士，苦节读书。二十已来，昼课赋，夜课书，间又课诗，不遑寝息矣。以至于口舌成疮，手肘成胝，既壮而肤革不丰盈，未老而齿发早衰白。瞥瞥然如飞蝇垂珠在眸子中者，动以万数，盖以苦学力文所致。"明确地讲自己是通过自学成才的。

唐代还有一些士人，或隐居山林，或寄宿寺庙、道观以读书自学。兹举数例：

李白出蜀前，曾隐于大匡山读书，并与赵蕤切磋。《唐诗纪事》卷十八引宋杨天惠《彰明逸事》称：李白"隐居戴天大匡山，往来旁郡，依潼江赵征君蕤，亦节士，任侠有气，善为纵横学，著书号《长短经》。太白从学岁余。……今大匡山犹有读书台"。

岑参作于天宝二年（743）的《感旧赋并序》叙其早年经历："五岁读书，九岁属文，十五隐于嵩阳，二十献书阙下……荷仁兄之教导，方励己以增修。无负郭之数亩，有嵩阳之一丘。"从文中所叙可知，岑参于十五至二十岁之间（即开元十七至二十二年）隐于嵩山之阳，刻苦自修。曾读书嵩山的，还有刘长卿、孟郊、崔曙、张谓等。

　　庐山风景秀美，也是个读书的好去处，所以唐代也多有士子隐居庐山读书。如李端、杜牧、温庭筠、杜荀鹤等诗人都有读书庐山的经历。

　　一些寺庙、道观会对寒门士人提供免费的膳食与住宿，所以也往往吸引他们前来读书。唐相李绅少时家境贫寒，曾经苦读于无锡惠山寺。其《忆题惠山寺书堂》诗写其重过惠山寺书堂的感受："故山一别光阴改，秋露清风岁月多。松下壮心年少去，池边衰影老人过。"惠山寺今有李绅读书台。惠山寺风景之秀美怡人，可从李绅《别石泉》序见其一斑："在惠山寺松竹之下，甘爽，乃人间灵液。清澄鉴肌骨，含漱开神虑。"在这样的环境下读书，当是十分惬意的。

　　士子们在山林、寺庙和道观进行自学，徜徉于山林清幽明秀的景色之间，陶醉于安宁和谐的环境氛围之中，有利于他们陶冶情趣，培养审美趣味。皎然《送裴秀才往会稽山读书》："一身赍万卷，编室寄烟萝。砚滴穿池小，书衣种楮多。吟诗山响答，泛瑟竹声和。鹤板求儒术，深居意若何。"正是对读书山林者心绪的传神写照。

　　"独学而无友，则孤陋而寡闻。"士子们懂得这个道理，所以他们在读书自学的同时，也经常以文会友，相互切磋诗艺文章。竹溪六逸、大历十才子等，都是歌诗唱和的诗人群落。张籍《逢王建有赠》："新作句成相借问，闲求义尽共寻思。"卢纶《宴赵氏昆季书院因与会文并率尔投赠》："诗礼挹余波，相欢在琢磨。"都写出了文友间切磋带给彼此的收益和快乐。白居易《醉后走笔酬刘五主簿长句之赠兼简张大贾二十四先辈昆季》："刘兄文高行孤立，十五年前名擅习。是时相遇在符离，我年二十君三十。得意忘年心迹亲，寓居同县日知闻。衡门寂寞朝寻我，古寺萧条暮访君。朝来暮去多携手，穷巷贫居何所有。秋灯夜写联句诗，春雪朝倾暖寒酒。……张贾弟兄同里巷，乘闲数数来相访。雨天连宿草堂中，月夜徐行石桥上。"写的是白居易青年时期与刘、张、贾诸人唱和交游的经过。他们秋夜联句，赋诗赠别，切磋锻炼，情谊深厚。

大批士子经过刻苦的诗文锻炼，认真的切磋探讨，深刻挖掘出了个体潜在的创作能力，从而提高了社会整体的诗文创作水平。《新唐书·艺文志一》："历代盛衰，文章与时高下。……而藏书之盛，莫盛于开元，其著录者，五万三千九百一十五卷，而唐之学者自为之书者，又二万八千四百六十九卷。呜呼，可谓盛矣！"唐人自撰之书达到著录书籍总数的一半以上，这实际上正是唐代教育注重自学和切磋这一特有的教育方式所结出的文化硕果。

六、唐人读书倾向：重文学轻经史

唐代科举诸科，以进士科最为尊贵。五代王定保《唐摭言·试杂文》说："进士科……至调露二年，考功员外刘思立奏请加试帖经与杂文，文之高者放入策。寻以则天革命，事复因循。至神龙元年（705），方行三场试，故常列诗赋题目于榜中矣。"调露二年亦即唐高宗永隆元年（680），唐高宗曾下诏："自今已后，考功试人，……进士试杂文两首，识文律者，然后并令试策……即为常式。"（《严考试明经进士诏》，《全唐文》卷十三）进士考杂文，就是考文学。清朝学者徐松在考证唐代科举制的著作《登科记考》中说："按杂文两首，谓箴、铭、论、表之类，开元间始以赋居其一，或以诗居其一，亦有全用诗赋者，非定制也。杂文之专用诗赋，当在天宝之季。"他认为，专以诗赋取士，开始于唐玄宗年间。

其实，箴、铭、论、表之类，也属于文学范围。唐玄宗前，有时也考诗赋。如武则天垂拱元年（685），吴师道、颜元孙等二十七人进士及第，当时的试题就是《九河铭》《高松赋》（颜真卿《朝议大夫守华州刺史上柱国赠秘书监颜君神道碑铭》）。唐杜佑《通典》卷十五《选举三》：

> 太后颇涉文史，好雕虫之艺，永隆中始以文章选士。及永淳之后，太后君临天下二十余年，当时公卿百辟无不以文章达，因循遐久，浸以成风……故太平君子唯门调户选，征文射策，以取禄位，此行己立身之美者也。父教其子，兄教其弟，无所易业，大者登台阁，小者仕郡县，资身奉家，各得其足，五尺童子，耻不言文墨焉。是以进士为士林华选，四方观听，希其风采，每岁得第之人，不浃辰而周闻天下。

这里透露了两个重要信息：一是以诗赋文章取士，早在武则天执政时；二是士人学习多于家中，"父教其子，兄教其弟"。杜佑是本朝人，所言必有据。如此，徐松诗赋取士始于玄宗之说，就值得商榷了。

可以肯定的是："开元以后，四海晏清，士无贤不肖，耻不以文章达。"（《通典》卷十五《选举三》）唐玄宗后，进士取士专以诗赋，成为定制，而帖经只作参考。所以，士子们也就不愿意到官学研习经书，专以治"九经"为务的唐代官学日渐衰微，而乡里村学以及个人自学者，更加看重诗赋。

以"事出于沉思，义归乎翰藻"为选录标准的《文选》，是唐代士子们学习文学的良好范本。李善为其作注后，影响更大，号为"《文选》学"。杜甫《宗武生日》诗教育其子"熟精《文

《选》理，休觅彩衣轻"。李德裕也曾对唐武宗说："臣祖天宝末以仕进无他伎，勉强随计，一举登第。自后不于私家置《文选》，盖恶其祖尚浮华，不根艺实。"（《旧唐书·武宗本纪》）可见李德裕之祖，就是以《文选》作为科举的应对之具的。

至代宗时，唐诗名家已多，士子们又直接学习当代名家的诗作。诗人戎昱《赠岑郎中》说他童年读书时就学习岑参诗："童年未解读书时，诵得郎中数首诗。"杜牧《冬至日寄小侄阿宜诗》表达的意思更显豁：

> 李杜泛浩浩，韩柳摩苍苍。近者四君子，与古争强梁。
> 愿尔一祝后，读书日日忙。一日读十纸，一月读一箱。朝
> 廷用文治，大开官职场。愿尔出门去，取官如驱羊。

他教育子侄以李白、杜甫、韩愈、柳宗元的诗歌作为范本阅读，并说如果坚持下去，"取官如驱羊"。杜牧的方法，也是当时多数士子为科举成名而学习诗赋时所采取的一种简捷有效的方法。因为前人的精思妙语，确能对后学者有所启发。王昌龄《诗格》："凡作诗之人，皆自抄古人诗语精妙之处，名为随身卷子，以防苦思。作文兴若不来，即须看随身卷子，以发兴也。"[1]

既然科举考试偏重文学，也就难怪士子们专在诗赋上下功夫，而忽略经史了。《旧唐书·儒学传》序说："高宗嗣位，政教渐衰，薄于儒术，尤重文史。……因是生徒不复以经学为意，唯苟希侥倖。"杨绾《条奏贡举疏》也说："（高宗朝）又奏进士加杂文，明经填帖，从此积弊，浸转成俗。幼能就学，皆诵当代之诗；长而博文，不越诸家之集。递相党与，用致虚声。六

---

[1] 〔日〕弘法大师撰，王利器校注：《文镜秘府论校注》，第290页，中国社会科学出版社1983年版。

经则未尝开卷，三史则皆同挂壁。"《旧唐书·李揆传》载，李揆做主考官，知道经史是举子们的弱项，就干脆把"五经"和诸史铺了一院子，让举子们任意翻检。说："大国选士，但务得者，经籍在此，请恣寻检。"轻视经史乃至于此！

尽管如此，唐代还是颇有一些远见卓识的学者、诗人和政治家，能谨守经史以为学术根柢，而不为时风所浸染。

例如，唐名相张说，早在他任东宫侍读时，就向唐玄宗提出崇礼兴学的主张，说："经天地纬礼俗者，文教也。社稷定矣，固宁辑于人和；礼俗兴焉，在刊正于儒范……臣愚伏愿崇太学，简明师，尊道重儒，以养天下之士。"(《上东官请讲学启》)这对玄宗后来立意复兴官学，无疑具有重要的引导作用。

再如具有"奉儒守官"传统的杜甫，就非常注重儒家人文传统的教育。他声言"法自儒家有"(《偶题》)，怀念"文物多师古，朝廷半老儒"(《行次昭陵》)的贞观年代，而不满于"儒服敝于地"(《题衡山县文宣王庙新学堂呈陆宰》)的现实景况。他教育自己的孩子："应须饱经术，已似爱文章。十五男儿志，三千弟子行。曾参与游夏，达者得升堂。"(《又示宗武》)杜甫对孩子学习经史的程度和层次要求是很高的。比如他看到夔州少年读书很少时，就感叹："小儿学问止《论语》，大儿结束随商旅。"(《最能行》)在杜甫看来，《论语》只不过是入门之学，还远远不够。

韩愈在《答李翊书》曾讲述自己自学的感受和体会："学之二十余年矣。始者，非三代两汉之书不敢观，非圣人之志不敢存。处若忘，行若遗，俨乎其若思，茫乎其若迷。"这表明韩愈在刻苦自学的同时，还能自觉地选择阅读书籍，以求学养根柢之正。韩愈特别强调儒学修养对于创作的重要性，说："将蕲至于古之立言者，则无望其速成，无诱于势利，养其根而俟其实，加其膏而希其光。根之茂者其实遂，膏之沃者其光晔。仁义之人，其言蔼如也。"

宋王谠《唐语林》卷一《言语》载："李德裕太尉未出学院，盛有词藻，而不乐应举。"李德裕是唐武宗时的宰相和能臣，他"盛有词藻"，完全有考取进士的可能，但他却不去应举，原因就在于他"幼有壮志，苦心力学，尤精《西汉书》《左氏春秋》"（《旧唐书·李德裕传》），有深厚的经史基础，同时又认为争逐进士的贡士们率皆重文采、轻时务，所以不愿与他们同列。

张说、杜甫、韩愈、李德裕，分别生活于唐代初、盛、中、晚四个时期，张、李以政治才能见长，杜、韩以诗文创作名世，他们都能不囿于时风，在潜心诗文的同时，不废经史，故能有卓然之成就。

自学成才和崇尚文学，是唐代教育的主要特色；同时又留意经史以为根基者，则构成了唐代文化和唐代政治的中坚力量。

春风得意马蹄疾，一日看尽长安花

——唐代的科考习俗

昔日龌龊不足夸，今朝放荡思无涯。春风得意马蹄疾，一日看尽长安花。

——孟郊《登科后》

唐德宗贞元十二年（796），四十六岁的诗人孟郊终于中了进士，不由得百感交集，写下此诗。孟郊几经落第，那种"弃置复弃置，情如刀剑伤"（《下第》）的哀怨，他是有着深刻的体验的。所以，孟郊得知自己及第，不免感到喜出望外，情不能已。

其实，孟郊四十六岁及第，还不算老的。唐代的白头进士很多。唐人赵嘏诗云"太宗皇帝真长策，赚得英雄尽白头"[1]。这两句诗，形象地刻画出进士登第的难度。以"一将功成万骨枯"（曹松《己亥岁》）诗句而知名的晚唐诗人曹松，考了几十年的进士，经历了几个皇帝，直到唐昭宗天复初年，杜德祥主持考

161

---

[1]　［五代］王定保《唐摭言·述进士上》：（太宗）尝私幸端门，见新进士缀行而出，喜曰："天下英雄，入吾彀中矣。"……故有诗云："太宗皇帝真长策，赚得英雄尽白头。"

试，才让他和另外四个老头及第。这时他们都已经七十多岁了，当时人们戏称为"五老榜"。曹松自然也是很激动，于是特意写了一首诗赠给主考官："得召丘墙泪却频，若无公道也无因。门前送敕朱衣吏，席上衔杯碧落人。半夜笙歌教洗月，平明桃杏放烧春。南山虽有归溪路，争那酬恩未杀身。"（《及第敕下宴中献座主杜侍郎诗》）这位老人及第，竟至于频频落泪。是喜悦，是辛酸？或者兼而有之。但却没有流露出任何对自己未能归隐南山的悔意。

一、科举取士制度

是什么促使这些应举者对进士考试倍加青睐，纵然白首场屋也无怨无悔呢？这要从古代的科举取士制度说起。

两汉魏晋南北朝的取士制度主要是荐举。汉行察举、征辟制。察举是由州、郡地方长官向朝廷举荐人才，经朝廷考察后授其官位。征辟是皇帝及公卿郡守选拔任用属员的一种制度，皇帝特征、聘召人才为"征"，公卿郡守聘任幕僚属官为"辟"。魏文帝曹丕实行九品中正制。具体方法是在州、郡设大小中正官，大、小中正负责按家世门第和道德才能，从上上至下下分九等。结果评出并核实后，由吏部尚书选用。东晋以后，士族门阀把持中正，品评随意，控制选举，以至于评举出来的人才中几乎全是士族子弟，出现了"上品无寒门，下品无世族"的局面，九品中正制已沦为门阀统治的工具。

隋朝主要依靠关陇贵族建立政权，旧有的山东士族、代北士族、江南士族，在统一的过程中受到沉重打击，渐趋衰落。随着世族门阀制度的衰落和庶族地主的兴起，魏晋以来选拔官吏注重门第的九品中正制，已经无法继续推行下去。于是，隋文帝废除九品中正制，从开皇二年（582）开始，对人才选拔制度进行改革。开皇十八年（598），隋文帝又诏命"京官五品以上、总管、刺史，以志行修谨、清平干济二科举人"，标志着科举制的创立。赵嘏诗"文皇有道选才能，布衣仗笔觅封侯"，即指此。隋炀帝于大业三年（607）下诏，以孝悌有闻、德行敦厚、节义可称、操履清洁、强毅正直、执宪不挠、学业优敏、文才秀美、才堪可略、膂力骁壮十科举人。大业五年，炀帝又把"十科"归纳为"四科"，按"四科"举人。据《旧唐书·杨绾传》："近炀帝始置进士之科，当时犹试策而已。"用考试的方式选拔官员，标志着科举取士制度的真正产生。当时的进士科考试的内容主要是策问。策问即出一些有关时事政务、经义等方面的问题，由士子作答。

虽然隋之科举，尚属草创，但意义重大。郑樵《通志·选举略一》说："唐人贡士之法，多循隋制。"唐代进一步发展和充实了隋代的人才选拔制度，奠定了影响中国历史长达千年之久的科举制的基础。武德四年（621），唐高祖决定恢复隋朝设置的明经、秀才、进士等科，并于武德五年（622）即正式开科取士[①]。

科举制度是唐代选拔人才的政治制度，科举各科最重要的科目是进士科。陈寅恪《唐代政治史述论稿》说："进士科虽设

[①]　《唐摭言》卷十五《杂记》："武德四年，复置秀才、进士两科。"又"高祖武德四年四月十一日，敕诸州学士及白丁，有明经及秀才、俊士，明于理体，为乡曲所称者，委本县考试，州长重覆，取上等人，每年十月随物入贡。至五年十月，诸州共贡明经一百四十三人，秀才六人，俊士三十九人，进士三十人"。

于隋代，而其特见尊重，以为全国人民之唯一正途，实始于高宗之代，即武曌专政之时。及至玄宗，遂至于凝定。"又云："以诗赋举进士致身卿相为社会心理群趋之鹄的。"

唐代科举制度的意义之一，是科举面前人人平等（不包括贱民阶层），突破了魏晋南北朝以来的贵族世袭政治制度，为广大下层寒士提供了参与政治的广阔前景，并最终导致贵族阶级的逐渐消亡。中国中古史上这一政治社会的大变革，是在不流血的、静悄悄的方式中完成的。

意义之二，是崇尚文学、人文，促进了唐代文学的繁荣。唐封演《封氏闻见记》卷二《贡举》："天宝初，达奚珣、李岩相次知贡举，进士文名高而帖落者，时或试诗放过，谓之赎帖。……又，旧例：试杂文者，一诗一赋。"这即是以诗取士的制度。

二、应试者的身份与考试的时间和地点

具有什么样身份的人才能参加科举呢？

清人徐松在其《登科记考》的叙言中写道：唐代科举"无流品之别，无华夷之限，衡校古今，得士之盛，于斯为最"。他讲得较笼统，意思是说对举子的身份要求很宽松。具体说来，应举者的主要来源有三种。

一是在各级官学学习，考试合格后被送至尚书省参加科举的"生徒"。他们或是来自"六学二馆"（即朝廷所设的国子学、太学、四门学、律学、书学、算学和弘文馆、崇文馆）的学生，或是来自各地的州、县学馆的学生。学馆出身者多为官宦子弟。他们在学校内考试合格以后，便可以参加朝廷于尚书省举行的科举考试，也称为省试。唐武宗会昌年间，还曾有一段时间，

取消乡贡，专以生徒为举子参加考试。这说明，在学馆学习的官宦子弟在参加科举时，在一定程度上具有相对优越的条件。

二是由州县考送的"乡贡"。这部分不在学馆靠自学成才的普通读书人，多属平民子弟。他们可以向地方政府投牒（"牒"列姓名、籍贯、学历等）自举，经考试合格后同地方贡品一起被送入京参加科举。五代王定保《唐摭言·统序科第》："武德辛巳岁四月一日，敕诸州学士及早有明经及秀才、俊士、进士，明于理体，为乡里所称者，委本县考试，州长重覆，取其合格，每年十月随物入贡。斯我唐贡士之始也。"各郡每年的贡士数目有规定。据《通典·选举典》载："上郡岁三人，中郡二人，下郡一人，有才能者无常数。"

三是参加制举的考生。制举由皇帝亲自招考，允许布衣和官员任意应试。如杜甫就曾在天宝六载（747）参加了一次制举。当时，玄宗下诏求天下之士，"命通一艺者诣京师"，参加制举，杜甫和元结皆应诏参加选试。但当时玄宗正宠杨妃，"宫中行乐秘"（杜甫《宿昔》），无暇顾及，就由忌刻文士的奸相李林甫操纵考试，他故意使"无一人及第"，还上表称贺"野无遗贤"。杜甫因此被阻断了仕进的机会，"忤下考功第，独辞京伊堂"（杜甫《壮游》）。制举的科目繁多，主要科目有贤良方正、直言极谏、才识兼茂、明于体用等。品级较低的官员，往往参加制科考试，以获得升迁的机会。按《新唐书》本传，贺知章、张九龄都是在先中进士后，又分别再应制举而被录取的。贺知章应的是超拔群类科，张九龄应的是道侔伊吕科。参加制举的考生人数亦当不少。据《旧唐书·高宗纪》载，显庆四年（659）二月的一次制举，应举者"凡九百人"。

唐代科举对应举者资历的限制比较少，但也有一些规定。

如：女子不能报考。这使得不少女子，尤其是那些出身于士大夫家庭、受过良好教育的女子，即使熟读经史，学识超人，也无缘科举，跻身仕途。工商之民、官私奴婢、州县小吏也不能参加考试。《旧唐书·职官志》明确规定："凡习学文武者为士，肆力耕桑者为农，巧作器用者为工，屠沽兴贩者为商，工商之家，不得预于士。"唐宪宗敕告：曾经犯法者、曾经做过州县小吏的人，即使有文才，也不能送举，否则严厉追究举送官和考试官的责任。在居丧期间或犯父祖名讳时，不能参加科举考试。如唐代诗人李贺父名晋肃，便不能应进士举。举子在考试时，遇到题目有家讳，就必须托病主动退出。这些对于应举者的限制，自然也会使少数俊逸有才者常怀不遇之悲。例如，早就诗名远扬的李贺，本可以才学入仕，但这条进身之路被"避父讳"这一封建礼教无情地堵死了，使他没有机会施展自己的才能。于是，他深沉悲叹：

> 我有迷魂招不得，雄鸡一声天下白。少年心事当拏云，谁念幽寒坐呜呃。(李贺《致酒行》)

客观地讲，像李贺这样苦命的才子毕竟只是少数。科举对绝大多数士人，还是敞开大门的。而且，唐朝实际上对报考者的要求不甚苛刻，到了唐代后期，县吏、工商市井、节镇衙将的子弟及僧道，都可以参加考试，而且还有不少及第的。

科举入仕是唐代的入仕正途。唐人沈既济称，开元、天宝中，"太平君子唯门调户选，征文射策，以取禄位，此行己立身之美者也"(《通典》卷第十五《选举》)。

"槐花黄，举子忙。"这是唐代的一句谚语。入夏不久，举子们就为赴举应试忙碌起来了。举子们为了考试所做的准备是长期而辛苦的。白居易为了考进士，学习相当刻苦。他整天读书练字，写诗作文，以至于读书读得口舌生疮，握笔的手都磨出了老茧。韩愈也是通过苦读而释褐的，其《进学解》说自己："口不绝吟于六艺之文，手不停披于百家之编……焚膏油以继晷，恒兀兀以穷年。"晚唐徐夤诗说"中兴未遇先怀策，除夜相催也课诗"（《温陵残腊书怀寄崔尚书》）。看来，即使逢年过节举子们也不忘攻读。

　　唐代省试一般都在京城长安举行，常科的主考机关是尚书省。唐初，考试由吏部考功员外郎负责。有时，皇帝也会亲自主持省试，如武则天就在洛城殿亲自策问诸举人。因考功员外郎官位不受士子尊重，故玄宗开元二十四年（736）下诏："自今已后，每岁诸色举人及斋郎等简试，并于礼部集。既众务烦杂，仍委侍郎专知。"自此，省试改由礼部侍郎主考，成为定制。科举考试的制举则由君主临时亲自策试，既无固定时间，也没有固定的主考机关。

　　唐代科举考试，一般在每年十一月举行。参加朝廷省试的考生要在当年十月到长安来报到。举子刘蜕在《上礼部裴侍郎书》中，诉苦道：

> 家在九曲之南，去长安近四千里。膝下无怡怡之助，四海无强大之亲。日行六十里，用半岁为往来程，岁须三月侍亲左右，又留二月为乞假衣食于道路，是一岁之中，独留一月在长安。

刘蜕是荆州举子，赴举进京，往返需时半年，筹措资费需时两月。可见，在交通还不是特别发达的唐代，各地举子应试赴举，路途相当辛苦。

三、科举考试的科目与内容

科举的"科"指的是考试科目,"举"指的是选拔人才,科举是通过设科考试选拔人才。唐代科举考试在不同的时期,设立的科目也不尽相同,时有增减,前后总计不下几十种。其中省试常行的有秀才、进士、明经、明法、明书、明算六科,此外还有童子科、史科、开元礼科、道举等,也都属于"岁举之常选"。常选之外,又有"制举"和"武举"。

秀才一科要求对有关国家的大政方略问题,作策论五篇。但由于此科对考生的要求非常高,唐初每年及第者仅仅一两个人而已。而且,如果被推荐的考生未能及第,负责推荐的地方长官要受处分。所以,参加考试人数非常少。

明法、明书、明算诸科则是分别考试律令、文字学、数学。明法科旨在选拔熟悉法律的司法人才,明书科旨在选拔对书法、文字有专长的人才,明算科旨在选拔精通算术的数学人才。此三科不甚为时人看重。

唐朝所设各科,以应考进士、明经的人最多。这二科自隋朝就有设置。《隋书·房晖远传》就说过,隋文帝开皇年间命他主考"明经高第"科。还有唐初名臣韦云起也在"隋开皇中明经举"。由此可知,明经科早在隋文帝开皇年间就有设置。唐朝名儒、十八学士之一的孔颖达在隋炀帝大业初年考中明经。《旧唐书·孔颖达传》说他:"隋大业初,举明经高第。"隋炀帝时正式设置进士科,事见《旧唐书·杨绾传》杨绾奏疏。据《旧唐书·房玄龄》载,唐太宗时名相房玄龄就是在隋末举进士的。

明经科注重考核儒家经义,主要考两部儒家经典。唐制正经有九,《礼记》《左传》为大经,《毛诗》《周礼》《仪礼》为中经，《周易》《尚书》《公羊》《穀梁》为小经。通两经者一大一小，或两中经。同时还要兼习《孝经》《论语》。唐太宗时，由孔颖达编《五经正义》，成为科举试的标准。考试分三场：第一场为"帖经"，第二场为口试，第三场为试"策论"。第一场所谓的"帖经"，是指把经书某页前后两边都遮盖上，中间只留一行，再用纸把这一行中的帖住，让考生把被帖住的字读出来。第二场口试是考经文及注疏大义十条。第三场"策论"，须问时务策三道，即考官出三道有关政治、经济、军事等方面的问题要考生作答。

进士科，在唐初时沿袭隋朝考试内容，只考"时务策"，即对时事和政治的看法；太宗贞观八年（634）加考经书或史书一部；高宗调露二年（680）以后，又加试帖经、杂文两项。玄宗时规定：明经先试帖经，次试经义，最后试策；进士先试帖经，次试诗赋，最后试策。至此明经、进士两科须考三场，且有所侧重，明经重"帖经墨义"，进士重诗赋。此后遂成定制。这样，唐玄宗以后，诗赋就成为进士科最主要的考试内容。按《登科记考》："杂文之专用诗赋，当在天宝之间。"唐代省试诗（或试帖诗）的篇幅和格式都有严格的规定，为五言六韵（十二句），所以诗人的创作自由受到很大限制。科举促进唐诗繁荣，主要在于激励诗歌创作，而不在于省试诗——考卷上的诗。

相较而言，进士科比明经科要难考得多。三场考试中，第一场考帖经，二者难易相仿；第二场明经口问大义十条，只需背诵经注，较容易，而进士科试诗赋，需独立思考、自出心裁，较重个人发挥及文才，所以较难；第三场试策，明经答时务策三道，"粗有文理"即可，但进士要答时务策五道，而且要求也高些。

由于进士科取录比明经科难，所以两科考取的人数就大不相同。明经科每百人可取十几人甚至二十几人，而进士科每百人不过录取一两人。唐代在其鼎盛时期，每年参加进士科考试的考生少则八九百人，多则一二千人，而其中能及第者不过十余人至三十人左右，录取比例不过百分之一二。我们从唐人及第诗中，可以得知当时进士及第的人数。白居易贞元十六年（800）成为进士时，写有"慈恩塔下题名处，十七人中最少年"的诗句。由此可知，贞元十六年进士及第者才十七人。陈标《赠元和十三年登第进士》云："文字一千重马拥，喜欢三十二人同。"陈标是穆宗长庆二年（822）进士，他是以晚四年登第的身份写诗给元和十三年（818）登第的先辈（唐时例称先登科者为先辈）。可见元和十三年进士及第者共三十二人。赵嘏诗曰："天上高高月桂丛，分明三十一枝风。"（《今年新先辈以遏密之际每有宴集必有清谈，书此奉贺》）赵嘏诗作于开成五年（840），可见此年进士及第者共三十一人。韦庄《放榜日作》："一声天鼓辟金扉，三十仙才上翠微。"韦庄是昭宗乾宁元年（894）进士，同榜三十人。黄滔《放榜日》："吾唐取士最堪夸，仙榜标名出曙霞。白马嘶风三十辔，朱门秉烛一千家。"黄滔于昭宗乾宁二年（895）中进士，同榜也是三十人。可见，唐朝每年进士及第者多为三十人左右。所以，有人要去赴举，与亲友分别时就写诗说："桂树只生三十枝"（李山甫《赴举别所知》）。可见，他预测录取人数和往年差不多，应该也是三十个上下。由于所取名额太少，也招来了一些举子的抱怨："平人登太行，万万车轮折"（曹邺《成名后献恩门》），"中原莫道无麟凤，自是皇家结网疏"（陈陶《闲居杂兴五首》其二）。

进士科与明经科入选时的年龄也有很大的差异。当时有

"三十老明经，五十少进士"之说。这是说，由于进士科应试者多，录取名额少，五十岁能考中进士的人，还算年轻，仍被看作"少进士"。而明经科由于每年录取人数较多，相对而言较为容易，所以即便三十岁考上，也已经不算年轻了。

正是因为进士科考题难度大，录取人数少，所以及第者备受青睐。《文献通考·选举考》谓："唐众科之目，进士为尤贵，而得人亦最为盛。"由于明经科需多参阅经籍，当时存藏经籍者又以大族为主，故应考明经者多为南北朝以来的门阀；进士科则较重发挥，少重经籍，故应举者多为寒门。当时投考科举的寒门书生们都习惯穿白色麻布袍衫，人们就把考中的进士称为"白衣卿相""一品白衫"。唐代的宰相后来往往出身进士。唐代并非只有寒门书生才热衷于考进士，《唐摭言》称，唐代"缙绅虽位极人臣，不由进士出身，终不以为美"。高宗时的宰相薛元超不无遗憾地说："吾不才，富贵过人，平生有三恨：始不以进士擢第……"（《唐语林》卷四）足见进士科在时人心目中的地位。唐人封演的《封氏闻见记》说：广大士人弟子无不"酷嗜进士名"，以为"俊秀皆举进士"，榜上题名"百千万里尽传名"，因而视之为"登龙门"。

唐代人才进身，亦尤重进士。进士一词初见于《礼记·王制》篇，其本义为可以进受爵禄之义。唐代士子一旦登第就名闻士林，如登龙门，意味着可以在仕途上飞黄腾达了。唐代进士及第者，"位极人臣，常有十二三；登显列，十有六七"。唐政府从进士科中选拔了大批人才，许多都成为一代名臣、名家。如王维、韩愈、柳宗元、白居易等都是进士出身。

四、行卷与温卷之风

唐代的科举考试仍保留汉代以来的誉望风气，主考官并非单凭考生的成绩而定等第，还考虑考生的知名程度。因此，唐代应试举子能否被录取，并不仅仅由一场考试的成绩来决定。举子在社会上的声誉如何，被考官特别看重。为此，考生们往往要拜求当权官僚显贵或有文学声望的学者，让他们为自己提高知名度，甚至把自己推荐给主考官。这在当时是公开进行的。应考之前，举子云集京师，竞相将自己的得意作品，送呈京师的达官贵人，以期通过邀名誉、观素学，对录取产生重要影响。这样，就产生了"行卷"的做法：即考生们为了求得推荐人的信任和赏识，把自己平日的文学著作工整地抄写在卷轴上，呈献给推荐人。行卷以后，若无反应，还须再行投赠，称为"温卷"。

行卷中呈献的作品体裁广泛，包括古诗、律诗、词赋、骈文、散文、小说等。李翱的《感知己赋序》和韩愈的《与陈给事书》就是典型的行卷之作。由于唐代诗歌体裁最为繁荣普及，进士考试又重诗赋，所以献诗投赠者较多。宋代的王安石编辑了一本《唐百家诗选》，采录了许多唐代的行卷诗。今天我们读到的唐诗名篇，比如王昌龄的《出塞》、张继的《枫桥夜泊》等，在当时都是以行卷诗的面目出现的。

天宝元年韦陟知贡举时，还创立了纳卷制度。即应试举子在考试前先"自通所工诗笔"，呈送自己的作品，使主考官"知其所长，然后依常试考核"（《旧唐书·韦陟传》）。如元结考进士时，就曾"作《文编》纳于有司"。

唐人曾把行卷称为"求知己"①，看来只有合乎显达者的口味，行卷的目的才能达到。在行卷时，不善于揣测对方口味，往往会把事情办砸。崔颢曾经行卷给李邕，但他没有注意行卷诗的编排顺序，他的行卷诗中的头篇是《王家少妇》，第一句就是"十五嫁王昌"，李邕一看，拍案而起说道："小子无礼！"便把崔颢赶了出去。崔颢后来的考试结果也就可想而知了。崔颢是才子，他如果把曾让李白为之搁笔的《黄鹤楼》放在开头，情况也许会不同。李邕是"济南名士"，他喜欢的是杜甫那样的儒雅之士，所以他才主动去结识杜甫。可惜，崔颢赠诗前没考虑周全，给李邕投诗，却以轻薄之篇打头，难怪惹得李邕动怒。

与崔颢不同，有个叫朱庆余的诗人就很会动脑筋。他在考前向诗名早盛的水部员外郎张籍行卷。其中有一首著名的《闺意》：

> 洞房昨夜停红烛，待晓堂前拜舅姑。妆罢低声问夫婿，画眉深浅入时无。

这是朱庆余为投石问路而写的一首比体诗。显然，朱庆余把自己比作了新嫁娘，而诗中的"舅姑"指主考官，"夫婿"是称张籍。"画眉深浅入时无"则是说：以我现在的水平能否考上进士？张籍善写比体诗，他的《节妇吟》就是以男女之情喻君臣之义的名作。朱庆余投其所好，所以马上得到张籍的赏识。唐范摅《云溪友议》载："朱庆余校书既遇水部郎中张籍知音，遍索庆余新旧篇什数通，吟改后只留二十六章，水部置于怀抱而

---

① 《文献通考》卷二十九《选举二》引唐人项安世语："天下之士，什什伍伍，戴破帽，骑蹇驴，未到门百步辄下马，奉币刺再拜以谒于典客者，投其所为之文，名之曰'求知己'。"

推赞欤。清列以张公重名，无不缮录而讽咏之，遂登科第。朱君尚为谦退，作《闺意》一篇，以献张曰：……张籍郎中酬曰：'越女新妆出镜心，自知明艳更沉吟。齐纨未足人间贵，一曲菱歌敌万金。'朱公才学，因张公一诗，名流于海内矣。"这是行卷成功的例子。

当然，要想得人称赏，最关键的还是投赠者的真才实学。唐张固《幽闲鼓吹》载白居易到长安应试，携诗作往谒老诗人顾况，顾况也许以为这个十七岁的少年大概不会作出什么好诗，就以他的名字"居易"开玩笑说："长安米贵，住下来恐怕不大容易。"可是当他看了白居易的第一首诗作时，不禁大为吃惊，说："能有诗如此，住下来容易得很呢！""因为之延誉，声名大振。"白居易青年登第，"十七人中最少年"，恐怕也与老诗人的"延誉"有关。

这种行卷的做法，使一些有文学才干的青年，有机会把自己平日的成就展现出来，在遇到有眼力的先辈时，便可以得到提拔。这也促使一些读书人在应考之前注意认真提高自己的文学修养，努力创作出高水平的作品来。但是，也有些举子借行卷之机弄虚作假、抄袭剽窃，或者作些投机文字，巴结权贵。这自然让一些正直而无门路的士子感到愤怒。唐人杜荀鹤诗说"空有篇章传海内，更无亲族在朝中"，就是抱怨空有文才而请托无人的牢骚话。

看来，"草野寒畯，登进有路，不假凭借，可至公卿"，只是人们对于科举的理想化的表达。由于唐代的科举考试，一般不采取试卷糊名（指将试卷上考生姓名密封起来）、誊录（把考生试卷另誊写一份供考官评阅，以免考官辨认笔迹）等做法，才学名气和人情因素又难以客观把握，所以主考官员在进行录取时很难做到绝对公平。这在后来竟成了朝廷党争的导火索。

既然行卷颇易生弊，就有少数考官不愿买请托者的账。如唐玄宗开元二年（714）科举状元李昂，就是其中的一个。唐人笔记小说《大唐新语》和《唐摭言》中记载，他在任考官时，"以举人皆饰名求称，摇荡主司，谈毁失实，窃病之，而将革焉"。他把科举考生都集中起来，对他们说："文之美恶，悉知之矣。考校取舍，存乎至公。如有请托于时，求声于人者，当首落之。"这种秉公录取、不徇私情的精神确实难得。

五、科举考试的过程

举子临考之日，九州俊彦，齐聚长安，风靡云蒸，人人自谓握灵蛇之珠，家家自谓抱荆山之玉，普遍怀着"前程心在青云里"（欧阳詹《赋得秋河曙耿耿送郭秀才应举》）的期待心理，兴冲冲而来，各自在梦想中编织辉煌的人生前景。

白居易有《早送举人入试》诗："凤驾送举人，东方犹未明。自谓出太早，已有车马行。"由此可知，大约是黎明时分，举子就早早地来到考场。

省试时，考场内部都用荆席围隔，考生们坐在廊下答题。唐人韦承贻诗"棘篱何日免重来"（《策试夜潜纪长句于都堂西南隅》）中的"棘篱"说的就是荆围。《通典》说："（尚书省）礼部阅试之日，皆严设兵卫，荐棘围之，搜索衣服，讥诃出入，以防假滥焉。"可见还是蛮严格的。《新唐书·舒元舆传》载，元和八年（813）进士舒元舆说：举子进入考场时，自带水、炭、脂炬、餐具等，"或荷于肩，或提于席"，经胥吏唱名、搜检衣物，方依次入场，颇见当时应举者的苦寒之状。舒元舆和他的几个弟弟都是进士，他大概是根据自己和弟弟们应试时的情景而作的真实描述。

考试时，燃烛以计算时间。大约三根蜡烛燃尽，就该交卷了。薛能《省试夜》："更报第三条烛尽，文昌风景画难成。"（一作韦承贻诗）韦承贻诗："三条烛尽钟初动，九转丹成鼎未开。"都提到"三条烛尽"，考试完成。

三场考试，每场都淘汰一部分。黄滔《下第》诗："昨夜孤灯下，阑干泣数行。辞家从早岁，落第在初场。"说明黄滔第一场即被淘汰。

三场考试结束后，举子们就要在旅邸或家中静候消息了。等待的滋味是焦急而痛苦的："年年孟春至，看花如看雪。僻居城南隅，颜子须泣血。沉埋若九泉，谁肯开口说？……每听浮竞言，喉中似无舌。忽然风雷至，惊起池中物。"（曹邺《成名后献恩门》）突然得知登第，又不免有人喜出望外："一旦公道开，青云在平地。枕上数声鼓，衡门已如市。自日探得珠，不待骊龙睡。匆匆出九衢，僮仆颜色异。故衣未及换，尚有去年泪。晴阳照花影，落絮浮野翠。对酒时忽惊，犹疑梦中事。"（曹邺《杏园即席上同年》）有的举子情绪悲观一点，考后觉得把握不大，就垂头丧气。《剧谈录》载，韦颛中举之日，"夜分归于所止，拥炉而坐，愁叹无已……俄而禁鼓忽鸣，榜到，颛已登第"。进士考试，百里挑一，尤为不易。一些举子，骤闻报捷，联想到自己先前困顿科场的种种往事，巨大的心理落差，自然会让他们感慨万端，不胜唏嘘。

唐代公布科举考试的录取名次被称为"放榜"。进士试放榜多在二月，由主考官亲自将中考的人姓名写在榜子上，张贴在贡院东墙，并由专门的人通报考中者。放榜之日，长安民众纷纷聚拢来观，人头攒动，盛况空前。徐夤《放榜日》：

喧喧车马欲朝天，人探东堂榜已悬。万里便随金鸳鸳，三台仍惜玉连钱。花浮酒影彤霞烂，日照衫光瑞色祥。十二街前楼阁上，卷帘谁不看神仙？

再看刘沧的《看榜日》写的同样热闹：

禁漏初停兰省开，列仙名目上清来。飞鸣晓日莺声远，变化春风鹤影回。广陌万人生喜色，曲江千树发寒梅。青云已是酬恩处，莫惜芳时醉酒杯。

六、唐代科场中的幸运趣闻

两《唐书》及一些记录唐人行迹逸闻的笔记，如《唐诗纪事》《唐摭言》《唐才子传》《北梦琐言》《南部新书》《唐语林》《因话录》等，记载了很多与科举有关的小故事。其中，有一些讲的是科举中的幸运之事。

《唐诗三百首》选有祖咏的五绝《望终南余雪》，据说这首诗是祖咏参加进士考试时在考场的即兴发挥之作。说起此诗的创作过程，却颇不寻常。那年冬天，祖咏到了京城长安应试。而这次应试的题目叫《望终南余雪》。终南山，是离京城长安很近的名山。祖咏是洛阳（今属河南）人，与王维是诗友，常去终南山游玩，对那里的雪景非常熟悉，所以对这个试题感到既亲切又欣喜，经过一番构思，他提笔写下了四句："终南阴岭秀，积雪浮云端。林表明霁色，城中增暮寒。"按照唐代试帖诗的规定，举子们要写上一首六韵十二句的五言排律诗，这才算规范。这样，祖咏还得再写八句才行。可是祖咏觉得四句已是完整的一首诗了，再写下去便是画蛇添足，于是就停笔不再往下写了。祖咏知道这样一来，本次考试一定落选，但是他不愿意为了勉强凑够十二句而破坏诗歌的整体意境。于是，他毅然提前交卷。

主考官看后大惑不解，问他为什么这样做，祖咏只是淡淡地回答："意境已写尽了。"祖咏走后，主考官展卷阅读，越读越觉得有韵味，寥寥四句就充分表现出冬情雪意，蕴含着高寒静穆之美。主考官爱才心切，就破格录取了祖咏。就这样，祖咏成为玄宗开元十二年（724）的进士。

中唐诗人周存，也有科场走运的经历。周存性情仁慈，喜欢做善事。有一次，他把一条鲤鱼放生，并作诗记述这件事情。末尾两句是："倘若成龙去，还施润物功。"后来，他把诗拿给翰林学士陆贽看。陆贽十分赞赏，说这首诗写得很好，特别是末尾两句最妙。大历八年（773），周存参加科考时，试题是《白云向空尽》。周存快写好了前面十句，正苦于无法结尾，忽然想起了那首咏鲤鱼的诗，于是改动了两个字，写道："倘若从龙出，还施润物功。"主考官看过此诗，非常高兴——周存自然也就金榜题名了。（清褚人获《坚瓠七集》引宋佚名《林下诗谈》）

有时，举子屡试不中，心中不快，总要发发牢骚，出口怨气。不承想，有时还真就感动了考官，成就了好事。

有一个叫高蟾的举子，出身于贫寒家庭，但性情倜傥，讲究为人的气节。可是晚唐时，科举场上徇私舞弊的弊端日益显露，高蟾在参加进士考试的路途上一再受挫。有一年省试后，高蟾为了发泄心中多年来不得意的情感郁积，就爬上考院墙壁并挥笔题写了一首诗："冰柱数条搘白日，天门几扇锁明时？阳春发处无根蒂，凭仗东风次第吹。"但发泄是起不到任何作用的，高蟾仍然只是失意而归。回到乡里，高蟾难以抑制心里的无限酸楚和怨愤，就写了一首诗投赠给在朝为官的高侍郎。诗云："天上碧桃和露种，日边红杏倚云栽。芙蓉生在秋江上，不向东风怨未开！"诗的意思是说，京城长安曲江边会宴的新科进士，很多都得益于座主的栽培，而自己如秋江枯荷，连抱怨的份儿都没有。高侍郎读后，觉得这个举子委实很有水平，就向一些王公大臣极力举荐高蟾，称许高蟾如何才华出众。高侍郎的举荐还真起了作用。第二年，也就是僖宗乾符三年（876），经过了十年磨难之后的高蟾终于顺利地考取了进士。在昭宗年间（896年前后），高蟾还做到了御史中丞这一较高的官职。他的这首诗后来还入选到《千家诗》里。

无独有偶。元和举子章孝标应试落第，郁闷的他作了一首《归燕》诗，留给了侍郎庾承宣。诗云："旧垒危巢泥已落，今年故向社前归。连云大厦无栖处，更望谁家门户飞。"他把自己比作无家可归的燕子，倾吐自己怀才不遇的愁苦和彷徨，却没有一点儿怨天尤人的意思。庾承宣收到他的诗作，反复吟诵，觉得这样有才华的人没有取中，岂非科考的一大遗憾，就打算到秋试的时候，一定要举荐他。要说也是机缘，凑巧下一次科考，还真是由庾承宣担任主考官。于是，章孝标顺利及第。读书人都热议此事，互相鼓励说：只要二十八字就能考中进士，功名之路是可以走的啊！

还有更有运气的举子，未必有出众的才华，却阴差阳错、鬼使神差般地及第了，到头来连自己都不知道是怎样考上的。

五代王定保《唐摭言》卷十三有一个故事，说的是唐宣宗年间，礼部侍郎郑薰主持科考，有一个考生叫颜标，郑薰本来与他素不相识，却误认为他是忠臣名士颜真卿的后代。颜真卿是书法家，更是忠君爱国的忠臣。他抗击安禄山叛军，反对藩镇割据，被朝廷封为鲁郡公，史称"鲁公"。那时，徐州（今属江苏）一带发生流民起义，局势尚不安宁，郑薰为了"激劝勋烈"，就把颜标录取为状元。颜标来谢恩的那一天，郑薰顺便问起他家的庙院（名门望族世有官祭的宗祠）。颜标说："我出身寒微，家里从没有庙院。"郑薰这才明白，原来自己认错了人。可是木已成舟，也只好将错就错了。可是，没有不透风的墙，这事到底还是传开了，落榜的人就作诗嘲笑郑薰说："主司（主考官）头脑太冬烘，错认颜标作鲁公。"这样，词典里就有了一个成语，叫"错认颜标"。

七、及第者的荣光和落第者的辛酸

《全唐诗》中有一首署名元和举子的诗："元和天子丙申年，三十三人同得仙。袍似烂银文似锦，相将白日上青天。"诗写科举高中，一步登天，颇见志得意满的自负之态。放榜后，新科进士们陶醉在狂欢之中，尤其是曲江赴宴和雁塔题名，成为当时士子炫耀功名的无上荣光。

曲江宴设在曲江边的杏园，也称杏园宴。因取义不同，又有"樱桃宴""闻喜宴""谢师宴"等名称。自唐中宗开始，规定每年早春三月，在曲江为新科进士举行一次盛大的宴会，以示祝贺。这天，新科进士、主考官、公卿贵胄及其家眷们，喜气洋洋，春风满面，前来赴宴。唐时，省试第一名称"状元"或"状头"，新科进士互称"同年"，主考官叫"座主""座师"，被录取的考生便是他的"门生"。及第后，新科进士要拜望座主表示感谢，同年之间也互相祝贺。新进士们还要推选两名"少俊者"为"探花使"，骑马遍游长安名园，采摘各种早春鲜花。孟郊诗"一日看尽长安花"，即指此。唐代诗人韩偓于昭宗龙纪元年（889）中进士，当了"探花郎"，与他相好的妓女以缭绫寄贺。韩偓收到礼物后写了一首七律，中有"解寄缭绫小字封，探花宴上映春丛。黛眉欲在微微绿，檀口消来薄薄红"之句，其中就提及"探花宴"。乾宁二年（895）进士翁承赞就被推选为"探花使"，他的《擢探花使三首》写尽了得意之态：

> 洪崖差遣探花来，检点芳丛饮数杯。深紫浓香三百朵，明朝为我一时开。

> 九重烟暖折槐芽，自是升平好物华。今日始知春气味，长安虚过四年花。

> 探花时节日偏长，恬淡春风称意忙。每到黄昏醉归去，纻衣惹得牡丹香。

曲江宴后，还要到慈恩寺大雁塔题名留念。大雁塔俯瞰曲江，是长安城中最高的建筑。新科进士们把自己的名字写在大雁塔塔身上，又称"题名席"或"题名会"。唐中宗神龙年间，进士张莒游慈恩寺，一时兴起，将名字题在大雁塔下。不料，此举引得文人纷纷效仿。尤其是新科进士，更把雁塔题名视为莫大的荣耀。[1] 从此之后，新科进士们就推举他们中间最擅长书法的人，将他们的姓名、籍贯和及第的时间用墨笔题在雁塔墙壁上。[2] 这些人中若有人日后做到了卿相，还要将姓名改为朱笔书写。现在西安大雁塔已经找不到唐人当时的题名了。有人说，唐武宗时的宰相李德裕不是进士出身，故深忌进士，下令取消了曲江宴饮，并让人将新科进士的题名也全数除去了。也有人说，北宋神宗年间，大雁塔发生一场火灾，塔内楼梯全部烧毁，这些唐代进士的题壁也因之消失了。但是，雁塔题名的流风遗

---

[1]　［唐］韦绚《刘宾客嘉话录》："慈恩题名，起自张莒，本于寺中闲游而题同年，人因为故事。"

[2]　［五代］王定保《唐摭言·慈恩寺题名游赏赋咏杂纪》："神龙以来，杏园宴后，皆于慈恩寺塔下题名，同年中推一善书者纪之。"

韵仍为后世仿效。据说，明代陕西的乡试举人追慕唐韵，也相携到塔下题诗留名。这些字迹至今仍保留在塔的门楣和石框上，给古城西安留下历史的余晖。

雁塔上题名虽然不在了，而当时的情景却被诗家和史家摄入了诗、史作品中。

诗人刘沧《及第后宴曲江》记述了曲江饮宴和雁塔题名的情景：

> 及第新春造胜游，杏园初宴曲江头。紫毫粉壁题仙籍，柳色箫声拂御楼。雾景露光明远岸，晚空山翠附芳洲。归时不省花间醉，绮阳香车似水流。

新科进士的兴高采烈之态，洋洋得意之情，洋溢在诗的字里行间。《唐摭言》说："曲江之宴，行市罗列，长安几于半空，公卿率以其日拣选东床，车马阗塞，莫可殚述。"看来朝中显贵，也趁着这个机会纷纷择婿嫁女。那么，这些中了彩头的新科进士，"金榜题名时"，再加上"洞房花烛夜"，应该是双喜临门了。

题名之后，新科进士们还要聚会"月灯阁"，打马球。也有些进士公得意忘形，不顾斯文，挟妓游宴。开元十四年（726），二十岁的储光羲登进士高第，自是少年得志。他作《长安道》说："鸣鞭过酒肆，袨服游倡门。百万一时尽，含情无片言"，真是意气风发，颇有五陵年少的豪情。王仁裕《开元天宝遗事》说："长安进士郑愚、刘参、郭保卫、王冲、张道隐等十数辈，不拘礼节，旁若无人。每春时，选妖妓三五人，乘小犊车，指名园曲沼，藉草裸形，去其巾帽，叫笑喧呼，自谓之颠饮。"这也确实有些"狂"了。可也不必对这些进士过于责怪，因为朝廷是为他们开了绿灯的。《北里志·序》上说："京中诸妓籍属教坊，凡朝士宴聚，须假诸曹署行牒，然后能致于他处。惟新进士设宴顾吏故便，可行牒追。其所赠资则倍于常数。"再者，"唐人尚文好狎"，这是当时的一种风气。《开元天宝遗事》说："长安右平康坊，妓女所居之地，京都侠少萃集于此。兼每年新进士以红笺名纸游谒其中，时人谓此坊为风流薮泽。"《唐摭言》载："裴思谦状元及第后，作红笺名纸十数，诣平康里，因留宿。及旦赋诗曰：银钉斜背解鸣珰，小语偷声贺玉郎。从此不知兰麝贵，夜来新惹桂枝香。"其风流倜傥之状，赫然可见。

狂欢过后，得第举子，凡由州郡贡举者，料理毕长安事务，都要返乡"觐省"（看望父母），其实多有衣锦还乡意味。登第回乡，意气洋洋。白居易《及第诗》就反映了这种心情：

> 得意减别恨，半酣轻远程。翩翩马蹄疾，春日归乡情。

唐人贺登第之诗，也有许多是在送进士还乡场合写的。唐穆宗长庆三年（823），李余登第后欲回故乡，张籍、朱庆余等都来送行。张籍"归去唯将新诰牒，后来争取旧衣裳"（《送李余及第后归蜀》），是说李余随身携带新的诰牒上已注明是进士出身，后进士辈争着取得李余的旧衣裳，据说如此可以讨得"利市"，沾新进士的吉利。朱庆余"乡中后辈游门馆，半是来求近日诗"（《送李余及第归蜀》），意思是说本乡读书人登门求教，希望得到李余近来的作品，以供自己当作范本去揣摩。这些都反映了当时科举考试对于社会心理的影响。

"春榜到春晚，一家荣一乡。"（郑谷《贺进士骆用登第》）举子得第归乡，往往全家引以为荣。钱起《送张参及第还家》："借问还家何处好？玉人含笑下机迎。"又《送冷朝阳及第东归江宁》："稚子欢迎棹，邻人为扫扉。"到家之日，不但老婆孩子都出来迎接，甚至邻居也出来帮助打扫门庭。

"及第进士，俯视中黄郎；落第进士，平揖蒲华长。"（封演

《封氏闻见录》)及第者,众星捧月,喜悦无比;落第者则要承担着巨大的心理压力:"真珠每被尘泥陷,病鹤多遭蝼蚁侵。"(李旭《及第后呈朝中知己》)《唐摭言》记载,彭伉和湛贲是连襟。彭伉老早就举进士擢第,可是湛贲还是县里的小吏。唐代的小吏可不像现在的乡镇干部那样,在地方上有一定的威信。那时的小吏地位很低,不入流。彭伉及第后,家人为其摆酒宴庆贺,赴宴的人"皆官人名士",彭伉坐在上席,宾客纷纷向他敬酒恭维。过了一会儿,湛贲到了,刚要入席,被彭伉一把拉住,彭伉说:"这是你吃饭的地方吗?到后阁去吃。"湛贲也没说什么,径直往后阁去了。湛贲的妻子看不下去了,就忿然责怪湛贲说:"男子汉不能要强,被人如此窘辱,还有什么脸面!"

被亲戚、同乡嘲笑,已经是很让落第举子伤心的事情了,要是再被老婆、情人奚落,那就更加难堪了。《唐人说荟·玉泉子》载,士子杜羔累举不中,将归家,其妻刘氏寄以诗曰:"良人的的有奇才,何事年年被放回?如今妾面羞君面,君到来时近夜来。"丈夫失意,竟遭到妻子的如此奚落,诚可谓难堪之极。还有更甚者,何光远《诚鉴录》说:"罗隐初赴举子日,于钟陵筵上遇娼妓云英同席。一纪后,下第,又过钟陵,复与云英相见。云英抚掌曰:'罗秀才犹未脱白。'隐虽内愧,亦嘲之以诗。"落第进士,连妓女都要奚落笑话,岂不令人气恼。罗隐只好以诗自我解嘲:

> 钟陵醉别十余春,重见云英掌上身。我未成名卿未嫁,可怜俱是不如人。

及第者风光无限,而大多数落选者的心情则是抑郁苦闷的。李观在德宗贞元八年(792)登第,孟郊往贺。孟郊年长于观,却屡屡落第,不禁慨然兴叹:"昔为同恨客,今为独笑人。舍予在泥辙，飘迹上云津。卧木易成蠹，弃花难再春。何言对芳景，愁望极萧晨。埋剑谁识气，匣弦日生尘。愿君语高风，为余语苍旻。"（《赠李观》）这首诗应该是孟郊当时心境的真实流露。

落第才子，又岂止孟郊！落第举子多有感慨赋诗者。如："故乡依旧空归去，帝里如同不到来。"（元代辛文房《唐才子传》卷八引罗邺诗）"榜前潜制泪，众里独嫌身。气味如中酒，情怀似别人。"（李廓《下第》）"欲别朱门泪先尽，白头游子白身归。"（徐凝《自鄂渚至河南将归江外留辞侍郎》）这些诗句，都很哀婉感人，可见科场之上，不乏失意之人。

落第者的心态，大多是惘然失落的。他们有的感到十分羞赧：钱起感叹"献赋十年犹未遇，羞将白发对华簪"（《赠阙下裴舍人》），卢纶诗云"颜衰重喜归乡国，身贱多惭问姓名"（《至德中途中书事却寄李僴》）；有的人故作放旷，自我安慰："执板狂歌乞个钱，尘中流浪且随缘。直饶到老常如此，犹胜危时弄化权"（《全唐诗》卷七百八十四《白衫举子歌》）；有的人感到的则是愤怒，晚唐罗隐《感弄猴人赐朱绂》：

十二三年就试期，五湖烟月奈相违。何如买取胡孙弄，一笑君王使着绯。

《幕府燕闲录》载："唐昭宗播迁，随驾伎艺人止有弄猴者。猴颇驯，能随班起居。昭宗赐以绯袍，号孙供奉。"按唐制，五品官服浅绯，四品官服深绯。一个伶俐的畜生，居然能够赐以大官的朝服，封以皇帝近侍的官衔，而有真才实学的读书人，十二三年离乡背井上京应试，竟一无所得！

有人发誓磨穿铁砚也要登科。乾符三年（876），黄滔在屡举不第以后，又于本年落榜。他在《代陈蠲谢崔侍郎启》中写道："某词学疏芜，进取乖拙，一叨贡士，累黜名场……谓一生而便可甘心，叹二纪而徒劳苦节！"一纪是十二年。黄滔考了二十三年后，才总算考上了。可有人辛苦十几年甚至几十年却徒劳无功，白首科场者大有人在。戈牢是会昌三年（843）进士，考取后辛酸地写道："再启龙门将二纪，两司莺谷已三年。"（《和主司王起》）刘得仁考了三十年，竟不仕而死。白居易在《悲哉行》一诗中代举子们诉苦："十上方一第，成名常苦迟。纵有宦达者，两鬓已成丝。可怜少壮日，适在穷贱时。丈夫老且病，焉用富贵为。"从中可见当时科考的一般景况。

以一生做赌注投身科场的，还真不少。《唐摭言》说魏州（今河北大名）有一个叫公乘亿的人，因为词赋而著名。咸通十三年（872）科举时，已经快是第三十次参加考试了。那年公乘亿曾经大病，乡人误传他已死，他的妻子从河北来京城迎丧。公乘亿正好送客到坡下，遇到妻子。开始的时候，夫妻离开有十多年了，公乘亿当时在马上见到一个妇人，穿着粗麻衣跨着驴子，依稀与妻子相像，所以不停看她；妻子也这样。于是找人问他，果然是公乘亿。公乘亿与妻子互相扶着哭泣不已，路人都觉得诧异。

公乘亿虽然经历了生死离别，但毕竟是误传死讯，而且后来也考上了。有很多人却是抱着科举不第的遗憾凄楚死去的。《唐才子传》记载，晚唐诗人刘得仁，出入考场三十年，始终没得到功名。刘得仁身体又弱，终于含恨而逝。诗人们可怜他的遭遇，纷纷写诗悼念他，其中栖白的悼诗《哭刘得仁》最感人："忍苦为诗身到此，冰魂雪魄已难招。直教桂子落坟上，生得一枝冤始消。"意思是说：忍受苦难坚持作诗一直到死，坟墓被冰雪覆盖已难以招回你的魂魄；直到坟上长出桂枝（意为死后考中进士），你的冤苦才能消除。

真正命丧应试路途上的，也不是没有。唐元和十年（815），举子廖有方参加科举落第，独自去蜀郡游玩散心。他路过宝鸡西边，住在一家旅店里时，忽然听到隔壁有微弱的呻吟声。廖有方前往探视，看到一个身染重病的书生在轻轻哭泣。廖有方一打听，才知道这书生竟和自己一样，也是个落第的举子。书生说："我参加过好几次的科举考试，但都不受赏识，未被录取。如今贫病交加，眼看就要客死他乡了！"廖有方听后非常同情，就留下来照顾他。可没过多久，这位书生还是死了。廖有方就将自己的马和鞍具卖掉，用所得的钱将少年安葬了。遗憾的是，廖有方并不知道少年的名字，只给后人留下了一首《题旅榇》诗：

> 嗟君殁世委空囊，几度劳心翰墨场。半面为君申一恸，不知何处是家乡。

唐代的科举制尽管还存诸多弊端，但其意义不容低估。尤其是进士科的诗赋取士，直接促进了唐诗和唐朝文化的发展，不仅造就了一批诗人，而且推动了古文运动的勃兴和传奇小说的发展，使唐代文学的水平达到一个很高的层次。此外，科举制在消融门第、提高官员素质方面，也具有重要作用。

总之，唐代科举在取士原则或形式上都开创先河，实为中国选举制的转捩点。西方人将中国的科举制度称之为"中国第五大发明"。《英国大百科全书》说："我们所知道的最早的考试制度，是中国所采用的选举制度。"

座中泣下谁最多？江州司马青衫湿

——从服饰看唐代官员的等级

座中泣下谁最多，江州司马青衫湿。

——白居易《琵琶行》

白居易《琵琶行》结尾的"青衫"，可不是《诗经·郑风·子衿》中"青青子衿，悠悠我心"里的青衫，而是官服。"青青子衿"是周代学子的服装。而《琵琶行》中的"青衫"，表现的则是白居易谪官远放的凄楚和感伤。

为什么这样讲呢？原来，唐朝的官服，代表着一个人的官阶和地位。按《旧唐书·舆服志》所载，唐肃宗上元元年（760）八月颁布诏令，"文武三品已上服紫，金玉带；四品服深绯，五品服浅绯，并金带；六品服深绿，七品服浅绿，并银带；八品服深青，九品服浅青，并输石带"。

元和十年（815）六月，宰相武元衡遭藩镇刺客暗杀，时任左赞善大夫的白居易当即上疏唐宪宗，力陈须速将凶手缉拿归案。但白居易此举被视为僭越行为，因而被贬为江州司马。

江州司马是何品级？着何服色？元和十三年（818），白居易撰《江州司马厅记》说："案《唐典》，上州司马秩五品，岁廪数百石，月俸六七万。"《新唐书·地理志》云："江州浔阳郡，上。"按唐官制，上州司马，是从五品下。如果比照品级，似应该服浅绯。但为什么白居易此时穿"青衫"呢？这还得从唐代官员的服饰与等级说起。

一、唐代的散官制度

原来，隋唐的官员有职事官与散官的分别。所谓职事官，就是指中央机构的三省、六部、九寺、五监、十二卫以及州县各官。这些官员都有比较明确的职责权限。所谓散官，只是一种表示身份地位的称号，并没有实际的职权。陆贽《又论进瓜果人拟官状》：

> 谨按命秩之载于甲令者，有职事官焉，有散官焉，有勋官焉，有爵号焉。虽以类而分，其流有四，然其掌务而授俸者，唯系于职事之一官，以序才能，以位贤德，此所谓施实利而寓之虚名者也。其勋、散、爵号三者所系，大抵止于服色、资荫而已，以驭崇贵，以甄功劳，此所谓假虚名以佐其实利者也。(《全唐文》卷四百六十九)

也就是说，唐代的职官制度是一套复杂的体系。除了职事官外，还有散官、勋官和爵号这三类。这四类官称体系中，只有职事官表示的是实际职守，而其余三类，只是表示身份地位的。民国柯劭忞《新元史》概括得比较简明："夫爵者，官之尊也；阶者，官之次也；品者，官之序也；职者，官之掌也；位者，官之居也；禄者，官之给也；吏者，官之佐也。"

一般来说，以职官表示其实职，以散官表示其资历，以勋官表示其功劳，以爵号表示其血统。按规定，凡九品以上职事官，皆带散官号，谓之"本品"。统治者这样设置，是有其用意的。(《新唐书》卷一五七《陆贽传》)

故锡货财，列廪秩，以彰实也；差品列，异服章，以饰虚也。居上者达其变，相须以为表里，则为国之权得矣。

因此，职事官、阶官、勋官、封爵共同构成了一个复合体系。在这个体系中，职事官给予俸禄，"以彰实"。散官、勋官和爵号，则专用来"差品列，异服章，以饰虚"。曾有众多待遇从属于散阶，例如给田免课、刑罚、班序、车舆、衣服等，此外还涉及致仕、封爵、置媵、营缮、丧葬、谥议等方面的待遇。

宋王楙《野客丛书》卷二十七："唐制服色不视职事官，而视阶官之品。"明胡震亨《唐音癸签》卷十八引宋人蔡宽夫语云："唐百官服色视阶官之品，宋视职事官，此为异。"清钱大昕《十驾斋养新录》卷十《唐人服色视散官》："唐时臣僚章服不论职事官之崇卑，唯论散官之品秩。虽宰相之尊，而散官未及三品，犹以赐紫系衔。而散官未到金紫银青，则非赐不得衣紫。唐人之重散官如此。"如此看来，唐人之官服服色，是以散官官阶的高低作为标准的。

白居易所官之江州司马是一职事官名（《旧唐书·职官志》），因此其所系之官品并不决定官员服色。考《白氏长庆集》卷二十三中有《祭匡山文》，文云："维元和十二年，岁次丁酉，二月二十五日乙酉，将仕郎、守江州司马白居易"，是元和十二年白居易之散官为将仕郎。

因为散官系按资历升级，职事官则由君主任命，因此往往职事官较高，散官的品级却较低而不相适应。唐太宗时规定职事官与散官、勋官上朝时合班，文散官居职事官之下，勋官又次之。又规定散官官阶高而所任之职事官官阶低者称为"行"某某官；散官品级较低而所任职事官官阶高者，称为"守"某某官。其大致相等者，称为"兼"某某官。白居易任江州司马秩五品，但散官是将仕郎，所以他自称"将仕郎、守江州司马白居易"。

将仕郎是怎样级别的一个散官呢？据《旧唐书·职官志》："从第九品下阶将仕郎（文散官）。"如此，将仕郎应该是最低级的文散官。

唐初高祖武德年间，为散官定制，文散官从开府仪同三司、左光禄大夫（从一品），到文林郎、将仕郎（从九品），共二十九阶。太宗贞观十一年（637）略作改动调整，仍为二十九阶，成为永制：

开府仪同三司为从一品；特进为正二品，光禄大夫为从二品；金紫光禄大夫为正三品，银青光禄大夫为从三品；正议大夫为正四品上，通议大夫为正四品下；太中大夫为从四品上，中大夫为从四品下；中散大夫为正五品上，朝议大夫为正五品下；朝请大夫为从五品上，朝散大夫为从五品下；朝议郎为正六品上，承议郎为正六品下；奉议郎为从六品上，通直郎为从六品下；朝请郎为正七品上，宣德郎为正七品下；朝散郎为从七品上，宣义郎为从七品下；给事郎为正八品上，征事郎为正八品下；承奉郎为从八品上，承务郎为从八品下；儒林郎为正九品上，登仕郎为正九品下；文林郎为从九品上，将仕郎为从九品下。

太宗贞观十一年（637），设置武散官，也是二十九阶：

骠骑大将军为从一品；辅国大将军为正二品，镇军大将军为从二品；冠军大将军为正三品，云麾将军为从三品；忠武将军为正四品上，壮武将军为正四品下；宣威将军为从四品上，明威将军为从四品下；定远将军为正五品上，宁远将军为正五品下；游骑将军为从五品上，游击将军为从五品下；昭武校尉为正六品上，昭武副尉为正六品下；振威校尉为从六品上，振威副尉为从六品下；致果校尉为正七品上，致果副尉为正七品下；翊麾校尉为从七品上，翊麾副尉为从七品下；宣节校尉为正八品上，宣节副尉为正八品下；御侮校尉为从八品上，御侮副尉为从八品下；仁勇校尉为正九品上，仁勇副尉为正九品下；陪戎校尉为从九品上，陪戎副尉为从九品下。

由上可看出，唐代贞观年间厘定的文武散官各二十九等。文散官五品以上，称大夫，六品以下称郎。三品及以上，分正品、从品；四品及以下，正品、从品之外，又有上阶和下阶。武散官正三品以上称大将军，正六品以下，上阶称校尉，下阶称副尉。

唐朝官员服色一般就是由上述品阶来规定的，而且较受重视。对于朝廷滥赏散官，唐朝官员是不满的。由于宦官接近皇帝，容易受恩宠，往往有很多宦官获得了较高的官阶品秩，白居易作《轻肥》讽刺宦官："朱绂皆大夫，紫绶悉将军"，说他们靠作态邀宠获得了大夫、将军这些较高的文武散官品位，可以服红衣紫。

白居易又该穿什么颜色的衣服呢？白居易于元和十一年秋江州司马任上作《琵琶行》时，其散官为将仕郎。"九品服浅青"，所以白居易当时穿青衫。

其实，白居易自进士及第释褐为官，到其被贬为江州司马，一直穿着青衫。白居易于贞元十六年（800）二十九岁进士及第，三十一岁时又拔书判拔萃科，三十二岁被授校书郎（从九品上），三十五岁时授周至县尉（正九品下），三十六岁时授翰林学士。元和三年（808），白居易又以道侔伊吕科授左拾遗（从八品上）。白居易不无自豪地说："十年之间，三登科第，名落众耳，迹升清贯，出交贤俊，入侍冕旒。"（《与元九书》）。他的话不错。翰林学士无品秩官属，是差遣官，但在唐代中后期，却是中枢决策中举足轻重的职官，与中书舍人对掌内外制命，甚至被时人目为"内相"。学士人选，不重资历，却特别重文才。所以白居易称自己"始得名于文章"（《旧唐书·白居易传》）。左拾遗品秩虽然不高，但正如白居易所说："朝廷得失无不察，天下利病无不言，此国朝置拾遗之本意也。"（同上）但即便如此，白居易的散官仍为将仕郎。他此时的官号全称是将仕郎、左拾遗、翰林学士，按制还穿青衫。

白居易左拾遗任职期满，自请为京兆府户曹参军（正七品下阶），虽然品秩比左拾遗稍低，但俸禄较多，白居易如愿以偿，高兴得"蹈舞屏营，不知所据"（《谢官状》）。这时，白居易仍充翰林学士。元和六年（811）白居易丁母忧去职。三年居丧期满，被任命为左赞善大夫。左赞善大夫非三省六部之行政官职，属东宫官，负责掌传令、讽过失、赞礼仪，以经教授诸郡王，品秩为正五品上。若按职事官定服色，他该穿浅绯的五品服，可他还只能穿青衫，因为他的散官还是将仕郎。

二、唐朝官员的服色

区分官员品秩的最重要标志是服色。白居易就曾说："吾观九品至一品，其间气味都相似。紫绶朱绂青布衫，颜色不同而已矣。"（《王夫子》）

唐朝官员服色的规定是逐渐确定并严格起来的。

唐初官员的服色还只是黄、紫二色，"寻常服饰，未为差等"（《唐会要·章服品第》）。后来，因为唐高祖听朝时常服赤黄（即赭黄），"遂禁士庶不得以赤黄为衣服杂饰"，于是臣民不敢再服赤黄色，赤黄就成了帝王的专用服色。安禄山造反称帝时穿的就是赤黄衫。但除了赤黄外，其他的黄色仍为普通官员百姓的常服服色，并不禁止。

官员服色的分别，是从唐太宗贞观年间开始的。《旧唐书·舆服志》："贞观四年又制，三品以上服紫，五品以下服绯，六品、七品服绿，八品、九品服以青，带以鍮石。妇人从夫色。虽有令，仍许通着黄。"太宗刚开始规定服色时，服色制度执行得还不很严格。《唐会要·章服品第》说，高宗咸亨五年（674）五月，"闻在外官人百姓，有不依令式，遂于袍衫之内，着朱紫青绿等色短衫袄子，或于闾野，公然露服，贵贱莫辨"。官员有时也穿黄色衣服朝参视事。后来有一个叫柳延的县尉，穿了黄色衣服夜行，被不认识自己的下属打了一通。高宗听说后，认为章服紊乱，就又下了诏书加以申明。

上元元年（674）八月，高宗进一步申明："文武三品已上服紫，金玉带。四品服深绯，五品服浅绯，并金带。六品服深绿，七品服浅绿，并银带。八品服深青，九品服浅青，并鍮石带。庶人并铜铁带。"（《旧唐书·舆服志》）《唐会要》云："庶人服黄，铜铁带。"可见官服服色以紫色为最尊，绯色（朱色）次之，绿色、青色又次之。绯、绿、青三色中，又分深浅，以作区别。还特意强调："朝参行列，一切不得着黄也"。此令还增加了腰带的规定。从此之后，官员服色规定即成标准，"衣服下上，各依品秩。上得通下，下不得僭上"（《唐会要·章服品第》）。

"上得通下，下不得僭上"，是说品阶高的官员可以服品阶低的官员的服色，但品阶低的官员不能服品阶高的官员的服色，否则，就是僭越。所以，有些官员为了表示谦虚，平常家居时，有时也用下级服色。甚至有做官后还服白袍自标风雅的。

白色、黄色是普通百姓的服色。唐朝规定：庶人、部曲服绌、䌷、绢、布，色通用黄白色。客女、奴婢通服青碧。未及第的举子常服为白袍。五代王定保《唐摭言·好放孤寒》："元和十一年，岁在丙申，李凉公下三十三人，皆取寒素。时有诗曰：'元和天子丙申年，三十三人同得仙。袍似烂银文似锦，相将白日上青天。'"袍似烂银，意思是袍色为白。可见士人未作官时衣白。《唐摭言·海叙不遇》："宋济老于辞场，举止可笑……有客讥宋济曰：'白袍何纷纷。'答曰：'为朱袍紫袍纷纷耳！'"可见一旦入仕，就能脱掉白袍，换以官服。

可肃宗时的李泌，受到肃宗的格外信任，终日侍从左右，参谋密议。但他仍旧白袍一领。有一天，他和肃宗同游宫观，一着白衣，一着黄衣（赤黄），色彩对照鲜明，于是观者互相指点，称肃宗"衣黄圣人"，称李泌"衣白山人"。李泌着白衣，为的是躲避谗毁，但也说明，居官者也可服民服。

高宗以后对于服色只是适时加以调整。如睿宗文明元年（684），诏"八品以下，旧服青者，并改为碧"。这是考虑到"深青乱紫，非卑品所服"的缘故。但景云年间（710—711年）又重申上元令，从此服色大抵依上元之制，基本不再改变。

三、常服佩饰上的等级规定

腰带，也称环带，在上元令中，也非常明确地规定了等级。睿宗景云二年（711）四月，又强调："内外官依上元元年敕，文官武官咸带七事（谓佩刀、刀子、磨石、契苾真、哕厥、针筒、火石袋等也）。其腰带，一品至五品并用金；六品、七品并用银；八品、九品并用鍮石。"（《通典》卷六三）

这说明，除服色外，唐代官员在腰带以及常服的佩饰上也有相应的等级规定。腰带用皮革制成，带上有饰片，称带銙。唐制：三品以上有十三块金玉质带銙，四品有十一块金銙，五品有十块金銙，六至七品有九块银銙，八至九品有八块銙石銙。腰带上还垂挂有小带子，可以系挂各种小件物品。按照上元敕令，"文武官咸带七事"，就是垂挂在这条腰带上的小件物品。这还是胡服遗制，始自唐初。

挂在腰间的，还有鱼袋（龟袋），内装鱼符，是官员身份的证明。唐初即有随身鱼符，"左二右一，左者进内，右者随身"，即鱼符左部由朝廷主管部门掌握，右部由臣子本人随身佩带。五品以上官员上朝出入宫门时，以之为凭证。随身佩鱼，既是作为应见的凭证，又可以用它来明贵贱、辨尊卑。唐制：三品以上穿紫色公服者佩金鱼袋（以金饰袋），四至五品穿绯色公服者配银鱼袋（以银饰袋）。

武则天称帝时，一度将鱼符改为龟符，三品以上佩金龟袋。李商隐《为有》诗云："无端嫁得金龟婿，辜负香衾事早朝。"是说挂金龟袋者必为三品以上的高官，免不了每天早起上朝，抛撇下少妇空房独宿。"金龟婿"在后来就成了一个典故，人们习惯于把做官的新郎称作"金龟婿"。其实唐中宗复位之后，就把龟符改成了鱼符，到李商隐作诗时，早就没有金龟袋了。但由于龟被认为是灵物，非常珍贵，当时也确有人把印纽铸为龟形，故称金龟。传说"四明狂客"贺知章，在京师遇到李白，遂解腰间所佩金龟换酒。李白《对酒忆贺监诗序》："太子宾客贺公，于长安紫极宫一见余，呼余为'谪仙人'，因解金龟，换酒为乐。"诗云："四明有狂客，风流贺季真。长安一相见，呼我谪仙人。昔好杯中物，今为松下尘。金龟换酒处，却忆泪沾巾。"

龟符龟袋行于武周仅十多年。中宗复位后，都用鱼符鱼袋，并开始让散官佩鱼。据《旧唐书·舆服志》："景龙三年八月，令特进佩鱼。散职佩鱼，自兹始也。"而且，"虽正员官得佩，亦去任及致仕即解去鱼袋"。即在本人调职、致仕或亡殁时，照例都要收缴鱼袋。后来唐高宗发敕说："岂可生平在官，用为褒饰，才至亡没，便即追收？寻其始终，情不可忍。自今已后，五品以上有薨亡者，其随身鱼袋，不须追收。"（《唐会要》卷三十一）。

睿宗朝开始把鱼袋之制与常服服色相关联。《唐会要·舆服·鱼袋》："景云二年四月二十四日敕文：鱼袋，着紫者金装，着绯者银装。"《朝野佥载》记载了一个小故事。有个叫朱前疑的小官，上书给武则天，说是"臣梦见陛下八百岁"，即授拾遗，又升郎中，奉命出使；回朝后又上书云："闻嵩山唱万岁声"，特赐佩鱼。因其官阶未入五品，这个本该与绯服配套的银鱼袋，只好"于绿衫上带之，朝野莫不怪笑"。如果记载有根据的话，那就说明，武周朝已经开始习惯于鱼袋和服色的配套关联了，同时也说明鱼袋还有一些褒饰意义。

四、假紫假绯与赐紫赐绯

玄宗朝不但把佩鱼的范围扩大了，而且还许可假紫、假绯以及终身佩鱼："开元初，驸马都尉从五品者假紫、金鱼袋；都督、刺史品卑者假绯、鱼袋；五品以上检校、试、判皆佩鱼。中书令张嘉贞奏，致仕者佩鱼终身。自是，百官赏绯、紫，必兼鱼袋，谓之章服。"（《新唐书·车服志》）章服制度从此确立。

上面提到的假紫、假绯，就是品卑不足以服绯服紫者，也

座中泣下谁最多？江州司马青衫湿

197

可以连公服、鱼袋在内，成套行头一起出借，以此作为一种对官员的褒奖。如常衮《谢赐绯表》云："内给事潘某奉敕旨，赐臣绯衣一副，并鱼袋、玉带、牙笏等"，就是成套出借的一例。

南宋洪迈《容斋随笔》卷一："唐人重服章。"又《容斋三笔》卷五《绯紫假服》：

> 唐宣宗重惜服章，牛丛自司勋员外郎为睦州刺史，上赐之紫，丛既谢，前言曰："臣所服绯，刺史所借也。"上遽曰："且赐绯。"然则唐制借服色得于君前服之。

这里提到了"借服色"。如果官员出使外邦，或出任地方都督、刺史而品阶低于三品、五品的，都可以"借紫""借绯"。牛丛为司勋员外郎，是个从六品上的官。但他的散官已在五品以上，故着绯。出为睦州刺史，为正四品上，按服制也应着绯。唐宣宗为了借助章服增加他的威望，特意要"假紫"给他。可见唐宣宗很看重服章的作用。牛丛辞谢以后，唐宣宗赐绯给他。那么，牛丛已经着绯，唐宣宗何以还要赐绯给他呢？

原来，赐紫、赐绯以后，通常即可长期服用，直到告老退休。这就是"赐"与"借"的不同。如杜甫在严武幕府任节度参谋，严武向朝廷表荐杜甫为工部检校员外郎，并赐绯及鱼袋。这使杜甫感到莫大的荣耀。他在自己的诗中多次提到此事。如他在《客堂》中说："台郎选才俊，自顾亦已极。前辈声名人，埋没何所得。居然绾章绂，受性本幽独。"在《春日江村五首》其三中说："赤管随王命，银章付老翁。岂知牙齿落，名玷荐贤中。"在《秋日夔府咏怀奉寄郑监李宾客一百韵》中说："雾雨银章涩，馨香粉署妍。"在《奉赠卢五丈参谋琚》中言："素发干垂领，银章破在腰。"字里行间透露出为郎赐服的荣耀和自豪。

唐朝廷对于出镇大员及佐幕从军者，在官爵、服饰方面的政策一般都比较宽容。如大将高仙芝由于远征小勃律建功，天宝八载（749）入朝，加特进（文散官第二阶，正二品）。天宝十载（751）又加授开府仪同三司（文散官第一阶，从一品）。按高仙芝的散官官爵，他的服饰应该是紫袍金带。从史籍所记其年龄推算，此时的高仙芝也不过才四十岁上下，如果不是出镇大员，应该很难得到这般殊荣。又如韩愈在任中书舍人时，官虽是正五品上，但其散官则为正六品的朝议郎，还不能穿绯服。待到他为裴度的行军司马，官拜太子右庶子兼御史中丞，就得到了"赐金紫"的待遇。《旧唐书·韩愈传》："元和十二年八月，宰相裴度为淮西宣慰处置使，兼彰义军节度使，请愈为行军司马，仍赐金紫。"

不同于"赐"，"借紫""借绯"者在任职期满后，必须交还，仍然恢复原来的官服。《唐会要》卷三十一《内外官章服》："（开元）八年二月二十日敕，都督、刺史品卑者，借绯及鱼袋，永为常式""离任则停之"。如，白居易于元和十四年（819）至十七年（821）任忠州刺史就是借绯，诗云："假着绯袍君莫笑，恩深始得向忠州。"（《行次夏口，先寄李大夫》）其时他的散官仍为将仕郎，故"假着绯袍"，任期满后是要还给朝廷的。白居易《初除尚书郎脱刺史绯》诗云："便留朱绂还铃阁，却着青袍侍玉除。无奈娇痴三岁女，绕腰啼哭觅银鱼。"他还得脱下红袍，穿上青衫。不管小女儿如何哭闹，鱼袋也须上交，这是规矩。

但安史之乱爆发时，唐朝政府为了酬赏军功，"借紫""借绯"者，数量很大，亦多不还。《资治通鉴》卷第二百一十九"肃宗至德二载"云：

> 是时府库无蓄积，朝廷专以官爵赏功，诸将出征，皆给空名告身，自开府、特进、列卿、大将军，下至中郎、

郎将，听临事注名。其后又听以信牒授人官爵，有至异姓王者。诸军但以职任相统摄，不复计官爵高下。及清渠之败，复以官爵收散卒。由是官爵轻而货重，大将军告身一通，才易一醉。凡应募入军者，一切衣金紫，至有朝士僮仆衣金紫称大官而执贱役者。名器之滥，至是而极焉。

因为官爵太滥，为了便于指挥，各军只以职任相统属，不再论官爵的高下。于是官爵轻而财货贵，大将军告身①一通，才能换得一顿酒。所以，司马光感叹说："名器之滥，至是而极焉。"

唐朝政府用官爵来鼓励出征，收聚溃兵，只是战时的需要。战乱平息后，唐政府就不断颁布禁车服逾侈诏敕。

唐代宗大历六年（771）四月颁布《禁断织造淫巧诏》，说："朕思以恭俭克己，淳朴化人，每尚玄素之服，庶齐金土之价。而风俗不一，逾侈相高，浸弊于时，其来已久。耗缣缯之本，资锦绣之奢，异彩奇文，资其夸竞。今师旅未戢，黎元不康，岂使淫巧之功，更亏恒制！……两都委御史台，诸州府委本道节度、观察使，切加觉察，如违犯，具状闻奏。"（《全唐文》卷四七）

唐穆宗长庆四年（824）三月诏敕："天下所贡奇绫异锦、雕文刻镂，一事以上，有涉逾制者，悉皆禁断。至于丧葬、嫁娶、车马、衣服，事关制度，不合逾越，委中书门下明立科条，颁示天下。有不守者，御史台及出使郎官、御史严加访察，节

---

① 委任官职的文凭，皆给以符，称为告身，又称告词，是诰的别名。明王世贞《委宛余编》："唐时将相告身用金花五色绫纸。"《资治通鉴》卷二一七"唐至德元载"条："唐时以后，官爵冗滥，有空白告身，随时可填人名。"因有以换酒之事。

级科处。"(《册府元龟》卷六十五《帝王部·发号令第四》)

唐文宗太和七年（833）八月下诏："比年所颁制度，皆约国家令式，去其甚者，稍谓得中，而士大夫苟自便身，安于习俗，因循未革，以至于今。百官士族起今年十月服冬裘，以后其衣服、舆马并宜准太和六年六月十七日敕处分，如故违制度，九品以上量加黜责，其布衣五年不得举选，百姓、军人各委州府长吏渐施教化。"(《册府元龟》卷六十五《帝王部·发号令第四》)

比较以上三敕，可见唐政府在官员百姓服饰方面的限制和要求，越来越严厉。唐代宗只言不得奢侈，"如违犯，具状闻奏"，还没说到惩罚。因为战乱方息，朝廷鬻爵赏功，木已成舟，不便言而无信。唐穆宗时，大乱已过五六十年，原来的那些被赐告身者大都已死，空头支票自然作废，所以措辞严厉起来了：对有涉逾制者"节级科处"。唐文宗则更把"科处"的措施具体讲了出来。

五、官服的质地与图案

唐代各级官员的服装，除了服色以外，官服的质地、花纹、图案也有差别。按《唐会要·舆服·异文袍》记载，三品以上的官员可以服大料绸绫及罗，五品以上的官员可以服小料绸绫及罗，六品以下至九品的官员可以服丝布杂小绫、交梭及双纠，流外官及庶人，则只能服绸绢绝布。

武周天授三年（692）正月，宫廷做出绣袍，用以赏赐新任职的都督、刺史。绣袍都刺绣作山形图案。图案四周有回文铭："德政惟明，职令思平，清慎忠勤，荣进躬亲。"自此，每当有新任都督、刺史的，朝廷都赐给这样的绣袍。两年多以后，武则天又用绣袍赏赐三品以上的文武官员。图案种类更加多样，也更加鲜丽华美。"诸王则饰以盘龙及鹿。宰相饰以凤池。尚书饰以对雁。左右卫将军，饰以对麒麟。左右武卫，饰以对虎。左右鹰扬卫，饰以对鹰。左右千牛卫，饰以对牛。左右豹韬卫，饰以对豹。左右玉铃卫，饰以对鹘。左右监门卫，饰以对狮子。左右金吾卫，饰以对豸。文铭皆各为八字回文，其辞曰：忠贞正直，崇庆荣职。文昌翊政，勋彰庆陟。懿冲顺彰，义忠慎光。廉正躬奉，谦感忠勇。"（《唐会要》卷三十二《舆服下·异文袍》）

唐玄宗开元十一年（723）六月，下敕为诸卫大将军、中军郎将制袍文："千牛卫瑞牛文，左右卫瑞马文，骁卫虎文，武卫鹰文，威卫豹文，领军卫白泽文，金吾卫辟邪文，监门卫狮子文。"（《唐会要》卷三十二《舆服下·异文袍》）这是对武将纹饰图案的规定。

贞元三年（787）三月，唐德宗又规定："节度使文，以鹘衔绶带，取其武毅，以靖封内；观察使以雁衔仪委，取其行列有序，冀人人有威仪。"（《唐会要》卷三十二《舆服下·异文袍》）仪委，就是委瑞草，简称瑞草。这样的纹饰图案，各以文武职掌而规定，时人称之为"袍花"。白居易《和春深》："通犀排带胯，瑞鹘勘袍花。"所言"袍花"即指此。唐代的袍花，一直影响到明清文武官员的补服。

唐文宗时，才开始把异文袍制度化。大和六年（832）六月敕："三品已上，许服鹘衔瑞草，雁衔绶带，及对孔雀绫袍袄；四品五品，许服地黄交枝绫；六品已下常参官，许服小团窠绫及无纹绫。"（《唐会要》卷三十二《舆服下·异文袍》）这是把异文袍制度扩大到中下级官员。

官服的纹饰图案，制作精美，每引得诗人乐于吟咏。例如，白居易诗："鱼缀白金随步跃，鹘衔红绶绕身飞"（《初除忠州》），"荣传锦帐花联萼，彩动绫袍雁趁行"（《闻行简恩赐章服，喜成长句寄之》），都是吟咏章服纹饰图案的。

六、唐代官员的礼服

唐代官员服饰除了常服外，还有礼服。常服是便服，官员素常服用；礼服又称冠服，用于朝会、祭祀或典礼，所以又包括朝服、祭服等。《新唐书·车服志》：

> 五品以上陪祭、朝飨、拜表、大事之服也，亦曰朝服。冠帻，簪导，绛纱单衣，白纱中单，黑领、袖，黑褾、襈、裾，白裙、襦，革带金钩䚢，假带，曲领方心，绛纱蔽膝，白袜，乌皮舄，剑，纷，鞶囊，双佩，双绶。六品以下去剑、佩、绶，七品以上以白笔代簪，八品、九品去白笔，白纱中单，以履代舄。

由上可看出朝服不同于常服的一些特点：首先，朝服为冠服。唐代官员的冠服有进贤冠、法冠、武弁、弁服、平巾帻、介帻等种类。韦应物《还阙首途寄精舍亲友》："严车候门侧，晨起正朝冠。"韩愈、孟郊《城南联句》："战服脱明介（韩愈），朝冠飘彩绂（孟郊）。"就是指官员上朝所戴之冠。"进贤冠"是唐代儒者、文吏所戴之冠。《新唐书·车服志》："进贤冠者，文官朝参、三老五更之服也。"杜甫《丹青引赠曹将军霸》："良相头上进贤冠，猛将腰间大羽箭。"韩愈《朝归》："峨峨进贤冠，耿耿水苍佩。"即指此。又刘禹锡《送太常萧博士弃官归养赴东都》有"贪荣五彩服，遂挂两梁冠"句。《旧唐书·舆服志》："进贤冠，三品以上三梁，五品以上两梁，犀簪导。九品以上一梁，牛角簪导。"看来，太常萧博士的散官品秩当在五品以上。至于唐代的乌纱帽，曾为天子和太子所专用，太宗以后，才诏为官民所通用。其次，朝服比常服复杂的地方，还在于加黑领、系蔽膝、白纱内衣内裙、白袜黑鞋等这些琐碎的规定上。再次，朝服等级十分明显，其差别主要体现在簪、剑、佩、绶等佩饰上。佩，唐制五品以上官员在穿朝服时都要佩带大佩，它是各种玉制配件组合而成的饰物，用五彩丝绳贯串珠玉点缀其间，其使用方法是在外衣的两侧各佩带一套。绶是一种用丝带编成的饰物，用以系玉。

唐代还有一种非正统的冠服，叫"袴褶服"。它源于胡服，到唐代也成为一般朝参时的服饰了。由于它既不是传统冠服，又不如常服方便，唐中后期后，就逐渐消亡了。

总之，在唐代，服饰可以"彰施服色，分别贵贱"（《唐会要》卷三十一），成为社会身份的鲜明符号。所以唐人，特别是步入仕途的唐代官员，对其相当看重。宋葛立方《韵语阳秋》卷十一云："杜子美、白乐天皆诗豪，器识皆不凡，得一绯衫何足道，而诗句及之不一，何邪？……其必有以称之哉。"他还特意举了杜甫、白居易和韩愈的许多诗句作例子。诸诗人中，尤以白居易最为属意于官俸品服。清代赵翼《瓯北诗话》卷四《白香山诗》说，白居易的诗"可抵《舆服志》"：

> 香山诗不惟记俸，兼记品服。初为校书郎，至江州司马，皆衣青绿。有《春去》诗云"青衫不改去年身"，《寄微之》云"折腰俱老绿衫中"，及《琵琶行》所云"江州司马青衫湿"，是也。行军司马则衣绯，有《寄李景俭唐邓行军司马》云："四十着绯军司马"。为刺史，始得着绯。有《忠州初着绯答友人》诗，有《谢裴常侍赠绯袍鱼袋》诗。

由忠州刺史除尚书郎，则又脱绯而衣青。有诗云："便留朱绂还铃阁，却着青袍侍玉除。"时微之已着绯，故赠诗云："笑我青袍故，饶君茜绶殷。"及除主客郎中、知制诰，加朝散大夫，则又着绯，而微之已衣紫，故赠诗云："我朱君紫绶，犹未得差肩。"除秘书监，始赐金紫。有《拜赐金紫》诗云："紫袍新秘监，白首旧书生。"太子少傅品服亦同。故诗云："勿谓身未贵，金章照紫袍。"此又可抵《舆服志》也。

确实，如果留心的话，不但可以从唐代诗文中窥察出唐代官员的等级和服饰的关系，还可以窥察出唐人在这方面的心态与表现。

忽如一夜春风来，千树万树梨花开

——唐代士人的从军与出塞

北风卷地白草折，胡天八月即飞雪。忽如一夜春风来，千树万树梨花开。

——岑参《白雪歌送武判官归京》

天宝十三载（754），岑参出塞，入安西北庭节度使封常清幕府。节度判官武某归京，岑参写此诗赠之。诗写塞外北风一吹，大雪纷飞的苦寒之状。但岑参突发奇想，妙手回春：以"春风"使梨花盛开，来比拟"北风"使雪花飞舞，这样就将冬景比作了春景，让人感受到的仿佛不是奇寒，而是充溢于内心的喜悦与温暖。诗人从军边塞的豪情融化了雪地冰天。

一、唐前期：满怀激情谋功名

岑参曾两度出塞入幕，先任安西四镇节度使高仙芝幕府书记，后做封常清的幕府判官。他在诗中对自己出塞临边的意图和决心曾做过如许表白：

功名须及早，岁月莫虚掷。（《送郭乂杂言》）
丈夫三十未富贵，安能终日守笔砚。（《银山碛西馆》）
功名只向马上取，真是英雄一丈夫。（《送李副使赴碛

西官军》)

万里奉王事，一身无所求。也知边塞苦，岂为妻子谋。
（《初过陇山途中呈宇文判官》）
于中可见他不辞艰苦、立功西北边陲的凌云壮志。

像岑参这样，企图通过出塞入幕、从军立功来谋求仕途显达者，在唐代大有人在。高适和岑参一样，也是个热衷于进取功名，有着强烈入世精神的诗人。他的《塞下曲》说："万里不惜死，一朝得成功。画图麒麟阁，入朝明光宫。大笑向文士，一经何足穷。古人昧此道，往往成老翁。"这当是高适从军边塞时真实心迹的表露。唐玄宗执政中后期，李林甫、杨国忠相继专权，政事日非，使许多自负才气的士人，或入仕无门，或升迁迟缓，如果苦苦株守于朝阙之下，往往会落得年与时驰、意随日去，成了志意萧条、惆怅落寞的"老翁"。

与此相对照的是，盛唐时唐王朝正大事边功，有才力者正可以通过立功边土以求进身。《资治通鉴》卷二一六"天宝六载"云："自唐兴以来，边帅皆用忠厚名臣……功名著者往往入为宰相。"开元宰相姚崇、宋璟、苏颋、裴耀卿，都有任边帅的经历。姚崇曾任灵武道大总管，宋璟曾任幽州都督、岭南五府经略使，苏颋曾任益州长史、剑南节度使，裴耀卿曾随信安王征契丹，任副帅。盛唐以守边博得封侯爵赏的将领，也不在少数。如高仙芝、哥舒翰、封常清等辈，率皆名高位重、声振朝野。这些将相的仕途经历，为当时的士人树立了榜样。于是，士人从军出塞乃蔚然成风。

高适走的就是这条从军出塞再由幕府迁转的道路，而且很成功。他在天宝八载（749）中举后，授封丘尉。因为不甘心做"拜迎官长心欲碎，鞭挞黎庶令人悲"的县尉，三年后毅然弃官，入河西节度使哥舒翰幕府，当了掌书记。自此官运亨通，做过淮南节度使和蜀、彭二州刺史，代宗时还进封渤海县侯。

高适、岑参之外，许多初盛唐著名士人都有过幕府生活的经历。初唐时，就有很多文士在诗文中表达了自己从军入幕的愿望和决心。如"初唐四杰"之一的骆宾王，有过两次从军的经历。唐高宗上元三年（676），吐蕃入侵，裴行俭西征，想让骆宾王入幕。骆宾王因为要侍奉老母而不得从征。他深为抱憾，作《上吏部裴侍郎书》说："今君侯无求于下官，见接以国士，正当陪麾后殿，奉节前驱，贾余勇以求荣，效轻生而答施。"他的《从军行》表达了立功边塞的志向：

> 平生一顾重，意气溢三军。野日分戈影，天星合剑文。
> 弓弦抱汉月，马足践胡尘。不求生入塞，唯当死报君。

陈子昂《送魏大从军》写得更是豪情满怀：

> 匈奴犹未灭，魏绛复从戎。怅别三河道，言追六郡雄。
> 雁山横代北，狐塞接云中。勿使燕然上，惟留汉将功。

陈子昂在诗中激励出征者立功沙场，希望他扬名塞外，不要使燕然山上只留汉将功绩，也要有我大唐将士的赫赫战功。自然，在诗中陈子昂也借送别友人，抒发了其"感时思报国，拔剑起蒿莱"（《感遇》诗之三十五）的慷慨壮志。后来陈子昂又高唱着"孤剑将何托，长谣塞上风"（《东征答朝臣相送》），亲自从军出征。

再如为人们所熟悉的，李白曾入永王李璘的幕府，杜甫曾从军剑南节度使严武幕府。王维在安史之乱以前，也曾有边塞生活体验。开元二十五年（737）三月，他曾以监察御史身份出使凉州劳军，遂留军中，兼为河西节度判官，大约两年。其他如张说、郭元振、卢藏用、王翰、李华、梁肃、萧颖士、元结等，也都曾有过投幕生涯。

唐代的幕府是具有军事性的府署。唐李直方《邠州节度使院壁记》：

> 自西汉始置幕府，得专辟士，其聘举之盛，与公府署吏、王国命官为比，……大抵多巡御封略，经参戎事，居无恒处，秩靡常品，故命之曰宾。国朝笃方岳之任，慎求其佐，颁以职贡，为之定制。……其所司也，调政教之和，策军算之秘，出入聘觐，应对宾客；其立署也，行有戎次，处有公堂，与方伯周旋，弥缝润色而已。王畿之腋，划为巨防，外殿朝那，作捍西疆，中拱皇都，以临诸夏。

由此可见，幕府通过聘举任用僚属，以帮助统帅"巡御封略，经参戎事"，而"居无恒处，秩靡常品"则表明幕府僚属不是朝廷任命的官吏。至于幕府的职责，即"策军算之秘""与方伯周旋，弥缝润色"，明显具有军事参谋或署将的特点。

文士入幕而获得升迁擢拔的机会，有时确实比任职于朝廷或内地要容易一些。

唐代选择官吏，除了科举入仕外，还有以门荫入仕、流外入流、以军功叙选等几种途径。科举录取名额并不多，每年不过一二百人（其中进士就更少，每年大约不超过几十人）。以门荫入仕自然也是很少的。这两种入仕途径，虽然荣耀，但被录用者数量不大。

流外入流者数量很大。开元十七年（729），国子监祭酒杨瑒光上《谏限约明经进士疏》说："自数年以来，省司定限，天下明经进士及第，每年不过百人……臣窃见流外入仕、诸色出身，每岁尚二千余人，方于明经进士，多十余倍，则是服勤道业之士，不及胥吏浮虚之徒，以其效官，岂识于先王之礼义？"

我们除了从这里可以得知"流外入仕、诸色出身"者数量较大以外，还可以从中获悉另一信息：流外入流者并不为人所重，被士林正统斥为不知先王之礼义的"胥吏浮虚之徒"，而"不得任清资要官"（《旧唐书·职官志一》）。

事实上，即使以科举入仕者，欲求官位显达，也往往要走入幕从军之路。《旧唐书·职官志》说科举入仕："进士、明法出身，甲第，从九品上；乙第，从九品下。"马端临《文献通考·选举》言："自武德以来，明经唯丁第，进士唯有乙科而已。"可见，刚刚步入仕途的进士，一般只能由从九品下这样的卑微官职开始做起，官职迁转很是艰难。但如果任职于幕府，就会获得许多以军功叙选的机会。

如初唐诗坛号为"文章四友"之一的苏味道，弱冠擢进士第，累转咸阳尉。后来，他跟从裴行俭征突厥，任裴的行军管记。裴行俭大胜回朝后，受到高宗的亲自宴赏，苏味道自然也因为功劳和文名为朝廷所看重，前后居相位数载。又如郭元振举进士后，授通泉县尉。后来从凉州都督唐休璟抵御吐蕃入侵，因功拜主客郎中，在唐睿宗时入为宰相。再如张说，弱冠应制举及第。开始做官也不大，是太子校书，为正九品下。后来他从清边道行军大总管王孝杰征讨契丹，为管记。王孝杰兵败，他驰奏其事，为武则天赏识，后来在睿宗时做到了中书侍郎、同中书门下平章事。

看来充职幕府也确实为许多士人提供了擢拔升迁的机遇。这样，把几种入仕途径比较一下，入幕从军也就对士人更有吸引力了。加入幕府希图藩镇边帅的赏识，甚或立功受奖曲线归朝，也就成了唐时许多士人的梦想期盼和自觉的追求。

胡震亨《唐音癸签》卷二十七说："唐词人自禁林外，节镇幕府为盛。如高适之依哥舒翰，岑参之依高仙芝，杜甫之依严武，比比而是。中叶后尤多。盖唐制，新及第人，例就辟外幕。而布衣流落才士，更多因缘幕府，蹑级进身。"追求功业而羡慕富贵，是唐代士人的普遍心理。他们中有许多人，因不满于在卑官任上虚度时日，乃慷慨从军，谋求新的仕进出路。前面提到的初唐的苏味道、郭元振、张说诸人，就是走这条道路而成功的例子。

到了唐玄宗开元时期，随着唐朝边防形势由攻势转为守势，初唐的行军幕府逐渐变化为边镇幕府。节度使的设置由此开始确立。节度使幕府多在塞外边镇，僚佐名目繁多，大略依次有节度副使、行军司马、判官、参谋、掌书记、推官、巡官等各种职掌。藩镇统帅还往往为其僚属奏请朝职以表示其品节与资历。唐人封演《封氏闻见记》卷三云："开元已前，诸节制并无宪官，自张守珪为幽州节度，加御史大夫，幕府始带宪官，由是方面威权益重。游宦之士，至以朝廷为闲地，谓幕府为要津。迁腾倏忽，坐致郎省，弹劾之职，遂不复举。"

幕府节帅做御史大夫，其僚佐也就成了御史。如岑参在安西封常清幕府为"大理评事，摄监察御史，领伊西、北庭支度副使"。幕府僚佐所带朝衔，多称检校官。如杜甫被严武表荐为检校工部员外郎，赐绯鱼袋。

唐前期幕府多在边地，多数方镇忠于朝廷，或拓边，或御侵，或镇守。与此相应，前期从军投幕的士人，大都为从军报国、立身扬名，所以当时边塞之作，大都词气慷慨，意绪纵横。他们有健全的体魄和报国的热情："侧身佐戎幕，敛衽事边陲。自随定远侯，亦着短后衣。近来能走马，不弱幽并儿。"（岑参《北庭西郊候封大夫受降回军献上》）他们有以身许国，净扫边尘的意志和决心："黄沙百战穿金甲，不破楼兰终不还！"（王昌龄《从军行》）他们壮志满怀，雄心勃发："功名万里外，心事一杯中。虏障燕支北，秦城太白东。离魂莫惆怅，看取宝刀雄。"（高适《送李侍御赴安西》）他们在疆场上搏杀，为取胜不把生命依恋："男儿事长征，少小幽燕客。赌胜马蹄下，由来轻七尺。杀人莫敢前，须如猬毛磔。黄云陇底白云飞，未得报恩不得归。"（李颀《古意》）即便是鸣筝而坐的楼头少妇，也在痴想着："金章紫绶千余骑，夫婿朝回初拜侯。"（王昌龄《青楼曲》）

还应说明的是，士人之从军者多在幕府，但士人赴边，又不限于入幕。举凡游历、出征、出使、归镇、出宰边地等，也大都出塞，可见赴边方式非常丰富。有游历出塞者，如李颀曾出塞游历至幽、蓟、雁门；王昌龄曾出西北边塞，至少到过萧关、临洮等地。有出使入塞者，如前举王维，再如李华。李华写有《奉使朔方赠郭都护》，是他出塞朔方的证明。有从军出塞者，如崔颢曾从军于河西、幽州、河东等地。再如，《唐才子传》说张谓："二十四受辟，从戎营、朔十载，亭障间稍立功勋。以将军得罪，留滞蓟门。"还有巡边出塞者，如张说曾任兵部尚书，奉敕出巡北塞，皇帝与群臣赋诗送行，张说集中则有《巡边在河北作》《幽州夜饮》等篇可以作为证明。

二、唐中后期：价值取向各自异

中唐以后，入幕从军风习更甚，入幕才士更多。根据台湾地区学者卓遵宏所作《中晚唐进士受辟藩镇统计表》，从宪宗至哀帝，受辟藩镇的进士，有432人之多，占此期间进士总数（653人）的三分之二。戴伟华《唐方镇文职僚佐考》也考证，中唐后入幕的知名文士，为数当在70人以上。这表明进士就藩，尤甚于初盛唐。这种情况与唐朝在不同时期的藩镇设置相关：开元、天宝时仅于边地置节度、经略使，凡有十镇；安史乱后则在内地遍设节度、观察使，新增置的节镇达四十多个，所以文士入幕之盛，中晚唐时大过于开元、天宝之时。此外，唐后期方镇职权也呈现扩大的趋势，节镇幕府的待遇也要比任职于朝廷更为优厚。

开元、天宝时幕府多在荒寒边地，生活艰苦，士子们感觉在朝廷难以有所作为，才去就藩入幕。中晚唐时，节镇幕府的优厚待遇，也成为幕府招揽人才的一个重要因素。根据《资治通鉴》卷二二五"代宗大历十二年"记载，元载为相专权，因为厌恶京官逼己，所以在制定俸禄时，有意"厚外官而薄京官，以至京官不能自给，常从外官乞贷"。再如《新唐书》卷一百三十九《李泌传》所载，唐德宗贞元时期，"州刺史月奉至千缗，方镇所取无艺，而京官禄寡薄，自方镇入八座，至谓罢权"。这说明唐中叶后，士人具有了明显的重外轻内的的仕宦观念。石云涛《唐代幕府制度研究》也对其时幕府僚佐的待遇和京官及州县官的俸禄进行过比较，发现僚佐的待遇要优厚一些。

还有的方镇为了笼络才士，滥发赏赐。《新唐书·严武传》："武在蜀颇放肆，用度无艺，或一言之悦，赏至百万。蜀虽号富饶，而峻掊亟敛，闾里为空，然虏亦不敢近境。"唐李肇《唐国史补》卷中记载："韦太尉在西川，凡事设教。军士将吏婚嫁，则以熟彩衣给其夫氏，以银泥衣给其女氏，又各给钱一万；死葬称是，训练称是。内附者富赡之，远来者将迎之。极其聚敛，坐有余力，以故军府浸盛，而黎甿重困。"可见方镇统帅为了笼络军府的人心，以加强自身的军事、政治实力，往往不惜荼毒百姓，极其聚敛，以厚待僚佐部下。

幕府僚佐如此优厚的待遇，对于一些流落无依的士子，无疑具有强大的吸引力。如杜甫被外放为华州司功参军后，正赶上关辅大饥，遂"弃官去。客秦州，负薪采橡栗自给。流落剑南，……会严武节度剑南东、西川，往依焉"。严武因为其父严挺之与杜甫是故交，所以待杜甫很好，帮助杜甫建造了草堂，还常亲自到杜甫家去看望。杜甫感激地说："但有故人供禄米，微躯此外更何求！"（《江村》）再如，柳宗元有一从弟柳谋，举进士不第，为养家奉亲而就岭南幕府。柳宗元《送从弟谋归江陵序》说，柳谋"为广州从事。复佐邕州，连得荐举至御史，后以智免，归家江陵。有宅一区，环之以桑，有僮指三百，有田五百亩，树之谷，艺之麻，养有牲，出有车，无求于人。日率诸弟具滑甘丰柔，视寒燠之宜，其隙则读书，讲古人所谓求其道之至者以相励也"。这样富足的生活让柳宗元非常羡慕，他说："不谋食而食给，不谋道而道显。则谋之去进士为从事于远，始也吾疑焉，今也吾是焉。……用是愈贤谋之去进士为从事以足其家，终始孝悌，今虽欲羡之，岂复可得？"对于柳谋弃进士而从幕之举给予了充分的肯定。

可是，尽管幕府待遇优厚，却也有许多士人不愿意到幕府去任职。

安史之乱后，一些方镇依仗其政治、军事和经济上的实力，不把朝廷放在眼里，飞扬跋扈，俨然与中央分庭抗礼。这样，一些气节之士宁可抱守困穷，也不愿意丧失立场，同流合污。如著名诗人张籍有《节妇吟》诗：

君知妾有夫，赠妾双明珠。感君缠绵意，系在红罗襦。妾家高楼连苑起，良人执戟明光里。知君用心如日月，事夫誓拟同生死。还君明珠双泪垂，恨不相逢未嫁时。

张籍这首诗，题下自注云："寄东平李司空师道。"李师道是什么人呢？他原本是高丽人，父李正己，兄李师古，相继为淄青节度使。师古死，师道于元和元年（806）十月继任郓州大都督府长史，充平卢军及淄青节度副大使，知节度事。当时的节度使虽是棣王李审，但只是名义上的遥领，李师道虽是副大使，却是实际上的节度使。他们父、兄、弟三人踞有平、卢、淄、青一带前后四十年，是今天的河北南部、山东北部地区的一个大藩镇。李师道终因造反失败，于元和十四年（819）被魏博节度使田弘正所杀。洪迈《容斋随笔》云："张籍在他镇幕府，郓帅李师古又以书币辟之，籍却而不纳，作《节妇吟》一章寄之。"据此可知张籍这首诗是以比兴手法辞谢李氏的罗致。诗中的"妾"是张籍自喻，"君"是指李氏。张籍诗题称"李司空师道"，《容斋随笔》称"郓帅李师古"。东平郡即郓州（今山东东平东北），是节度使治所。李氏父兄弟三人都是跋扈的军帅，名声都很坏，所以意欲罗致张籍的人到底是师道还是师古也就不重要了。张籍不受他们的征聘，又畏惧李氏威权，所以故意这样措辞，使李氏看了，不至于发怒结怨，这也是当时文人明哲保身之计。

　　韩愈《试大理评事王君墓志铭》，写了一个叫王适的人。他"怀奇负气，不肯随人后选举"，赴制举，又"不中第，益困"。但当张狂跋扈的昭义军节度使卢从史派人钩致他时，王适则立刻拒绝，说："狂子不足以共事。"

　　张籍和王适都是出于气节和立场而不愿意入幕的。但也有一些士人，虽然知道方镇将帅居心叵测，但在仕途困穷之时，"饥不择食"，也只好到幕府暂就一时了。如当时的河北是藩镇割据的地方，为安史遗祸。可诗人李益，"大历四年登进士第，授郑县尉。久不调，益不得意，北游河朔，幽州刘济辟为从事。尝与济诗，有怨望语"。（陶敏《全唐诗作者小传补正》）又如韩愈《送董邵南游河北序》：

> 燕赵古称多感慨悲歌之士。董生举进士，连不得志于有司，怀抱利器，郁郁适兹土。吾知其必有合也。董生勉乎哉！夫以子之不遇时，苟慕义强仁者，皆爱惜焉。矧燕赵之士，出乎其性者哉！然吾尝闻风俗与化移易，吾恶知其今不异于古所云邪？聊以吾子之行卜之也。董生勉乎哉！吾因子有所感矣。为我吊望诸君之墓，而观于其市，复有昔时屠狗者乎？为我谢曰："明天子在上，可以出而仕矣！"

董邵南往河北，无非愤己不得志，欲求合于"不奉朝命"之藩镇。韩愈很希望朝廷为了实现统一而广泛招揽人才，但在这一点上朝廷使他大失所望。所以他在许多诗文中，都替自己与他人抒发过怀才不遇的感慨。他有一篇《嗟哉董生行》的诗，也是为董邵南写的，诗中小序有这样的语句："县人董生邵南隐居行义于其中，刺史不能荐，天子不闻名声，爵禄不及门。"全诗在赞扬董生"隐居行义"的同时，也对"刺史不能荐"表示遗憾。这位董生隐居了一段时间，大约不安于"天子不闻名声，爵禄不及门"的现状，终于主动出山了，选择了去河北投靠藩镇。对于董生的"郁郁不得志"，韩愈自然是抱有一定的同情的。结尾托他去吊望诸君之墓、劝谕燕赵之士归顺朝廷，则表明韩愈从心底里是不愿意董生这样"怀抱利器"的人投效藩镇的。韩愈之意在于提醒董邵南：河北藩镇胡化割据，故不能去。

唐中叶后，藩镇节帅往往拥兵自重，抗礼朝廷。由于一些文士本以穷途投藩，再加上藩镇节帅平时的笼络，部分僚佐自然有视节帅为恩主，主动为其出谋划策，从而成为其心腹和羽翼。

南宋尤袤《全唐诗话》卷五"刘鲁风"条载：

> 鲁风江南投谒所知，颇为典客所阻，因赋一绝曰：万卷书生刘鲁风，烟波万里谒文翁。无钱乞与韩知客，名纸毛生不肯通。自贞元后，唐文甚振，以文学科第为一时之荣。及其弊也，士子豪气骂吻，游诸侯门，诸侯望而畏之。如刘鲁风、姚嵓杰、柳棠、胡曾之徒，其文皆不足取。余故载之者，以见当时诸侯争取誉于文士，此盖外重内轻之牙蘖。如李益者，一时文宗，犹曰："感恩知有地，不上望京楼。"其后如李山甫辈，以一名一第之失，至挟方镇，劫宰辅，则又有甚焉者矣。一篇一韵，初若虚文，而治乱之萌系焉。余以是知其不可忽也。

尤袤从刘鲁风、李益等人不遇于朝廷，奔走于诸侯的举动中看出了士人"外重内轻之牙蘖"，其甚者更有"以一名一第之失，至挟方镇，劫宰辅"的。《新唐书》卷一百八十五《王铎传》："李山甫者，数举进士被黜，依魏幕府，内乐祸，且怨中朝大臣，导从训以诡谋，使伏兵高鸡泊劫之，铎及家属吏佐三百余人皆遇害。"李山甫辈，是怀有报复朝廷的心理，在方镇助纣为虐的典型。

还有的文士或僚佐见风使舵，观察时机，以期从中渔利，窃时肆暴。《全唐文》卷四百五十八有高仲武《纪苏涣文》：

> 涣本不平者，善用白弩，巴人号曰白跖……后自知非，乃变节从学，乡试擢第，累迁至御史，佐湖南使崔中丞权幕。崔遇害，涣遂逾岭扇动，与哥舒滉跋扈交广，此犹蛟龙见血，本质彰矣。

苏涣本来是一个很有诗才的诗人。杜甫还曾作诗对他寄予厚望:"宴筵曾语苏季子,后来杰出云孙比。……无数将军西第成,早作丞相东山起。……致君尧舜付公等,早据要路思捐躯。"(《暮秋枉裴道州手札,率尔遣兴,寄近呈苏涣侍御》)可是,唐代宗大历五年(770),苏涣原来的幕主崔权为乱军所杀,苏涣投岭南哥舒滉,并为之策划反叛,终于事败被杀。

与此形成鲜明对照的是,部分方镇僚佐,则坚决站在朝廷一方,表现出反对割据、维护统一的心态和立场。

例如,唐德宗建中四年(783),泾原兵变,李怀光与朱泚勾结作乱。作为副元帅判官的高郢坚决反对叛乱。《旧唐书·高郢传》:"李怀光节制邠宁,奏为从事,累转副元帅判官、检校礼部郎中。怀光背叛,将归河中,郢言:'西迎大驾,岂非忠乎!'怀光忿而不听。"再如,唐宪宗元和二年(807),镇海军节度使李锜谋反。时任李锜掌书记的李绅"数谏,不入;欲去,不许"。后来朝廷派使者召李锜,李锜胁迫使者,希望不去朝廷。他召来李绅,让李绅作疏,李绅故意装出害怕的样子,哆哆嗦嗦写不成字,李锜就把李绅囚于狱中,李锜被杀后,李绅才被释放。李绅《忆过润州》诗云:"昔年从宦干戈地,黄绶青春一鲁儒。弓犯控弦招武旅,剑当抽匣问狂夫。帛书投笔封鱼腹,玄发冲冠捋虎须。谈笑谢金何所愧,不为偷买用兵符。"就是对当年情事的回顾。

还有一个叫孔戡的人。卢从史对抗朝廷时,孔戡作为幕府从事,"以直言不从引去"。后来他还受到卢从史的陷害,多亏有朝士为之申冤。白居易对孔戡的行为非常激赏,作诗云:"戡佐山东军,非义不可干。拂衣向西来,其道直如弦。从事得如此,人人以为难。"(《哭孔勘》)还希望能将他的事迹书诸国史,以免缺漏："从史萌逆节，隐心潜负恩。其佐曰孔戡，舍去不为宾。凡此士与女，其道天下闻。常恐国史上，但记凤与麟。"（《赠樊著作》）

这些士人处于方镇与朝廷争夺势力的特殊历史时期，能以国家的统一、天下的安定为着眼点，而不以个人的安危荣辱为念，勇敢地与分裂动乱者划清界限，表现出了高度的爱国热忱和社会责任感，确实应该书诸国史，以资旌表彰励。

安史乱后，藩镇林立，其中不乏各自为政者。唐中后期的投幕士人，多数人只为图谋迁转或养亲持家。所以此一时期的许多投幕者，存在着不得已而为之的心态。杜甫在幕府值班的时候，曾感叹"已忍伶俜十年事，强移栖息一枝安"（《宿府》）。崔群入宣州幕，韩愈以为"足下贤者，宜在上位，托于幕府，则不为得其所"（《与崔群书》），刘禹锡叹曰"縻维外府，人咸惜之"（《举崔监察群自代状》）。杜牧从幕多年，抱怨"十年为幕府吏，每促束于簿书宴游间"（《上刑部崔尚书启》）。在幕府中辗转一生的李商隐死后，崔珏作《哭李商隐》："虚负凌云万丈才，一生襟抱未曾开。"从以上几人的自我感觉或他人评论中，可见唐中后期投幕者多有不甘于心、隐忍为之的感觉。

三、边塞豪歌

唐时文人从军入幕、赴边出塞蔚为风气，这就扩大了他们的视野，增长了他们的见闻，丰富了他们的阅历，开拓了他们的心胸，从而使得边塞诗歌获得长足发展。

唐代边塞诗、从军诗，在不同时期，也有不同的内容和情感表现。

初盛唐时期，唐王朝在战略上处于攻势地位。边塞从军诗大都写得意气风发，豪迈昂扬。如果说卢照邻《战城南》"须应驻白日，为待战方酣"，还只是抒写无所畏惧的勇敢，那么，王昌龄有两首《从军行》则写得更加雄壮自豪：

> 大将军出战，白日暗榆关。三面黄金甲，单于破胆还。

> 大漠风尘日色昏，红旗半卷出辕门。前军夜战洮河北，已报生擒吐谷浑。

前诗写唐将勇武，使得单于闻风丧胆；后诗极力刻画战士们将上战场时听到前军捷报的情景，透露了他们更加振奋的心情。好像对敌作战，取胜相当轻松。他的《出塞二首》其二更是充满了征战沙场的英雄的亢奋：

> 骝马新跨白玉鞍，战罢沙场月色寒。城头铁鼓声犹震，匣里金刀血未干。

至于亲自驰骋于疆场的将军，做起诗来更是勇武十足。严武《军城早秋》：

> 昨夜秋风入汉关，朔云边月满西山。更催飞将追骄虏，莫遣沙场匹马还。

从中不难看到，诗人作为镇守一方的主将，所具有的才略和武功，颇有"宜将剩勇追穷寇"的决心和谁与争锋的气概。

中晚唐时期，随着唐王朝国防力量的下降和版图的缩小，诗人们的注意力渐渐收敛，从军边塞一类的诗作的创作热情，也就逐渐减退。大历时期，李益等人的边塞诗歌，还是盛唐的余响。如李益《塞下曲》：

> 伏波惟愿裹尸还，定远何需生入关。莫遣只轮归海窟，仍留一箭定天山。

诗中用东汉伏波将军马援、定远侯班超和本朝名将薛仁贵作为激励自己的楷模，真实地反映了诗人渴望建功立业的豪情。但是他的《过五原胡儿饮马泉》则有所不同：

> 绿杨着水草如烟，旧是胡儿饮马泉。几处吹笳明月夜，
> 何人倚剑白云天。从来冻合关山路，今日分流汉使前。莫
> 遣行人照容鬓，恐惊憔悴入新年。

此诗写他在春天经过收复了的五原时的复杂心情。诗中虽然有
庆幸收复的欣慰之情，但用月夜笳声显示悲凉气氛，又蕴含着
一种忧伤的情调，微妙地表现出五原一带形势依旧紧张，感慨
边防实则尚未巩固。最后诗人巧妙地采用不要让行人临水鉴镜
的讽劝方式，委婉地表达了自己对朝廷的期望和忠告。明胡震
亨《唐音癸签》说："李君虞益生长西凉，负才尚气，流落戎旃，
坎壈世故，所作从军诗，悲壮宛转，乐人谱入声歌，至今诵之，
令人凄断。"从此诗和胡评中，我们都可以看出，李益从军诗中
的感伤情调已经很浓重了。而李贺《雁门太守行》：

> 黑云压城城欲摧，甲光向日金鳞开。角声满天秋色里，
> 塞上胭脂凝夜紫。半卷红旗临易水，霜重鼓寒声不起。报
> 君黄金台上意，提携玉龙为君死。

"黑云压城城欲摧"比喻兵临城下的紧张气氛和危急形势，"塞
上燕脂凝夜紫"暗示战场的悲壮气氛和战斗的残酷。义勇固然
义勇，却也显得悲壮异常，再也找不到初盛唐边塞诗人的那种
轻扬自足的心态了。再如晚唐陈陶的《陇西行》：

> 誓扫匈奴不顾身，五千貂锦丧胡尘。可怜无定河边骨，
> 犹是深闺梦里人。

诗中虽然也有"誓扫匈奴不顾身"的慷慨，但留给人们更多的
还是春闺梦骨的感伤和沉痛。

中晚唐从军诗中，怀才不遇的慨叹，也多于雄心壮志的表
露。李贺《南园十三首》诗中有两首：

男儿何不带吴钩，收取关山五十州？请君暂上凌烟阁，若个书生万户侯？

寻章摘句老雕虫，晓月当帘挂玉弓。不见当年辽海上，文章何处哭秋风？

乍看起来这位"书生"不再想当书生，而是要投笔从戎，谋求军功封侯了。但这里面，充满着诗人对作"书生"没有出路的愤激之情。怀才不遇的诗人，没有用武之地，只好在衰飒的秋风中哀哀哭泣，怨愤激越心境表现得很强烈。仔细分析，这与"初唐四杰"中的杨炯在《从军行》中高唱"宁为百夫长，胜作一书生"，以表达对从军边塞、参加战斗的读书士子的钦羡，是有着明显的区别的。

相对而言，边塞诗创作的黄金时代在盛唐时期。这个时期的边塞诗，内容丰富，艺术纯熟，涌现了不少名家名篇。

盛唐边塞诗人中有许多人都曾入幕从军，有较多的边塞军旅生活体验。他们的诗歌因为有了亲身见闻和感受作基础，比没有到过边庭的士子的边塞揣想之作，就要真切得多，自然得多。如岑参诗写鞍马征行的辛苦：马行于河西沙石之上，是"十日过沙碛，终朝风不休。马走碎石中，四蹄皆血流"（《初过陇山途中呈宇文判官》）；马行于酷热的吐鲁番盆地，则是"马汗踏成泥，朝驰几万蹄。雪中行地角，火处宿天倪"（《宿铁关西馆》）；马行于西域的坚冰之上，是"晓笛别乡泪，秋冰鸣马蹄"（《早发焉耆，怀终南别业》）；在更远的西部荒寒之地，则是"剑河风急雪片阔，沙口石冻马蹄脱"（《轮台歌奉送封大夫出师西征》）。

他们的诗歌还多角度多侧面地展现了绝域风光、边陲风情。

他们笔下的山川塞堡、风云河海，多具有壮美特色。如写营垒："朝登百丈峰，遥望燕支道。汉垒青冥间，胡天白如扫。"（高适《登百丈峰二首》）写烽火："玉门山障几千重，山南山北总是烽。人依远戍须看火，马踏深山不见踪。"（王昌龄《从军行》）写风："轮台九月风夜吼，一川碎石大如斗，随风满地石乱走。"（岑参《走马川行奉送出师西征》）写云："瀚海阑干百丈冰，愁云惨淡万里凝。"（岑参《白雪歌送武判官归京》）写雨："雨拂毡墙湿，风摇毳幕膻。"（岑参《首秋轮台》）写雪："忽如一夜春风来，千树万树梨花开。"（岑参《白雪歌送武判官归京》）写火山："火山今始见，突兀蒲昌东。赤焰烧房云，炎氛蒸塞空。不知阴阳炭，何独然此中。"（岑参《经火山》）写热海："侧闻阴山胡儿语，西头热海水如煮。海上众鸟不敢飞，中有鲤鱼长且肥。岸傍青草常不歇，空中白雪遥旋灭。蒸沙烁石燃房云，沸浪炎波煎汉月。"（岑参《热海行送崔侍御还京》）写寒冷："九月天山风似刀，城南猎马缩寒毛。"（岑参《赵将军歌》）"马毛带雪汗气蒸，五花连钱旋作冰，幕中草檄砚水凝。"（岑参《走马川行奉送出师西征》）写炎热："火云满天凝未开，飞鸟千里不敢来。"（岑参《火山云歌送别》）大则眺望山河："立马眺洪河，惊风吹白蒿。云屯寒色苦，雪合群山高。远戍际天末，边烽连贼壕。"（高适《自武威赴临洮谒大夫不及因书即寄河西陇右幕下诸公》）小则观察花草："其间有花人不识，绿茎碧叶好颜色。叶六瓣，花九房。夜掩朝开多异香，何不生彼中国兮生西方。"（岑参《优钵罗花歌》）无不是奇情异景，生动传神，曲尽情致，惟妙惟肖。

更难得的是他们还记录了迥异于内地的边疆风情和文化习俗。将军幕府中的奢华生活的陈设是："暖屋绣帘红地炉，织成壁衣花氍毹。灯前侍婢泻玉壶，金铛乱点野驼酥"（岑参《玉门关盖将军歌》）；这里的歌舞宴会的情景是："琵琶长笛齐相和，羌儿胡雏齐唱歌。浑炙犁牛烹野驼，交河美酒金叵罗"(岑参《酒泉太守席上醉后作》)，"曼脸娇娥纤复浓，轻罗金缕花葱茏。回裙转袖若飞雪，左延右延生旋风"(岑参《田使君美人舞如莲花北延歌》)。由中原来到塞外，边地的新鲜事物总在吸引着诗人的眼球。唐代边地军队中，常有惯于征战的少数民族的将士，西域驻军中蕃汉杂处的情形更为普遍。边塞诗人也把各族人之间互相来往、欢聚宴饮、骑射角逐的情景进行描绘："军中置酒夜挝鼓，锦筵红烛月未午。花门将军善胡歌，叶河蕃王能汉语"(岑参《与独孤渐道别长句兼呈严八侍御》)，"将军纵博场场胜，赌得单于貂鼠袍"(岑参《赵将军歌》)。

怀土思亲之情，是盛唐边塞诗的一个重要内容。抛妻别子，万里戍边，人非草木，孰能无情？戍边将士的思亲念远之情自然地反映到边塞诗中来。"烽火城西百尺楼，黄昏独坐海风秋。更吹羌笛关山月，无那金闺万里愁。"(王昌龄《从军行》)"铁衣远戍辛勤久，玉箸应啼别离后。少妇城南欲断肠，征人蓟北空回首。"(高适《燕歌行》)而岑参《逢入京使》："故园东望路漫漫，双袖龙钟泪不干。马上相逢无纸笔，凭君传语报平安。"表达远赴边塞时对家乡和亲友的思念，情真意切而又慷慨豪迈，绝不是寻常温柔缱绻的儿女之情。

从军出塞的士人，也观察到了将军和士兵苦乐悬殊的生活和赏罚不当的实际情况。高适《燕歌行》写一边是"战士军前半死生"，"相看白刃血纷纷"；一边是将军"身当恩遇常轻敌"，"美人帐下犹歌舞"。把战士的杀敌报国和将军的轻敌纵欲进行了鲜明的对比。常建《塞下》："铁马胡裘出汉营，分麾百道救龙城。左贤未遁旌竿折，过在将军不在兵。"指出正是将军的指挥失当，才造成了战事的失败，而与士卒无干。但是，"死是征人死，功是将军功！"（刘湾《出塞曲》），那些义勇健儿往往是上层统治集团刻薄寡恩政策的牺牲品："龙斗雌雄势已分，山崩鬼哭恨将军。黄河直北千余里，冤气苍茫成黑云。"（常建《塞下曲四首》其三）"功勋多被黜，兵马亦寻分。更遣黄龙戍，唯当哭塞云。"（王昌龄《塞下曲四首》其四）"五道分兵去，孤军百战场。功多翻下狱，士卒但心伤。"（王昌龄《塞上曲》）以上诗句，正是当时军政腐败，广大士卒欲哭无泪、欲诉无由的现实情形的生动写照。

"昔日长城战，咸言意气高。黄尘足今古，白骨乱蓬蒿。"（王昌龄《塞下曲》其二）战争毕竟是残酷的，无论是异族残暴的杀伐侵略，还是唐王朝穷兵黩武的开边战争，都会使双方百姓饱受荼毒。唐代边塞诗人对于当时频繁的战争，进行了冷静而深沉的思考。战争让中原百姓妻离子散："翩翩云中使，来问太原卒。百战苦不归，刀头怨明月。塞云随阵落，寒日傍城没。城下有寡妻，哀哀哭枯骨。"（常建《塞上曲》）战争也让交战的另一方深遭其难，"戎夷非草木，侵逐使狼狈。虽有屠城功，亦有降虏辈"（王昌龄《宿灞上寄侍御弟》）。李颀《古从军行》，既写汉族士兵"闻道玉门犹被遮，应将性命逐轻车"的奔劳之苦，也写"胡雁哀鸣夜夜飞，胡儿眼泪双双落"的胡人之悲，对胡汉双方士兵怨恨战争的心情进行了真切的描绘。所以，当统治者好大喜功、开边无厌时，诗人们就站出来坚决反对："近传天子尊武臣，强兵直欲静胡尘。安边自合有长策，何必流离中国人！"（张谓《代北州老翁答》）"君已富土境，开边一何多！"（杜甫《前出塞九首》其一）他们在诗中表达了对和平美好的生活的向往和期盼："玉帛朝回望帝乡，乌孙归去不称王。天涯静处无征战，兵气销为日月光。"（常建《塞下曲四首》其一）"转战渡黄河，休兵乐事多。萧条清万里，瀚海寂无波。"（李白《塞上曲》）"安得壮士挽天河，净洗甲兵长不用。"（杜甫《洗兵马》）他们愿意让民族之间友好团结的精诚，消尽战争的阴霾。

两岸猿声啼不住，轻舟已过万重山

——唐代的流刑和官员的流放

朝辞白帝彩云间，千里江陵一日还。两岸猿声啼不住，轻舟已过万重山。

——李白《早发白帝城》

唐肃宗乾元二年（759），李白因为参与永王的幕府受牵连，被判流放夜郎（今贵州省遵义市播州区附近），行至白帝城遇赦，乘舟从白帝城东还江陵时，作了此诗。此诗描摹自白帝至江陵一段长江水急流速、舟行若飞的情况。全诗一泻直下，雄峻迅疾中又有豪情欢悦。诗人马上就要回到江陵，美丽的沿途景色，愉快的心情，使全诗显得分外和谐、美妙、轻松！

流放遇赦，何以让李白如此欣喜？这要从唐代的流放刑罚说起。

一、唐代的流刑案

流放，又称流刑，主要用意是通过将已定刑的人押解到荒僻或远离乡土的地方，用来对案犯进行惩治，并以此维护社会和统治秩序。流放具有强制迁徙移居的性质。

流放作为刑罚在我国起源很早。《尚书·舜典》中就有"流宥五刑"的记载，意思是以流放之法宽宥五刑。先秦以前的五刑是指墨（面上刺字）、劓（割鼻子）、剕（砍足）、宫（阉割）、大辟（砍头）。这些刑罚都比较严厉，一旦实施就难以补救。于是舜以流刑代替之以示仁义。中国历代封建王朝所规定的"五刑"内容不尽相同，但"流""死"必在其中，并且"流"都是仅次于"死"的重罚。《唐律》沿用隋律，规定刑罚有笞、杖、徒、流、死五种，称"五刑"。五刑依次从轻到重，流刑的地位是居死刑之下、徒刑之上。到了唐代，关于流刑的实施与管理比较完善了，而且，"自唐以下，历代相沿，莫之改也"①。

按唐律，唐代的流刑分为三等，依次为流二千里、二千五百里、三千里，称为"三流"。这说明流刑按道里之差轻重有别。《唐律·名例律》"犯流应配"条又云："诸犯流应配者，三流俱役一年，妻妾从之。父祖子孙欲随者，听之。"流配之人，至配所皆服劳役一年，而且妻妾必须同往。"犯流断定，不得弃放妻妾"，甚至，"若妻妾在远，预为追唤，待至同发"（《大唐六典》卷六"刑部郎中员外郎"条注）。这就是说，流刑还有强制劳役和强制家属从流的性质。

那么，什么样的案件要受到流刑的惩处呢？

一类是与政治斗争有关的案件。《唐律》卷十七《贼盗律》规定："诸谋反及大逆者，皆斩……伯叔父、兄弟之子皆流三千里，不限籍之同异。即虽谋反，词理不能动众，威力不足率人者，亦皆斩……父子、母女、妻妾并流三千里。"谋反、谋大逆者，本人处斩，父母、子女、妻妾与伯、叔、侄等往往处以流刑。唐代中宗复辟、韦后擅权、安史之乱、永贞革新、牛李党

① ［清］沈家本《历代刑法考》，第270页，北京：中华书局1980年版。

争和朝臣反对宦官的斗争，都曾产生过大量的流人。

这类流放，多属于"连坐式"的流放。被流放者并无犯罪事实，只因与重刑犯有某种关系而被流放。例如，武德七年（624）韦挺、杜淹、王珪因坐杨文干构逆罪流于越嶲。又如高宗朝司列大夫魏玄同、右台侍郎薛元超两人因与上官仪有"文章属和"或"文章款密"，上官仪被诛杀，魏玄同、薛元超也被流至岭外。贺兰敏之是武则天姐姐的儿子，曾权盛一时，后来因罪被贬岭外，原来倾附于他的皇甫公义、刘祎之、徐齐聃等都被流放。他们被流放的理由是"莫须有"，只是牵连所致。

一类是贪污受贿的官员。唐律规定，诸监临主司受财物枉法者，按受财多寡处以"三十匹加役流""五十匹流二千里"等不同程度的流刑（《唐律疏议·职制律》）。

一类是伦理性犯罪。"五流"之中有子孙犯过失流和不孝流。按《唐律疏议》，子孙犯过失流是指"耳目所不及，思虑所不到之类，而杀祖父母、父母者"；"不孝流者，谓闻父母丧，匿不举哀，流；告祖父母、父母者绞，从者流；咒诅祖父母、父母者，流；厌魅求爱媚者，流。"此类流人又不限于官员。

此外，恶性杀人案件，杀人者斩首，妻、子流放。"诸杀一家非死罪三人及支解人者，皆斩；妻、子流二千里。"（《唐律疏议·贼盗律》）

由于唐代往往对重刑犯还按所犯罪的不同类型又分为加役流、反逆缘坐流、子孙犯过失流、不孝流、会赦犹流五种，即"五流"。因此，唐代流刑在具体执行中有三流、五流的不同表述。

二、流配地点

流配距离应该从何处开始计算呢？有的学者认为应该以罪人的故乡为起始；有的学者认为应该以罪人的乡里为起始，并到达相应里数的特定的州下的配所。目前，更多学者则倾向于应该从唐都城长安开始计算，即对事先集中到京师的流囚，在其判决确定后，每季一次集中遣送配所。

流人所流配的地区主要在岭南道、黔中道、剑南道和江南东道、江南西道等地的一些边州。其中具体地点又主要是崖州（今海南琼山东南）、潮州（今广东潮州）、骧州（今越南义安河南及河静省）、峰州（今越南富寿省东南部及河西省西北）、古州（今越南谅山东北）、循州（今广东惠州）、钦州（今广西钦州）、贺州（今广西贺州）、连州（今广东连州）、桂州（今广西桂林）、象州（今广西象州）、柳州（今广西柳州）、端州（今广东肇庆）、振州（今海南三亚）、泷州（今广东罗定）、黔州（今重庆彭水）、渝州（今重庆）、嶲州（今四川西昌）、姚州（今云南姚安）、夜郎（今贵州遵义）、台州（今浙江台州）、汀州（今福建长汀）等地。此外，流放之地还有西北及西部地区，如会州（今甘肃靖远）、庭州（今新疆吉木萨尔北）、西州（今新疆吐鲁番）、灵州（今宁夏灵武）等地。

有的学者指出："唐代为中国历史上贬流之人产生的高峰时期，而岭南则系唐代发遣贬流者的主要地区。"[①]岭南道又称岭表、岭外，是唐朝一个最主要的流放地，也是唐代流放罪人最

---

① 古永继：《唐代岭南地区的贬流之人》，《学术研究》，1998 年第 8 期。

集中的地区。流人所在岭南诸州，都是不折不扣的边州，远远超出了唐律"三流"所规定的流放里程。黔中道诸州，相对于都城来说也是边州，所以黔中道是仅次于岭南道的又一个重要流放地。流入黔中道的犯人主要分布在黔州等地。剑南道是第三大流放地。此外，江南东道、江南西道等地，也有流人分布。北方的西州、庭州等边城虽然也时有罪人流配，但人数远远少于南方。这是因为北方是两京所在地，为了确保两京的安全和物资供应，一般情况下，唐王朝不愿在此安置流人。

唐王朝始终坚持流放罪人于边恶之州、荒蛮之地，而岭南等南方边州则正好符合了唐代流放罪人的政策要求。贞观十四年（640）太宗制："流罪三等，不限以里数，量配边恶之州"。（《旧唐书·刑法志》）唐高宗把萧龄之流放到岭南，诏文说："宜免腰领之诛，投身瘴疠之地，可除名配流岭南远处。"（《流萧龄之岭南诏》）唐懿宗把杨收流放到岭南，制书中也有"稗投荒裔"一类的话（《杨收长流驩州制》）。可见，在唐人眼中，岭南是瘴气袭人、荒蛮边远之地。唐朝诗人这样描述岭南："一去一万里，千知千不还。崖州何处在，生度鬼门关。"（杨炎《流崖州至鬼门关作》）"海雾多为瘴，山雷乍作邻。遥怜北户月，与子独相亲。"（郎士元《送林宗配雷州》）"瘴江西去火为山，炎徼南穷鬼作关。从此更投人境外，生涯应在有无间。"（张均《流合浦岭外作》）他们把岭南想象为瘴疠遍野、山魈出没的鬼门之关，习俗迥异、孤独寂寞的蛮夷之乡，甚至是凶多吉少、去易归难的葬身之地。最可怕的是南方的瘴气。瘴气又称瘴毒、瘴疠，南宋范成大《桂海虞衡志》释云："瘴者，山岚水毒与草莽沴气郁勃蒸熏之所为也。"它实际上是因感染南方山林间湿热瘴毒之气所致的一种瘟病。唐人大多谈瘴色变，因此都不愿意去岭南为官。如唐太宗派遣卢祖尚出任交州都督，卢祖尚先答应下来了，但马上又后悔说："岭南瘴疠，皆日饮酒，臣不便酒，去无还理。"（《旧唐书·卢祖尚传》）作官都无人愿去的地方，流人自然更是视之为畏途。这样，唐政府为了达到惩戒的目的而把罪人流放之于岭南，也就成了自然之义。至于安排在北方边城的流人，大抵是为了让他们实边和戍边。如唐太宗贞观十四年平高昌，以其地置西州，十六年，即有"徙死罪以实西州，流者戍之，以罪轻重为更限"（《新唐书·刑法志》）之令。又如唐玄宗朝大将封常清的外祖父"犯罪流安西效力，守胡城南门"（《旧唐书·封常清传》）。

三、流配的具体过程

唐律规定："季别一遣。若符在季末三十日内至者，听与后季人同遣。"（《唐律疏议·断狱律》）明文规定流人每季一配遣，流人判决后并非立即上道。皇帝为了显示仁慈，也会给流人以准备行程所需物品的时间。但期限的松与紧也因罪行轻重而异。如唐玄宗开元十年（722）六月十二日敕文云："自今以后，准格及敕应合决杖人，若有便流移左贬之色，决讫，许一月内将息，然后发遣。其缘恶逆指斥乘舆者，临时发遣。"（《唐会要》卷四十一）但有时也会有一些较为人性化的变通。《唐律疏议》卷三《名例律》："祖父母、父母老疾应侍，家无期亲成丁者"，"犯流罪者，权留养亲，不在赦例，课调依旧。若家有进丁及亲终期年者，则从流"。这些都体现了唐律制定者的仁孝观念。但也有的官员在执行流刑时比较苛刻严厉。如崔日知为京兆尹时，"处分长安、万年及诸县左降、流移人，不许暂停，有违晷刻，所由决杖"（《太平广记》卷一百二十一）。

也有的流人判决后，不必去往发配地，但是要以决杖、就地服役来代替流刑。其中，一类人是工、乐、杂户及太常音声人，需留政府机构服役，故不发配。《唐律》卷三《名例》规定："诸工、乐、杂户及太常音声人，犯流者，二千里决杖一百，一等加三十，留住，俱役三年（原注：犯加役流者，役四年）。"《唐律疏议》解释说："此等不同百姓，职掌唯在太常、少府等诸司，故犯流者不同常人例配，合流二千里者，决杖一百；二千五百里者，决杖一百三十；三千里者，决杖一百六十；俱留住，役三年。"还有一类人是妇女。《唐律》卷三《名例》规定："其妇人犯流者，亦留住。"《唐律疏议》解释说："妇人之法，例不独流，故犯流不配，留住，决杖、居作。"这两类人决杖、服役后，不去发配地。但还有部分流人，在去往发配地之前先加决杖。

唐代的流人在正常情况下不先加杖刑。但多次犯流罪或徒罪的，在流配前要加决杖。这实际上是一种附加刑。《唐律》卷四《名例》规定："诸犯罪已发及已配而更为罪者，各重其事。即重犯流者，依留住法决杖，于配所役三年。若已至配所而更犯者，亦准此。即累流、徒应役者，不得过四年。若更犯流、徒罪者，准加杖例。"《唐律疏议》解释说："犯流未断，或已断配讫、未至配所，而更犯流者，依工、乐留住法：流二千里，决杖一百；流二千五百里，决杖一百三十；流三千里，决杖一百六十；仍各于配所役三年，通前犯流应役一年，总役四年。若前犯常流，后犯加役流者，亦止总役四年。已至配流之处而更犯流者，亦准上解留住法，决杖、配役。其前犯处近，后犯处远，即于前配所科决，不复更配远流。有犯徒役未满更犯流役，流役未满更犯徒役，或徒、流役内复犯徒、流，应役身者，并不得过四年。假有原犯加役流，后又犯加役流，前后累徒虽

233

多，役以四年为限。若役未讫，更犯流、徒罪者，准加杖例。犯罪虽多，累决杖、笞者，亦不得过二百。"

杖刑过百，容易伤命。所以，唐高宗总章二年（669）五月十一日下敕："别令于律外决杖一百者，前后总五十九条。决杖至多，或至于死……今后量留一十二条，自余四十一七条并宜停。"但后来皇帝往往根据自己的意愿随意在流刑之外，滥用附加刑。如唐德宗贞元十九年（803）十一月，"监察御史崔薳入台近，不练故事，违式入右神策军。上怒，笞四十，配流崖州"（《旧唐书·德宗本纪》）。崔薳仅仅因为违反规定到了宦官统领的神策军，就被配流崖州，还被打了四十大板，这都是"上怒"的结果。可见，封建社会是一个人治大于法治的社会，律令不过是相对的东西，一切以统治者的个人意愿为转移。

唐律对流人行程亦有严格的规定："行程，依令：马，日七十里；驴及步人，五十里；车，三十里。其水程，江、河、余水沿溯程各不同，但车马及步人同行，迟速不等者，并从迟者为限。"即按交通工具的迟速规定每天应走的路程，以走的慢的方式作为限定。

在流放途中，流犯一般还得着枷或戴锁，但不用杻。唐《狱官令》规定："禁囚：死罪枷、杻，妇人及流以下去杻，其杖罪散禁。"又条："应议、请、减者，犯流以上，若除、免、官，当并锁禁。"《旧唐书·职官志》："凡死罪，枷而杻。妇人及流、徒，枷而不杻。官品及勋散之阶第七已上，锁而不枷。"可见，官员享有优惠特权，只要锁禁就可以了。着枷或戴锁，或许是为了防止逃亡。

流人若在行程内逃亡的话，就会被加以严厉的笞、杖的责罚。《唐律疏议》卷二十八《捕亡律》："一日笞四十，三日加一等；十九日合杖一百，过杖一百，五日加一等。"而且，还要追究监守者的责任："主守不觉失囚，减囚罪三等……故纵者，各与同罪。"

若在途中无故稽留，也要受到惩罚。《唐律疏议》卷三十《断狱律》："诸徒流应送配所，而稽留不送者一日笞三十，三日加一等；过杖一百，十日加一等，罪止徒二年。"途中无故稽留的流人要受到笞、杖的责罚，严重的在流刑期满后还要被囚禁二年。容留流人的官员也要同受惩罚。据《唐会要》卷四十一"左迁官及流人"条记载，唐玄宗"天宝五载七月六日敕：应流贬之人，皆负谴罪，如闻在路多作逗留，郡县阿容，许其停滞，自今以后……如更因循，所由官当别有处分。"到了晚唐这种惩处更为严厉、具体。唐文宗开成五年（840）十月敕："枉流囚人，行李所在州县，申报到发时刻月日颇甚违迟。今再条流，其递过流囚准律日行五十里。所在州县各具月日时刻，相承申报。今后更或停滞囚徒有淹申发，其本判官罚五十，直县令罚三十，直本典决脊杖五十。"（《册府元龟》卷六百一十三《刑法部·定律令五》）

押送流人的差役只负责把流人从京师送到配遣地所在各府，当地各府再派人将流人押付流配之州。《唐六典》卷六"刑部郎中员外郎"条记载："配西州、伊州者，送凉府。江北人配岭南者，送桂、广府。非剑南人配姚、嶲州者，送付益府。取领即还。其凉府等，各差专使领送。所领送人，皆有程限，不得稽留迟缓。"

四、流人的管理与期限

流人到了流配地后，还要强制劳作一年。加役流要强制劳作三年。按《唐六典》卷六"刑部郎中员外郎"条注，被判流刑的人"在京送将作监，妇人送少府监缝作。外州者，供当处官役，及修理城隍仓库及公廨杂使。犯流应任居作者，亦准此。妇人听留当州缝作及配春。"而且在居役期间，他们还得戴着刑具："诸流徒罪居作者，皆着钳。若无钳者，着盘枷。病及有保者听脱。不得着巾带。"

对于流人在居作期间的怠工和逃亡，处罚也很严厉："诸流徒应役而不役，及徒囚病愈不计日令陪役者，过三日笞三十，三日加一等；过杖一百，十日加一等，罪止徒二年。"（《唐律疏议·断狱律》）"诸流徒囚，役限内而亡者，一日笞四十，三日加一等；过杖一百，五日加一等。"（《唐律疏议·捕亡律》）

对于居作的流人，政府也有一些较为人性化的管理措施。如流人居作期间也有假日。"每旬给假一日，腊、寒食各给二日，不得出所役之院。"（《唐六典》卷六"刑部郎中员外郎"条注）又如，"因有疾病，主司陈牒，请给医药救疗"（《唐律疏议·断狱律》）。如果流人在期限内死亡，又无亲属，则由政府负责殡葬："诸囚死，无亲戚者，皆给棺，于官地内权殡。"（《通典》卷一百六十八）

流人在居作期满后，虽获人身自由，但还得在配役地生活一段时间，并承担相应的赋税徭役，直到流刑期满才放还原籍。据《唐律疏议》，流人"役满及会赦免役者，即于配处从户口例……课役同百姓。"其随行家属亦随其附籍。但"若流、移人身丧，家口虽经附籍，三年内愿还者，放还"。

唐代流刑的一般期限为六年。《唐会要》卷四十一"左降官及流人"条载太宗贞观十五年（641）四月敕："犯反逆免死配流人，六岁之后，仍不听仕。"可见，除了反逆免死配流外，一般的流人六岁之后"听仕"。由此可推断，一般的流人，流放期是六年。《唐会要》卷四十一本条又载，唐宪宗元和八年（813）正月，刑部侍郎王播奏："自今以后，流人及先流人等，准格例，满六年后，并许放还。"又载唐文宗开成四年（839）十月五日敕："今后流人，宜准名例律，及狱官令，有身名者，六年以后听赦。无官爵者，六年满日放归。"由此可见，初唐的贞观、中唐的元和以及晚唐的开成年间，流人都是六年放归。只有唐穆宗长庆四年（824）"准今年正月德音，诸色流人与减一年，除赃限外，满五年即放还收叙。其配流在德音以后者，不在减限"。但这五年的流期只是统治者为了昭示德音而实行的暂时的权变，因为其后不久的开成敕中就又明确规定，流放期限还是六年。

另外，流放期限的长短还要视流人所犯之罪的性质和轻重程度以及流放地点而有所区别。《新唐书·刑法志》即载："非反逆缘坐，六岁纵之，特流者三岁纵之，有官者得复仕。"特流者指本犯不应流而特配流者，三年即可放还。

唐代又有一种"长流"流刑，是一种无期流刑。如《通典》卷一百七十《刑法八》录有《开元格》的内容：武周朝酷吏来子珣、万国俊等二十三人，因残害宗支，毒陷良善，情状尤重，其"身在者宜长流岭南远处，纵身没，子孙亦不许仕宦"。又有因反逆缘坐而被长期流放的人，他们大多是政治斗争的牺牲品。如李白坐永王案长流夜郎，再如高力士之长流巫州、韦坚之长流临封、第五长琦之长流夷州等。也有很多人是因为犯了赃罪、杀人、奸淫等重罪而被长流的。如天宝六载（747），南海太守彭果坐赃，决杖，长流潆溪郡，结果"死于路"（《旧唐书·玄宗本纪》）。唐德宗贞元中，萧鼎、韦恪等因"出入主（郜国公主）第，秽声流闻"，被决四十，长流岭表（《旧唐书·萧复传》）。

配流在边镇作实边和戍边之用的流人，流放期限也达十年。唐宣宗大中四年（850）春，"大赦天下，徒流比在天德者，以十年为限。既遇鸿恩，例减三年。但使循环添换，边不阙人，次第放归，人无怨苦。其秦、原、威、武诸州诸关，先准格徒流人，亦量与立限，止于七年。如要住者，亦听。"（《旧唐书·宣宗本纪》）

唐统治者或在新君即位时，或在进行郊祀时，或在遇到祥瑞时，或欲昭示皇恩时，都往往要诏敕德音，恩沾流人，大赦天下。在这些情况下，流人往往多被提前释放。而且唐代的这些恩赦比较频繁，这就使得流放期限具有了某些随机性和不确定性。但是，长流的流人为这些常赦所不免，非遇特赦不得返还。例如武后宠臣李义府，获罪长流巂州，但乾封元年（666）大赦，而长流人却不许还，李义府忧愤发疾而卒。李白《放后遇恩不沾》说"独弃长沙国，三年未许回"，写的也是常赦不免长流之怨望。直到唐肃宗李亨改乾元三年（760）为上元元年，于年初发布《改元上元赦文》，大赦天下，发布特赦令后，李白才得以提前获释。他作《流夜郎半道承恩放还》诗，说："去国愁夜郎，投身窜荒谷。半道雪屯蒙，旷如鸟出笼。"

五、流放官员的量移与起复

唐统治者对流人还有一种恩赦，谓之"量移"。即贬窜远方的流人，遇赦则移到近地安置。明末清初的顾炎武在《日知录》卷三十二"量移"中称："唐朝人得罪，贬窜远方，遇赦改近地，谓之量移。"清代的袁枚在《随园随笔》卷十八"量移之讹"中也说："唐人远方遇赦得改近地，号曰量移。"看来量移就是流人在遇到赦宥时，未到刑满期限就从原先配流的边远地方移向近些的内地。《旧唐书·宋璟传》云，宋璟的儿子宋浑因罪"流岭南高要郡"，后来遇赦，即"量移至东阳郡下"。再如宋之问因附二张及武三思，诏流钦州（今广西钦州市东北），后来因赦而改为近一点的桂州。

量移之法也适用于贬谪左迁的官吏。《旧唐书·玄宗本纪》称开元二十年（732）："大赦天下，左降官量移近处。"遭遇贬谪的官吏按照有关制度的规定，在遇到恩赦时可以由现在的任官地酌情移于近地任职。如韩愈曾被贬为连州阳山令，量移为江陵府掾曹。后来被贬潮州后，也曾获量移，有诗《从潮州量移袁州，张韶州端公以诗相贺，因酬之》云："明时远逐事何如，遇赦移官罪未除。"再如刘长卿有诗《初闻贬谪，续喜量移，登干越亭赠郑校书》，写他开始听说自己被贬谪，正在愁闷时，又忽然听说了量移的消息，非常高兴："何事还邀迁客醉，春风日夜待归舟。"而且，这种左降官到期可以按规定量移在唐代日趋制度化。如白居易遭贬后三年未量移，作诗《自题》："一旦失恩先左降，三年随例未量移。"看到同僚量移，也非常羡慕："春欢雨露同沾泽，冬叹风霜独满衣。留滞多时如我少，迁移好处似君稀。"（《送韦侍御量移金州司马》）而后来白居易也于元和"十三年冬，量移忠州刺史"。

据《册府元龟》卷八十五《帝王部·赦宥第四》载，开元三年（715）十二月，唐玄宗驾幸凤泉，有司奏称，凡是皇帝御驾所经过的地方，流以上囚奏听进止，凡罪至死刑，"宜决一百，配流远恶处；其犯杖配流者，宜免杖依前配流，已决及流三千里者，节级稍移近处；二千五百里以下，并宜配徒以殿"。这可能是使用量移之法的最早记载。"已决及流三千里者，节级稍移近处"，就是把流人向近些的内地转移以示恩赦。以后唐政府也常用量移之法。如《唐大诏令集》卷七十七《典礼亲谒》载有玄宗开元十七年（729）十一月《谒五陵赦》，其赦云："大辟罪已下，罪无轻重，已发觉未发觉、已结正未结正、系囚见徒常赦所不免者，咸赦除之。自天宝以来，有杂犯经移近处、流人并配隶碛西瓜州者，朕舍其旧恶，咸与维新，并宜放还。其反逆缘坐、长流及戍奴量移近处，编附为百姓。左降官量移近处。"这里，玄宗令"反逆缘坐、长流及戍奴"等重刑流人量移近处，又赦原已经过量移的流人免刑回籍。这说明：一、量移是在刑流人被放还原籍之前的一种过渡状态；二、量移只是在距离上移近内地，和流人刑满放还原籍有质的差别。完全恢复自由，须流刑期满或再经皇帝下赦恩赦。

唐代关于流人的量移不但自玄宗开始一直存在，而且有一套相应的规章制度。《唐会要》卷四十一"左降官及流人"条就更加具体地说明了唐代量移流人的一般做法和程序。穆宗长庆四年（824）四月刑部奏："准其年三月三日起请，准制，以流贬量移，轻重相悬，贬则降秩而已，流为摈死之刑，部、寺论理，条件闻奏。今谨详赦文，流为减死，贬乃降资，量移者却限年数，流放者便议归还。准今年三月赦文，放还人其中有犯赃死及诸色免死配流者，如去上都五千里外，量移校近处；如去上都五千里以下者，则约一千里内。与量移近处，如经一度两度移，六年未满者，更与量移，亦以一千里为限；如经三度两度量移，如本罪不是减死者，请准制放还。"穆宗许之。此又表明，量移的距离与原判流刑的轻重相关，原判流刑至远的，往往要经过"三度两度量移"。

流人经过三度量移之后，原先所受之约束也相应解除了。《唐会要》卷四十一"左降官及流人"条记载，唐宣宗大中年间，御史台疏奏云："（流人）经三度量移者，赦书后，委所在长吏仔细检勘，无可疑者，便任东西，讫具名闻奏。"据此可见，流人经过三度量移后，由所在流配地的地方官仔细检查核实后，就可放还了，只须地方官具名上报即可。这样，自然也会使有些流人在刑期未满时就被提前放还原籍了。

按唐律规定，流人刑期满后就可录用为官。原来就有官职的，可参原职听叙。《唐六典》卷六"刑部郎中员外郎"条注："流移之人……至六载然后听仕（其犯反逆缘坐流及免死役流，不在此例）。即本犯不应流而特配流者，三载以后听仕（有资者，各依本犯收叙法）。"例如，《新唐书·和逢尧传》记载，武则天时和逢尧诣阙上书，以狂妄流于庄州，后归，举进士高第，擢为监察御史。

甚至有时朝廷急需用人，刑期未满的流人，如果曾经做官，也在被考察之列。《册府元龟》卷六十八《帝王部·求贤二》："诸色流人及左降官，其中有行业夙著、情状可矜、久践朝班、曾经任用者，委在朝五品以上清望官及郎中御史，于流贬人中素相谙委、为众人所推者，各以名荐，须当才实，文武不坠。"这样，其中一部分曾经为官，在朝中有靠山或熟人的流人，就可以脱身为官了。

还有部分流人是因为政治斗争而被流放的，他们的仕宦命运也随政治斗争的形势而时沉时浮。如武则天时朝臣魏元忠，数次遭诬而被逐流，而又数次复官。又如郭元振坐失军容而被流于新州，后又因军功而起用。再如卢藏用被流放，后因助平交趾蛮乱而起用。更有意思的是，高宗仪凤二年（677），朝议大夫、中书侍郎刘祎之，"有姊在宫中为内职，天后令省荣国夫人之疾，祎之潜伺见之，坐是配流巂州。历数载，天后表请高宗召还，拜中书舍人"（《旧唐书·刘祎之传》）。刘祎之仅因私与其姐谈话就被流放，后来因为武后一请，竟自流人高擢为中书舍人，真是大落大起。可见最高统治者往往会因个人的喜怒而凌驾于律法之上。

一方面，确有部分流人不到期限就得到起复甚至做了高官；可另一方面，也有不少遭流放的官员却难逃厄运。有些流人在流放途中，又被赐死或者杀死。如王铁被告谋反，其子"长流岭南，至故驿杀之"（《旧唐书·王铁传》）。又如黎干与宦官刘忠交往图谋，被"除名长流，俄赐死蓝田驿"（《新唐书·黎干传》）。有些流人遭受杖刑后，身体严重受损，往往死于流放旅中。如开元二十四年（736）十一月，监察御史周子谅"于朝堂决杖，配流瀼州，行至蓝田而死"（《旧唐书·牛仙客传》）。也有不少流放的官吏客死于流配之地，如宇文节坐房遗爱谋反之事，"配流桂州而卒"（《旧唐书·宇文融附宇文节传》）。

六、流人的凄楚

山高水长，阻绝路途；马倦人烦，劳苦不堪；瘴气袭人，途中罹病。这些都是流放途中，无可避免的磨难。更使人痛楚的是远离故乡的怅惘、失落和无奈。宋之问《题大庾岭北驿》：

阳月南飞雁，传闻至此回。我行殊未已，何日复归来？江静潮初落，林昏瘴不开。明朝望乡处，应见陇头梅。

这是宋之问流放钦州、途经大庾岭时写的一首诗。大庾岭在今江西大庾，古人认为此岭是南北的分界线。宋之问眼望那苍茫山色、长天雁群，想到明日就要过岭，一岭之隔，便与中原咫尺天涯，迁谪失意的痛苦，怀土思乡的忧伤，顿时一起涌上心头。

是啊，在被流贬之时，有多少亲友含泪相送，殷切致意！《全唐诗》中有几首《送流人》诗：

　　　　见说长沙去，无亲亦共愁。阴云鬼门夜，寒雨瘴江秋。
　　　　水国山魈引，蛮乡洞主留。渐看归处远，垂白住炎州。

——王建《送流人》

　　　　独向长城北，黄云暗塞天。流名属边将，旧业作公田。
　　　　拥雪添军垒，收冰当井泉。知君住应老，须记别乡年。

——张籍《送流人》

　　　　闻说南中事，悲君重窜身。山村枫子鬼，江庙石郎神。
　　　　童稚留荒宅，图书托故人。青门好风景，为尔一沾巾。

——司空曙《送流人》

流人亲临流贬之地，方知景况更有甚于亲友的料想，常被前所未见的荒寒野僻的风土景象所震慑："有蛇类两首，有虫群飞游。穷冬或摇扇，盛夏或重裘。飔起最可畏，訇哮簸陵丘。雷霆助光怪，气象难比侔。"流所的生活，更让流人难服水土，多生疾病："疠疫忽潜遘，十家无一瘳。"（韩愈《赴江陵途中寄赠王二十补阙、李十一拾遗、李二十六员外翰林三学士》）

243

于是，悲愤、屈辱、孤寂、恐惧，甚至自弃、自伤，各种感受，涌上心头。个中滋味，可谓愁苦万端。然而，这一切又能向谁倾诉呢？如李白长流夜郎，途中写下《窜夜郎于乌江留别宗十六》诗，表达了对妻弟"千里远从"的感激："遥瞻明月峡，西去益相思。"他还有《南流夜郎寄内》一诗，表达对妻子宗氏的深深怀念。李白后来遇赦北归，有诗《经乱离后天恩流夜郎忆旧游》，表白自己重履康庄的欣喜："五色云间鹊，飞鸣天上来。传闻赦书至，却放夜郎回。"李白的天真和幻想又复苏了，以为从此"天地再新法令宽"，又有机会重申报国之志、以正平生之名了。于是，欲与苦难诀别的李白，急急地从夔州（今重庆奉节）乘舟飞流东下，留下了本文开头提到的千古绝唱——《早发白帝城》。

坐观垂钓者，徒有羡鱼情

——唐代士人的求仕与隐逸

八月湖水平，涵虚混太清。气蒸云梦泽，波撼岳阳城。

欲济无舟楫，端居耻圣明。坐观垂钓者，徒有羡鱼情。

——孟浩然《望洞庭湖赠张丞相》

孟浩然的这首诗，以"欲济无舟楫"，喻指自己向往入仕从政而无人接引赏识。"端居耻圣明"，道出躬逢盛世却隐居无为，实在感到羞耻愧颜的心情。面对人才济济、纷欲有为的时代，他再也不甘心临渊羡鱼了，决计要出来施展才华，成就一番事业。

一、求仕：圣代无隐者

武则天时兴起的重视文词的进士科，至玄宗开元年间逐步演变为"以诗赋取士"，这就为各地有才华的寒俊文士打开了入仕的希望之门。加之先后为相的张说和张九龄，喜欢延才纳士，四方文士无不奋发进取，跃跃欲试。王维《送綦毋潜落第还乡》："圣代无隐者，英灵尽来归。遂令东山客，不得顾采薇。"反映出的正是当时盛世氛围中文人积极入世的精神面貌。

唐人并不认为干谒显贵以求扬名的做法是可耻的。送人金帛是行贿，展示才学给人是自荐，自然算不得丢脸的事。放在囊中的锥子，谁能看得见？更何况身居要津的朝廷大员本来就有为国荐贤的职责。这样，呈献所长之作，借助名人显要以为"媒妁"，求得赏识的方式，在唐代社会蔚成风气。即使许多著名人物，也未能免俗。

李白虽然声言"安能摧眉折腰事权贵，使我不得开心颜"（《梦游天姥吟留别》），可他在《上安州裴长史书》中这样写道："愿君侯惠以大遇，洞开心颜，……何王公大人之门，不可以弹长剑乎？"李白也曾拜见荆州大都督府长史韩朝宗，也曾把自己的诗拿给贺知章看，目的无非是希望得到他们的提携而扬名。

杜甫虽然表白自己"独耻事干谒"，但为了入仕，也只好"朝扣富儿门，暮随肥马尘"，屡屡给权要献诗。甚至少有文才的杨国忠、鲜于仲通乃至武将哥舒翰，杜甫都向他们恭敬地递上自己的作品。目的无非是想让他们"每于百僚上，猥诵佳句新"（《奉赠韦左丞丈二十二韵》），替自己广为延誉，好为将来入仕做准备。

韩愈曾三次举进士都没有被录取，不得已只好"投文公卿间，故相郑余庆为之延誉，由此知名于时"，终于在第四次应举时及第。

白居易在贞元十六年（800）赴举时，有《与陈给事书》，书中写道："今礼部高侍郎为主司，则至公矣。而居易之文章，可进也，可退也，窃不自知之。欲以进退之疑取决于给事。"白居易对能否被录取也没有十足的把握，只好把文章呈给与考官熟悉的陈给事，托他揣摩一下自己的文章，看看是否合乎考官的口味。

可见，纵使是才华卓荦者，要想在考试中获得重视，也须经人推荐。所以，李商隐盼望："更谁开捷径，速拟上青云。"（《商於新开路》）徐夤慨叹："济川无楫拟何为，三杰还从汉祖推。"（《温陵残腊书怀寄崔尚书》）

然而，请托干谒有其不可避免的弊端，那就是人情因素以及不同的人对同一作品往往有不同的评判标准。

有时，人情因素是很起作用的。中唐诗人章孝标，连考了五年进士，都落榜了。元和十三年（818），他再次名落孙山时，打听到下一年主持进士考试的官员将是工部侍郎庾承宣。所以在当时许多下第的学生纷纷作诗埋怨主考官发泄不满的时候，只有章孝标作了一首《归燕诗》来讨好庾承宣。诗云："旧垒危巢泥已落，今年故向社前归。连云大厦无栖处，更傍谁家门户飞？"意思是我就像一只想要回家的燕子，可是原来的巢窠已经破旧不堪了，高楼大厦片片连云，谁家才是我可以栖息的地方呢？换句话说，就是我能找谁作为自己的靠山呢？他的献诗十分奏效。"承宣得时，展转吟讽，诚恨遗才，仍候秋期，必当荐引。庾果重典礼曹，孝标来年擢第。"（《太平广记》卷一百八十一《贡举四》）元和十四年（819），章孝标进士及第，除秘书省正字，兴奋地作诗说："六年衣破帝城尘，一日天池水脱鳞！"他前一年落第时所作的那首《归燕诗》也就因此非常有名，以至章氏祠堂中，常有"诗成归燕，佩赐银鱼"的通用联。

有讨好考官得以高中的，也有得罪考官而屡试不第的。贾岛屡试不第，心下不服，写《病蝉》一诗：

病蝉飞不得，向我掌中行。拆翼犹能薄，酸吟尚极清。

露华凝在腹，尘点误侵晴。黄雀并鸢鸟，俱怀害尔情。

这首诗以病蝉自喻，把那些公卿贵人比作加害于己的"黄雀鸢鸟"，因而触怒了权贵。五代何光远《鉴诫录》谓："（贾岛）又吟《病蝉》之句以刺公卿，公卿恶之，与礼闱议之，奏岛与平曾等风狂，挠扰贡院，是时逐出关外，号为十恶。"《鉴诫录》是把贾岛当成了反面教材来叙述的，还说："岛初赴名场日，常轻于先辈，以八百举子所业，悉不如己。"其实我们可以从这里面窥探出一些信息：贾岛之所以屡试不第，主要是因为他自矜才华，不肯投赠干谒。饱尝了下第滋味的贾岛，只好痛苦地吟咏：

> 下第只空囊，如何住帝乡！杏园啼百舌，谁醉在花傍？泪落故山远，病来春草长。知音逢岂易，孤棹负三湘。
>
> ——贾岛《下第》

贾岛性格比较孤僻，不肯屈己下人。与此相反，有些人则专以干谒为务，甚至有点恬不知耻。按《开元天宝遗事》云："进士杨光远，性多矫饰，不识忌讳，游谒王公之门，干索权豪之族，未尝自足。稍有不从，便多诽谤，常遭有势挞辱，略无改悔。时人多鄙之，皆曰：'杨光远惭颜厚如十重铁甲也。'"挨了打骂都不肯停止游谒，给人的感觉确实是斯文扫地，厚颜无耻，将来也未必有什么大的作为。所以就有人作诗嘲骂："逐臭苍蝇岂有为，清蝉吟露最高奇。多藏苟得何名富，饱食嗟来未胜饥。"（徐夤《逐臭苍蝇》）

光靠游谒以求引荐而不顾惜人格的人，的确该骂。若欲出人头地，还须仰仗自己的真本事。有真本事的人，若再经人引导提携，自然可以水到渠成，如愿以偿。据《唐才子传》说，王维很年轻的时候，在诗歌、绘画和音乐方面就很有造诣了，为此深得岐王李范的喜爱。岐王想在科举上助王维一臂之力，就嘱咐王维带上琵琶，准备好曲子和诗歌，扮作伶人模样，去参加玉真公主的宴会。在宴会上，岐王让王维独奏新曲《郁轮袍》，声调悠然，公主听了非常高兴。岐王趁机告诉公主，此人不但音乐出众，诗文更是天下闻名。公主更感到惊异，问王维是否带着写好的诗，王维就把自己的诗卷奉上，公主看了以后十分惊喜：原来一直以为其中的一些诗是古人所作，想不到写诗的人就在眼前！于是把王维请到上座。不久，玉真公主就向主考官推荐王维。二十岁的王维在那年的科举考试中得了第一名。

还有的人，由于无人引荐，干脆自我推销。陈子昂就曾以百万高价买下胡琴，慨然摔之于众人面前，以此吸引公众注意，并借机展示自己的作品和才华，从而达到了扬名市朝的目的。陈子昂可谓大智大勇之人。

但是，有这样的智慧和胆略的人毕竟不多。大多数举子或位卑者，还得走干谒投献之路。这时，如果遇上知音，当然是投赠者的幸运了。中唐诗人项斯，听说国子祭酒杨敬之"性爱士类"，就带着自己的诗作前去拜谒。杨敬之看了他的作品，很是欣赏，作诗《赠项斯》："几度见君诗总好，及观标格过于诗。平生不解藏人善，到处逢人说项斯。"后世就称替人扬誉或说情叫作"说项"，一个富有诗意的典故就这样产生了。

可是，不见得每个人都能和杨敬之那样"平生不解藏人善"。且不说故意藏人之善的人，就是遇到不愿意藏人之善的人，张三看了是"善"，李四看了则不一定是"善"。对同一个人甚至同一作品，每个评价者都有自己的标准和看法。

牛僧孺到京城参加进士考试时，拿了自己的诗文去谒见刘禹锡。刘禹锡是唐德宗贞元九年（793）进士，此时官为监察御史，诗文名气也已经很大了。当牛僧孺小心翼翼地把自己以为得意的作品呈献给刘禹锡后，刘禹锡很是不以为然，当着客人的面，拿起笔来，把牛僧孺的诗作涂改圈点。牛僧孺大失所望，满怀的热情顿时化作寒冰，只好默默离开。

受到冷落的牛僧孺，决定再带着作品到当时"亦一代之龙门"的韩愈那里去碰碰运气。据《唐摭言》载，他去拜访韩愈，正遇到韩愈和另一文章大家皇甫湜在一起，他就从容地把文章拿给两个人看。两人看了，大为称赏，鼓励他说："吾子之文，不止一第，当垂名耳。"意思是您的文章，本该名振当时，通过考试不过是小菜一碟。韩愈和皇甫湜决定帮一下牛僧孺，就让牛僧孺租了间房子住下来。然后故意找了一个牛僧孺出门不在家的时候去拜访他，并在大门上写下"韩愈、皇甫湜同访几官先辈，不遇"几个大字后离开。第二天，牛僧孺门前"观者如堵"，争相拜谒牛僧孺，牛僧孺从此名声大振（《唐摭言》卷六《公荐》）。

后来牛僧孺又受到宰相韦执谊的青睐，在永贞元年（805）进士及第。而后牛僧孺官越做越大，进入官场十几年就位至宰相，而刘禹锡则仕途坎坷，屡遭外放。

大和八年（834），刘禹锡赴任汝州刺史，遇到了牛僧孺。牛僧孺这时已是淮南节度使，官职远在刘禹锡之上了。牛僧孺为刘禹锡摆酒接风，席间赠诗云："莫嫌恃酒轻言语，会把文章谒后尘。"刘禹锡看了牛的诗以后，才猛然追忆起三十多年前自己慢待牛僧孺的事情，作诗道歉说："追思往事咨嗟久，幸喜清光语笑频。"两个人终于言归于好。

比起牛僧孺，张祜就没那么幸运了。张祜才华横溢，他作的《何满子》深得旧相令狐楚的赏识，令狐楚就把他推荐给唐穆宗，穆宗找元稹商量，元稹却贬抑了张祜。后来张祜听说盛享诗名的白居易出任杭州刺史，便带着自己的诗卷来拜谒他。他满以为白居易一定会赏识自己的诗才，谁知白居易看了却很不高兴。原来他的诗中有几首对元稹有些微词，而元稹和白居易是知己，于是白居易觉得张祜太妄自尊大。在这一年乡试结束，尽管张祜自我感觉很好，但白居易却没有看上他的诗，而是擢拔了徐凝，把徐凝点为解元。张祜的希望落空了，他离开杭州，浪迹江湖，落拓终身，至死也无职无衔。后来，杜牧为张祜打抱不平，作诗道："谁人得似张公子，千首诗轻万户侯！"（《登九峰楼寄张祜》）

牛僧孺同样的文章，刘禹锡没看上，而韩愈却大加褒奖；张祜的诗作，令狐楚、杜牧大力揄扬，而元稹、白居易却极力贬抑。可见评价者的口味，会直接影响评价的结果。

二、为官：高第能卑宦

南唐尉迟偓《中朝故事》谓："京国士子进士成名后，便列清途，屈指以期大用。"凤毛麟角的及第者，当然是兴高采烈，痴想着"厚禄儿孙饱，前驱道路荣"（白居易《和元少尹新授官》），翩翩归乡去了。但是，"白衣"转变为"公卿"或"一品"者，在士人群中毕竟寥若晨星，更多的则是郁郁而归的落第者。

试而不第者多，第而不叙者也有。进士经礼部试后，还需通过吏部铨选方可授官。《蔡宽夫诗话》说："唐举子既发榜，止云及第，皆守选而后释褐，选未满而再试判，为拔萃于吏部，或就制举而中，方谓之登科。"（《苕溪渔隐丛话》卷二十一引）这就是说科举考试通过，也只是有了出身，即具备了做官的资格，下一步还要经过吏部选试合格，才会被授予官职。吏部选试要看身（体貌丰伟）、言（口齿清楚）、书（书法工整）、判（文理通达）四个方面。民间传说中，有个叫钟馗的人，据说他赴长安应试，科举及第，但由于相貌奇丑，被黜落选，于是自撞殿柱而死，后来被封为"驱魔大神"。如果排除其中的神话成分，吏部选试须看体貌这一点，还是可信的。

选试也分为博学宏词、拔萃等名目。例如柳宗元中进士后，以"博学宏词"授官"集贤殿正字"；白居易中进士后，以"拔萃"得任"秘书省校书郎"。选试后，六品以下官员由吏部选用，五品以上官员则经宰相商议及皇帝批准后任命。

选试未能通过的进士，可求人保举，再不成，就到藩镇节度使处去做幕僚以为权宜。例如，韩愈在考中进士后，三次参加吏部选试，都未能通过，就去请求宰相贾耽等人保举，又不成，于是他只好离开长安，到宣武军节度使董晋的麾下去做幕僚。后来由董晋荐举，才被授予秘书省校书郎。《进学解》中，韩愈说自己"公不见信于人，私不见助于友"，《送董邵南序》中，韩愈对董邵南屡试不第转游河北的同情，恐怕都与他本人的入仕经历相关。

铨选通过的新及第者，一般也要从低微的官职开始做起。《冷庐杂识》"唐县尉"条载："唐举进士第者，往往授县尉。"如高适任过封丘尉，柳宗元任过蓝田尉，白居易任过盩厔尉，元稹任过河南尉等。县尉是一个怎样的官职呢？《唐六典》卷三十《三府督护州县官吏》载："县尉亲理庶务，分判众曹，割断追催，收率课调。"也就是说，县尉的主要工作任务是分派差役，催讨赋税。老百姓缴纳不上赋税的，就要用刑具鞭打。

这样卑微苛暴的官职，士人大多不愿意去做。鞭挞黎庶，对于怀有儒家学养的士人来说，更无异于良心上的折磨。高适做封丘县尉，感到"拜迎官长心欲碎，鞭挞黎庶令人悲"(《封丘县》)，后来去了幕府从军，杜甫贺喜他"脱身簿尉中，始与捶楚辞"(《送高三十五书记十五韵》)。杜牧《寄小侄阿宜》诗云：

"参军与簿尉，尘土惊羞勤。一语不中治，鞭捶身满疮。"韩愈也说："判司卑官不堪说，未免捶楚尘埃间。"（《八月十五夜赠张功曹》）白居易做盩厔县尉时，作《论和籴状》说："臣近为畿尉，曾领和籴之司，亲自鞭挞，所不忍睹。臣顷者常欲疏此人病，闻于天聪，疏远贱微，无由上达。"白居易诗"一为趋走吏，尘土不开颜"（《盩厔县北楼望山》），表现的就是这种心情。杜甫不愿意做河西尉，被改任右卫率府胄曹参军，高兴得不得了，作诗言："不作河西尉，凄凉为折腰。老夫怕趋走，率府且逍遥。"（《官定后戏赠》）

杜甫的高兴是有道理的。像县尉这样的微贱之职，随时都可能罹尤获罪。北宋陈正敏《遁斋闲览》云："唐之参军簿尉，有过即受笞杖之刑，今之吏胥也。"所以薛逢《送沈单作尉江都》说："少年作尉须矜慎，莫向楼前坠马鞭。"孟郊五十岁进士及第，被派去做溧阳尉，心情很不好，经常到县里的僻静去处投金濑，在水边徘徊赋诗，也因此耽误了一些公务。县令就向上级报告，请上级派假尉代理，分掉孟郊一半官俸。

为官做尉，品级虽低，可总算避免了"老死林薮，不识阙庭"（高适《谢封丘县尉表》）的隐忧，所以也有的人故作达观。钱起自我安慰说："官小志已足，时清免负薪。卑栖且得地，荣耀不关身。"（《县中池竹言怀》）《唐才子传》卷九"许棠"条："棠……调泾县尉，之官，郑谷送诗曰：'白头新作尉，县在故山中。高第能卑宦，前贤尚此风。'"这是宽慰去做县尉的朋友。杜荀鹤也劝打算归隐的县尉朋友："登科作尉官虽小，避世安亲禄已荣。"（《送福昌周繇少府归宁兼谋隐》）

更多有才学抱负的士人，则发出了"职与才相背"（白居易《岁暮言怀》）的不平之鸣。高适愤言："我本渔樵孟诸野，一生自是悠悠者。乍可狂歌草泽中，宁堪作吏风尘下。"（《封丘县》）他痛感"心在青云世莫知"（《同颜六少府旅宦秋中之作》）而毅然从军出塞，后来安史之乱中终于因功封为渤海县侯，成为"诗人之达者"。有的人冲出去了，可有的人却终生沉沦下僚，"虚负凌云万丈，一生襟抱未曾开"（崔珏《哭李商隐》）。李商隐因"活狱"得罪上司，叹息自己任弘农县尉官卑职微："却羡卞和刖双足，一生无复没阶趋。"（《任弘农尉献州刺史乞假归京》）他说即使像卞和一样被刖去双膝，也比为趋奉上司而忍气吞声来得痛快。可是，诗人为生计所迫，却也只能依旧"没阶趋"。李商隐的心情是沉痛而压抑的。他的《风雨》诗自伤沦落漂泊、无所建树：

> 凄凉宝剑篇，羁泊欲穷年。黄叶仍风雨，青楼自管弦。
> 新知遭薄俗，旧好隔良缘。心断新丰酒，销愁斗几千。

这首诗里用了两个本朝故事。一个是《宝剑篇》。初唐将领郭元振，向武则天呈《宝剑篇》说："何言中路遭弃捐，零落飘沦古岳边。虽复沉埋无所用，犹能夜夜气冲天。"武则天大为赞赏。

一个是新丰酒。唐初马周失意时，"西游长安，宿于新丰逆旅，主人唯供诸商贩，而不顾待周。遂命酒一斗八升，悠然独酌"（《旧唐书·马周传》）。后来马周得人荐举，终成太宗的亲信大臣，唐太宗曾经说："我于马周，暂不见则便思之。"马周的际遇引来许多怀才不遇的士人的钦羡。李贺就曾在《致酒行》中说："吾闻马周昔作新丰客，天荒地老无人识。空将笺上两行书，直犯龙颜请恩泽。"这样看来，李商隐还幻想着，有朝一日自己能像马周、郭元振一样得到皇帝的赏识提拔，身居高位，一展才华。

三、隐逸：早觅为龙去

寄希望于风云际会的想法，毕竟与现实的差距很大。李群玉《放鱼》："早觅为龙去，江湖莫漫游。须知香饵下，触口是铦钩。"诗人借鱼寄意，盼鱼儿少在江湖里漫游，还是早早跃登龙门，转化为神龙，以达到一个没有机心而且自由广阔的新境地。为什么还要在江湖里打转呢？天下有多少英雄豪杰，成了功名利禄的牺牲品！

于是，有些士人在心理上选择了隐逸。他们发愿要效法上古的许由、巢父，晋代的陶渊明，或高蹈遗世，远离尘网；或啸傲山林，吟赏烟霞。例如，《唐才子传》载，唐末诗人任蕃，家住江东，曾步行数千里赴长安应试，结果却名落孙山。他落榜后对主考官说："仆本寒乡之人，不远万里，手遮赤日，步来长安，取一第荣父母不得。侍郎岂不闻江东一任蕃，家贫吟苦，忍令其去如来日也？敢从此辞，弹琴自娱，学道自乐耳。"任蕃后来当了隐士，在台州隐居达十年之久。

大自然的无私和生机，唤醒了隐逸士人曾经为功名利禄所蒙蔽的心灵。李白陶醉于绿水青山之间："问余何意栖碧山，笑而不答心自闲。桃花流水杳然去，别有天地非人间。"（《山中问答》）杜甫再游修觉寺，体会到"江山如有待，花柳更无私"的畅生境界，使得"客愁全为减"（《后游》）。孟郊游终南山，为其壮美的景色所打动，最后感慨："到此悔读书，朝朝近浮名。"（《游终南山》）经历了太多的人事纷争，饱受了羁绊和压抑的士人，还把目光投向了自由自在、无拘无束的白云。宋之问《绿竹引》："妙年秉愿逃俗纷，归卧嵩丘弄白云。含情傲睨慰心目，何可一日无此君。"王维《送别》："君言不得意，归卧南山陲。

255

但去莫复问，白云无尽时。"一前一后住在辋川别墅的这两位诗人，在心灵上也有如许相通之处！

田园生活的和谐自足，乡里村间的淳朴民风，与宦海浮沉、官场倾轧构成了鲜明的对比，这也深深地吸引着士人的心灵。王维《渭川田家》："斜阳照墟落，穷巷牛羊归。野老念牧童，倚杖候荆扉。雉雏麦苗秀，蚕眠桑叶稀。田夫荷锄至，相见语依依。即此羡闲逸，怅然吟《式微》。"《式微》是《诗经·邶风》中的一篇，诗中反复咏叹："式微，式微，胡不归！"王维看到和谐而亲切的村落田园，不禁为自己羁留官场而不能早日归隐而怅然若失。杜甫《为农》："锦里烟尘外，江村八九家。圆荷浮小叶，细麦落轻花。"《寒食》："田父要皆去，邻家闹不违。地偏相识尽，鸡犬亦忘归。"住在成都西郊江村的杜甫，沉浸在这一派静谧安详的氛围里，联想起前此不久在朝廷上"牵裾恨不死"（《建都十二韵》）的惊险场面，不知会有几多感慨！

在出处隐见之间，许多士人都怀着心理上的矛盾和斗争。李颀《不调归东川别业》诗中表示："寸禄言可取，托身将见遗。惭无匹夫志，悔与名山辞。绂冕谢知己，林园多后时。……且复乐生事，前贤为我师。"李颀对耽于微禄而违背心性的官宦生活，感到了疑惑，颇为不得退守田园而遗憾。罗隐《曲江春感》："圣代也知无弃物，侯门未必非才。一船明月一竿竹，家住五湖归去来。"一方面对朝廷用才存在希望，一方面也表示要以归隐为最后的归宿。杜甫《自京赴奉先县咏怀五百字》："非无江海志，潇洒送日月。生逢尧舜君，不忍便永诀。当今廊庙具，构厦岂云缺？葵藿倾太阳，物性固莫夺。……终愧巢与由，未能易其节。"杜甫在行藏取舍之间犹豫再三，一番踌躇之后，仍然是"未能易其节"，选择了继续入仕的道路。这是因为，士人的社会担当品格和守道传统，让他们难以真正忘怀天下。韩愈在《复上宰相书》中坦言心迹：

> 古之士，三月不仕则相吊，故出疆必载质。然所以重于自进者，以其周不可，则去之鲁；于鲁不可，则去之齐；于齐不可，则去之宋、之郑、之秦、之楚也。今天下一君，四海一国，舍乎此则夷狄矣，去父母之邦矣。故士之行道者，不得于朝，则山林而已矣。山林者，士之所独善自养，而不忧天下者之所能安也。如有忧天下之心，则不能矣，故愈每自进而不知愧焉。

韩愈明白表示，自己不愿意做"独善自养"的隐者，而要做"有忧天下之心"的志士仁人。

四、平衡：功成身退与用行舍藏

如何在发挥社会价值和实现个人的精神自由解放之间找到平衡点呢？一些唐代士人选择了这样一种方式：以道家的超越情怀，建立济世功名事业，然后功成身退。《老子》："功成，名遂，身退，天之道。"唐代士人找到了几个实践这种道家型人生理想的典范。

一个是范蠡。《史记·货殖列传》载：范蠡既雪会稽之耻，……乃乘扁舟，浮于江湖，变名易姓。《正义》注引《国语》云："勾践灭吴，反至五湖，范蠡辞于王曰：'君王勉之，臣不复入国矣。'遂乘轻舟，以浮于五湖，莫知其所终极。"范蠡知道勾践的为人，可与共苦，难与同乐，于是急流勇退。

范蠡的政治智慧引起了许多士人的向往。温庭筠《利州南渡》："谁解乘舟寻范蠡，五湖烟水独忘机。"许浑《早发寿安次永寿渡》："会待功名就，扁舟寄此身。"李商隐《安定城楼》：

"永忆江湖归白发，欲回天地入扁舟。"表示自己的志向是干一番扭转乾坤的大事业，然后像范蠡那样，功成辞官，乘扁舟泛五湖，实现归隐之志。李白也宣称："人生在世不称意，明朝散发弄扁舟。"(《宣州谢朓楼饯别校书叔云》)

与范蠡同样智慧的人物，还有西晋的张翰。张翰字季鹰，是吴郡人。其时八王混战，天下大乱，张翰预感到宦途险恶，"因见秋风起，乃思吴中菰菜、莼羹、鲈鱼脍，曰：'人生贵得适志，何能羁宦数千里，以要名爵乎！'遂命驾而归。"(《晋书·文苑传》)《世说新语·任诞》载张翰语："使我有身后名，不如即时一杯酒。"杜甫《严中丞枉驾见过》："扁舟不独如张翰，皂帽还应似管宁"，张志和《渔父》："菰饭莼羹亦共餐，枫叶落，荻花干，醉宿渔舟不觉寒"，都表示要和张翰一样见机知隐。李白《行路难》其三：

> 有耳莫洗颍川水，有口莫食首阳蕨。含光混世贵无名，何用孤高比云月。吾观自古贤达人，功成不退皆殒身。子胥既弃吴江上，屈原终投湘水滨。陆机雄才岂自保，李斯税驾苦不早。华亭鹤唳讵可闻，上蔡苍鹰何足道。君不见吴中张翰称达生，秋风忽忆江东行。且乐生前一杯酒，何须身后千载名。

李白举了伍子胥、屈原、陆机、李斯几个人物做反面教材，指出他们"功成不退皆殒身"，而肯定了张翰的"达生"，更为明确地表示了自己的人生理想。

还有一些唐代士人乐于选择儒家用行舍藏的政治态度与人生态度。"用之则行，舍之则藏"，语出《论语·述而》。孔子另外还多次说："天下有道则见，无道则隐。"(《论语·泰伯》)"邦有道则仕，邦无道则可卷而怀之。"(《论语·卫灵公》)"邦有道谷。邦无道谷，耻也。"（《论语·宪问》）孟子也说："穷则独善其身，达则兼善天下。"（《孟子·尽心上》）所有这些说法，其实都是"用之则行，舍之则藏"的意思。用行舍藏，是儒者出处仕隐的原则和标准，也显示了儒学通权达变的思想方法和精神气度。

东晋的谢安精于用行舍藏之道，因此也成了唐代士人的一个行为楷模。《晋书·谢安传》："安虽受朝寄，然东山之志始末不渝，每形于言色。"《世说新语·排调》也说谢安起初有东山之志，也就是有优游山林的意愿，后来朝廷下达了严厉的命令，谢安"势不获已"，才勉强出来做官。后来，在淝水之战中，他镇定自若，指挥布置，大获全胜，名声大振。

谢安的事迹，让唐代士人追慕不已。他们欣赏谢安的隐逸情怀，在唐人诗歌中，"东山"往往成为隐逸的代名词。如陈子昂《登蓟丘楼送贾兵曹入都》："东山宿昔意，北征非我心"；李颀《赠苏明府》："常辞小县宰，一往东山东"；韦应物《答冯鲁秀才》："徒令惭所问，想望东山岑"；李德裕《奉和太原张尚书山亭书怀》："东山有归志，方接赤松游。"他们更推崇谢安为苍生东山再起的行为。孙元晏《蒲葵扇》："抛舍东山岁月遥，几施经略挫雄豪"；温庭筠《题裴晋公林亭》："东山终为苍生起，南浦虚言白首归"；韩偓《有瞩》："安石本怀经济意，何妨一起为苍生。"

李白也非常钟情于谢安，他热情地礼赞谢安："谢公终一起，相与济苍生"（《送裴十八图南归嵩山》），"东山高卧时起来，欲济苍生未应晚"（《梁园吟》）。他缅怀谢安的事迹："谈笑遏横流，苍生望斯存。冶城访古迹，犹有谢安墩。"（《登金陵冶城西北谢安墩》）在入永王璘幕府后，他又以谢安自比："但用东山谢安石，为君谈笑静胡沙。"（《永王东巡歌》其二）而"北阙青云不可期，东山白首还归去"（《忆旧游赠谯郡元参军》），"不向东山久，蔷薇几度花？白云还自散，明月落谁家"（《忆东山二首》其一），则分明表示，自己要像谢安那样，常存山林之心。

虽然李白想以范蠡、谢安为人生楷模，"申管晏之谈，谋帝王之术。奋其智能，愿为辅弼。使寰区大定，海县清一。事君之道成，荣亲之义毕。然后与陶朱、留侯，浮五湖，戏沧海"（《代寿山答孟少府移文书》），但历史并没有给李白提供这样的条件和机会。行迹与范蠡、谢安略相仿佛的，唐代倒有一个，那就是李泌。李泌少年时曾写了一首《长歌行》：

> 天覆吾，地载吾，天地生吾有意无？不然绝粒升天衢，不然鸣珂游帝都，焉能不贵复不去，空作昂藏一丈夫。一丈夫兮一丈夫，平生志气是良图。请君看取百年事，业就扁舟泛五湖。

据说此诗是李泌在十七岁时写的。在青少年时李泌就为自己设计好了一生，那就是要么隐逸游仙，要么建功立业，最好是像范蠡一样，"业就扁舟泛五湖"。而事实上，李泌的一生也确实是这样实践的，他实现了帝王之师与山林之隐的较为完美的结合。据《邺侯外传》说，此诗写成后，流传很广，因为诗歌中表露的志向十分明显，所以张九龄告诫他说："宜自韬晦，斯尽善矣。藏器于身，古人所重。"李泌牢记于心。李泌后来的处世态度十分机智，当仕则仕，当隐则隐，圆通自如。

天宝年间，玄宗曾让李泌待诏翰林，然而却遭到杨国忠的嫉恨，说李泌曾写《感遇诗》讽刺朝政，玄宗免了他的官，他干脆脱离了官府，"乃潜遁名山，以习隐自适"（《旧唐书·李泌传》）。李泌在肃宗朝大展身手。肃宗灵武即位，向他请教如何平定安禄山叛乱，他镇定从容，为平叛出谋划策，大得肃宗信服。但他不肯为官，只以布衣的身份效力。肃宗只好由他，称他先生而不名。李泌为肃宗制定了平叛的方略：调度部署军队，设法让叛军"北守范阳，西救长安，奔命数千里，其精卒劲骑，不逾年而弊。我常以逸待劳，来避其锋，去剪其疲"，先取范阳，使"贼失巢窟"，彻底失败（《新唐书·李泌传》）。李泌此论，真堪与诸葛亮的"隆中对"相伯仲，可肃宗急功近利，坚持先收复长安，结果把叛军赶回河北，从而形成割据局面，遗患无穷。收复京师后，平叛大局已定，为了躲避可能发生的灾祸，李泌便主动要求进衡山修道，"有诏给三品禄，赐隐士服，为治室庐"（《新唐书·李泌传》）。

代宗即位，把李泌从衡山召进京师，任命他为翰林学士，并勉强他娶妻吃肉。但当时的权相元载又妒忌他，把他排挤出朝廷。

德宗即位，李泌正式出任宰相，封邺侯。德宗立李诵（即顺宗）为太子，太子妃的母亲郜国公主犯蛊媚罪被幽禁，德宗便有意废除对蛊媚事毫不知情的太子。对此，李泌坚决反对，以至于德宗说："卿违朕意，不顾家族邪？"竟拿灭族来威胁李泌。而李泌一番至情至理的分析，终于打动了德宗。德宗感动地说："自今军国及朕家事，皆当谋于卿矣。"但李泌的头脑是非常清醒的，自此以后，他很少再言政事。晋人王康琚《反招隐诗》说："小隐隐陵薮，大隐隐朝市。"此后直到去世，李泌就属于隐于朝市的一类。

李泌做到了儒家所提倡的"用之则行，舍之则藏"，"行"则建功立业，"藏"则修身养性，出处都很充实、平静。时人说"其功乃大于鲁连、范蠡"，评价甚高。

五、中隐：致身吉且安

功成身退之道，用行舍藏之路，都须谋身要津以后，才有实现的可能，所以对于一般的士人来说，就显得有些不够切实可行。于是，一些唐代士人想到了第三条路——中隐。

白居易专门写了一首《中隐》诗：

> 大隐住朝市，小隐入丘樊。丘樊太冷落，朝市太喧嚣。不如作中隐，隐在留司官。似出复似处，非忙亦非闲。不劳心与力，又免饥与寒。终岁无公事，随月有俸钱。君若好登临，城南有秋山。君若爱游荡，城东有春园。君若欲一醉，时出赴宾宴。洛中多君子，可以恣欢言。君若欲高卧，但自深掩关。亦无车马客，造次到门前。人生处一世，其道难两全：贱即苦冻馁，贵则多忧患。唯此中隐士，致身吉且安。穷通与丰约，正在四者间。

白居易以做闲散官、地方官为中隐。中隐就其本质来说也是一种吏隐，中隐隐于吏。走这样一条道路，既避免了权大招灾，又不至于过分的冷清寂寞。只要不张扬显露，自可全身免祸，乐得悠然自在。

唐代士人知道，露才扬己，过于张扬个性，是要吃苦头的。初唐四杰，少年英发，不避锋芒。如王勃《滕王阁序》："穷且益坚，不坠青云之志……无路请缨，等终军之弱冠；有怀投笔，慕宗悫之长风"，驰才骋气，不自顾藉，乃至招来怨毁。据《新唐书》记载，有人向裴行俭推荐四杰，可裴行俭认为："士之致远，先器识后文艺，如勃等虽有才而浮躁炫露，岂享爵禄者哉？炯颇沉默，可至令长，余皆不得其死。"四杰最终皆沉沦于卑位。

在朝为官，祸福难知，唐代士人每每思考全身之策。白居易也一直在思考这个问题。白居易起先也想退隐山林，做个"归去卧云人"（《寄隐者》），但谁知却又升为翰林学士，于是他过起了吏隐生活。他在《松斋自题》中写道："夜直入君门，晚归卧吾庐。……持此将过日，自然多晏如。"值勤公务的时候居于庙堂，归家高卧则以书琴自娱，在"穷通与丰约"之间周旋自如，这就是他的"中隐"。

其实这种出处方式，并不是白居易首先发明的。《庄子·逍遥游》郭象注："夫圣人虽在庙堂之上，然其心无异于山林之中，世岂识之哉？"郭象在发挥"名教即自然"思想的时候，无意间给唐代士人指出了一条折中于仕隐之间的生活道路，即亦仕亦隐。

宋之问《奉和幸韦嗣立山庄侍宴应制》："入朝荣剑履，退食乐琴书。"王维《暮春太师左右丞相诸公于韦氏逍遥谷宴集序》："迹崆峒而身拖朱绂，朝承明而暮宿青霭，故可尚也。"王昌龄被贬龙标后，作诗言："莫道弦歌愁远谪，青山明月不曾空。"进而不耽于荣，退而不愁于谪，既仕且隐，这不正是"中隐"之道吗？

李颀有一个朋友叫陈章甫，他曾应制科及第，但因没有登记户籍，吏部不予录用。经他上书力争，吏部辩驳不了，特为请示执政，破例录用。可是，陈章甫的仕途并不通达，因此无意官事，仍然经常住在寺院郊外。李颀送别陈章甫时，写道："陈侯立身何坦荡，虬须虎眉仍大颡。腹中贮书一万卷，不肯低头在草莽。东门酤酒饮我曹，心轻万事如鸿毛。醉卧不知白日暮，有时空望孤云高。"这个陈章甫，无官时据理力争要做官，"不肯低头在草莽"；为官时，与同僚畅饮，轻视世事，醉卧避官，寄托孤云，形迹脱略，胸襟清高，是个典型的"中隐"者。

韦应物表达过归隐山林的愿望："日夕思自退，出门望故山"（《高陵书情寄三原卢少府》），但他又不愿意轻易舍弃官爵俸禄，说自己"不能林下去，只恋府廷恩"（《示从子河南尉班》）。李肇《国史补》说韦应物立性高洁，"鲜食寡欲，所居焚香扫地而坐"。韦应物《赠琮公》一诗说，他案牍盈前，却能和山僧一样，"出处似殊致，喧静两皆禅"。与僧道论道参禅，或与诗人唱酬应和，这成为他的一种自我心理平衡的方法。他也该算作中隐的一个典型人物了。

中隐在一定程度上满足了入世者的避世企望，在"显达"与"穷通"之间起到了缓冲的作用。仕时不忘归隐，隐亦伺机出仕，这是唐代士人对于隐逸的基本态度。

六、真隐与假隐

唐代以前，人们眼中真正的隐士及其行为规范是："古人所谓隐逸者，……盖以恬淡为心，不皦不昧，安时处顺，与物无私者也。"（《北史·隐逸传》）他们放弃自身的社会价值，清高孤僻，是出世品格。而唐人异于前代的一个基本特点是不再注重外在的山林形迹，而是注重追求心性自由，故而往往采取仕隐两兼的形式。所以，唐史评价唐代隐士"身在江湖之上，心游魏阙之下，托薜萝以射利，假岩壑以钓名，退无肥遁之贞，进乏济时之具，《山移》见诮，海鸟兴讥，无足多也"。这样讲，虽然对于心存隐逸的一般士人言或有甚，但对于"随驾隐士"们却是非常贴切的。《新唐书·卢藏用传》载：

> （卢藏用）与兄征明偕隐终南、少室二山，……始隐山中时，有意当世，人目为"随驾隐士"。晚乃徇权利，务为

骄纵，素节尽矣。司马承祯尝召至阙下，将还山，藏用指终南曰："此中大有嘉处。"承祯徐曰："以仆视之，仕宦之捷径耳。"藏用惭。

这就是成语"终南捷径"的来历。卢藏用是很有进取心的人，为了博得名声，获取要职，他故意隐居起来。他把自己隐居的地点选择在终南山和少室山，是有用意的。因为终南山接近都城长安，少室山接近东都洛阳，便于名入帝耳。所以，当时的人戏称他为"随驾隐士"。后来，卢藏用通过这条"终南捷径"，也真的进入了朝廷，累居高位。

这其实是一种以退为进的求仕手段。但《新唐书·隐逸传》评论说："放利之徒，假隐自名，以诡禄仕，肩相摩于道，至号终南、嵩少为仕宦捷径，高尚之节丧焉。"

终南、嵩少何以能够成为仕宦捷径呢？《论语·尧曰》："举逸人，天下之人归心焉。"所以，历代帝王为了表白自己清明大治，野无遗贤，大多拿出尊隐的姿态，招隐纳贤，以示虚心。有时甚至还弄出"充隐"的笑话。据《晋书·桓玄传》记载，东晋末年的权臣桓玄曾一度篡晋，当过几天皇帝。他认为以前的朝代总有几位著名的隐士，而自己在位时却没有，这实在有损圣德，于是就把著名的隐士学者皇甫谧的六世孙捧了出来，先大张旗鼓地送给他官职和钱财，然后又暗中命令他不得接受，于是，一位高洁的"隐士"就这样被制造出来了。因为这个隐士是假的，所以被时人称为"充隐"。

唐代的统治者也把礼遇隐士确立为国策，频繁求访栖隐者。《旧唐书·隐逸传序》称："高宗天后，访道山林，飞书岩穴，屡造幽人之宅，坚回隐士之车。"《唐大诏令集》中就有许多征召隐者的诏令。唐代统治者热衷于征隐，还特开制举之科。诸如

265

"销声幽薮科""草泽遗才科""藏器晦迹科""哲人奇士隐沦屠钓科""高才草泽沉沦自举科""高蹈不仕科""乐道安贫科""高蹈丘园科"等等，名目繁多，均为征隐而设。

统治者对隐逸的推崇奖掖极大地激励了士人对隐逸的兴趣，由隐入仕成为士人阶层普遍追求的人生理想。士人们大多愿意隐居山林，养名待时，以隐求显，即所谓"置身青山，俯饮白水，饱于道义，然后谒王公大人以希大遇"（王昌龄《上李侍郎书》）。所以皮日休在《鹿门隐书》中感叹说："古之隐也，志在其中；今之隐也，爵在其中。"

然而，真正能够受到统治者青睐和眷顾的隐逸者，毕竟是少之又少。所以大多数士人还是奔竞于仕进之途，主动归隐的并不多。唐代士人的习惯做法是：未仕之时隐，求仕不第隐，仕而位卑或迁谪失意隐。而在仕者又常好交游隐士或称道隐逸而标榜自己，或以此来调节心性、排解仕宦失意的苦闷。诗僧灵澈就曾一针见血地指出："相逢尽道休官好，林下何曾见一人。"（《东林寺酬韦丹刺史》）

未仕之时隐，求仕不成亦隐，孟浩然的经历就很有代表性。孟浩然诗名早著，用世之心甚切，从他给张九龄所写的诗中已可见其一斑。孟浩然大概是因为隐逸很久而未能有遇，不免心生怨望，就写了一首诗《岁暮归南山》：

> 北阙休上书，南山归敝庐。不才明主弃，多病故人疏。
> 白发催年老，青阳逼岁除。永怀愁不寐，松月夜窗墟。

宋陈岩肖《庚溪诗话》说，王维私邀孟浩然到了宫内，没想到唐玄宗忽然驾到，王维慌忙地让孟浩然躲起来，可还是让唐玄宗发现了。唐玄宗听说是孟浩然，就说："朕闻其人而未见也，何惧而匿？"就令孟浩然出来，把近来的诗作朗诵一篇。孟浩然就朗诵了这篇《岁暮归山》，结果惹得玄宗大怒，说："卿不求仕，朕何尝弃卿，奈何诬我？"就赶走了孟浩然，不再录用。

这种记载的可信度大概不会很高。但孟浩然确实是"红颜弃轩冕，白首卧松云"（李白《赠孟浩然》），布衣终生。他在离开长安、落寞地返回故乡襄阳时，有《留别王维》一诗：

寂寂竟何待，朝朝空自归。欲寻芳草去，惜与故人违。

当路谁相假？知音世所稀。只应守寂寞，还掩故园扉。

他是带着才华不售的无限惆怅和知音难觅的感伤，抑郁地关上园门，继续他的隐逸生涯的。

引箸举汤饼，祝词天麒麟

——唐代的诞生礼俗

尔生始悬弧，我作座上宾。引箸举汤饼，祝词天麒麟。

这是唐代刘禹锡《送张盥赴举诗》中开头的几句。诗人说，自己世交的儿子张盥，现在已经长大了，要去赶考了，可他出生时的情景还历历在目。这里讲的"悬弧"是什么意思呢？这还要从唐人的诞生礼俗讲起。

一、祈子：无子坐生悲

生儿育女在古代是家庭和宗族的头等大事。在宗法制度下的唐人，对于传宗接代非常重视。没有子嗣，在当时被看作是非常大的遗憾。"嗟嗟无子翁，死弃如脱毛"（孟郊《吊卢殷》）、"风巢袅袅春鸦鸦，无子老人仰面嗟"（孟郊《济源寒食》），从唐人诗句中，我们可以感受到那个时代无子老人的凄楚。

"无子无孙一病翁，将何筋力事耕农？"（杜荀鹤《伤硖石县病叟》）对于普通农民来说，没有子女，更是人生最大的悲剧。杜甫《又呈吴郎》写一无子妇女扑枣为食："堂前扑枣任西邻，无儿无食一妇人。不为贫穷宁有此，只缘恐惧须转亲。"读来使人心酸。

对于唐代的妇女来说，生育子女就更是至关重要的人生大事了。儒家提倡的孝道，把已婚女子不孕的问题提升到伦理道德的高度，斥之为"不孝"。按照唐代礼仪，"无子"又是"七出"条件中的一条，"无子"能够成为丈夫出妻名正言顺的理由。唐代诗人张籍的《离妇》中就形象地勾画了一位农家妇女因无子而被遗弃的情景：

> 十载来夫家，闺门无瑕疵。薄命不生子，古制有分离。……有子未必荣，无子坐生悲。为人莫作女，作女实难为。

诗中的丈夫就是以"无子"为由遗弃了这位可怜的妇女。唐代法律虽然对出妻有年龄限制，但在民间，无子即出妻，并不受年龄限制。

严酷的社会礼法使得求子成为唐代已婚女子的一种心理寄托，她们希望通过祈求神佛佑助，借助于神佛的力量使自己怀孕生子。如唐胡璩《谭宾录》记载："万回师，阌乡人也，俗姓张氏。初母祈于观音像而因娠回。"就是说，万回的母亲对着观音像祷告才怀孕生了万回。看来，观音送子之说在唐代已经广为善男信女所信奉了。

唐代"男尊女卑"的社会观念还很浓厚。虽然杜甫说过"信知生男恶，反是生女好"，白居易也在《长恨歌》中感慨"遂令天下父母心，不重生男重生女"，但究其实不过是一时的愤激或讥刺之语。唐朝均田制虽然继承于隋，但却取消了隋朝妇人、奴婢都受田的法律规定。唐朝政府规定十八岁以上至六十岁的男人，每人可分田八十亩，永业田二十亩。老男（六十岁以上）、笃疾、废疾的男人为四十亩。寡妻妾为三十亩，而普通妇女、部曲、奴婢都不受田。

正因为如此，唐人尤其盼望生男孩，以至在民间还流行一些类似巫术的"转女为男"的方法。如："取弓弩弦一枚，缝囊盛带妇人左臂，一法以系腰下，满百日去之。"再如："以斧一柄，于产妇卧床下置之，仍系刃向下，勿令人知。"（孙思邈《备急千金要方》卷二《妇人方上》）这可能是因为斧和弓弩都是主要由男子使用的器具，所以被用来求子。

唐代还有戴"宜男草"的求子习俗。李贺诗云"二月饮酒采桑津，宜男草生兰笑人"（《河南府试十二月乐词·二月》）。这种宜男草，大概是戴在胸前的。于鹄诗称："秦女窥人不解羞，攀花趁蝶出墙头。胸前空戴宜男草，嫁得萧郎爱远游。"（《题美人》）这一时期民间还有"作伏熊枕以为宜男"（唐张鷟《朝野金载》卷五）的习俗，这些都反映了唐人希望生子的迫切愿望。

而一旦有了儿子，唐人就仿佛完成了人生中的一项重大的使命，常常难以抑制欣喜之情。杜甫《赠毕四曜》："同调嗟谁惜，论文笑自知。流传江鲍体，相顾免无儿。"从此诗看，杜甫最为挂心的事，或许就是两件：一是诗歌，一是儿子。白居易和元稹是好友。开始两个人还都没有儿子，见面后不免各自嗟叹，甚至还写在诗中。比如元稹在《遣悲怀》诗其三："邓攸无子寻知命，潘岳悼亡犹费词。"就曾为自己没有能够与妻子韦丛生子，而妻子却早早过世而遗憾不已。后来，两个人同年生子。大喜过望的白居易连作了两首诗。一首是写给元稹的："常忧到老都无子，何况新生又是儿。阴德自然宜有庆，皇天可得道无知。一园水竹今为主，百卷文章更付谁。莫虑鹓雏无浴处，即应重入凤凰池。"祝贺元稹文章有托，祝愿其子诗书继世。一首是写给自己的："五十八翁方有后，静思堪喜亦堪嗟。一珠甚小还惭蚌，八子虽多不羡鸦。秋月晚生丹桂实，春风新长紫兰芽。

持杯祝愿无他语，慎勿顽愚似汝爷。"（《予与微之，老而无子，发于言叹，著在诗篇，今年冬各有一子，戏作二什，一以相贺，一以自嘲》）庆幸老来得子，希望儿子胜过自己，欣喜之情见诸笔端。

二、报喜：悬弧与弄璋

悬弧，是古代的一种诞生礼俗。《礼记·内则》："子生，男子设弧于门左，女子设帨于门右。三日始负子，男射女否。""弧"就是弓，"帨"是指佩带在身上的帕巾。古代习俗，如果生男孩，就在门的左首悬挂一张弓；如果生女孩，就在门的右边挂帕巾。出生三日，是男孩的话，即举行射礼，就是占卜选择一个吉利的人抱着孩子，另有射者用桑木弓连发六支用蓬草秆做的箭，射向天地四方，意味着男孩长大成人后亦必如蓬矢般雄飞四方。如果生女孩，就不用举办这个仪式了。

在唐人的诗作中，还保存着对这些古老的诞生礼仪的记忆。如储光羲《贻从军行》："男儿悬弧非一日，君去成高节。"包何《相里使君第七男生日》："它时干蛊声名著，今日悬弧宴乐酣。"韦应物《始建射侯》："男子本悬弧，有志在四方。"都在字里行间充溢着诗人对后辈的祝愿和期许。白居易《崔侍御以孩子三日示其所生诗见示，因以二绝和之》：

> 洞房门上挂桑弧，香水盆中浴凤雏。还似初生三日魄，常娥满月即成珠。

> 爱惜肯将同宝玉，喜欢应胜得王侯。弄璋诗句多才思，愁杀无儿老邓攸。

诗人把崔侍御得子后欣喜若狂、赋诗自贺的情态，写得活灵活现。这位姓崔的侍御，在孩子出生三天时，满心高兴地写了一首诗，忙不迭地把自己的诗作分送给白居易等亲朋好友看。从白诗"洞房门上挂桑弧""弄璋诗句多才思"句看，崔侍御所生必是男孩。

生男孩被称作"弄璋"。《诗经·小雅·斯干》："乃生男子，载寝之床，载衣之裳，载弄之璋。"璋是一种玉器，古人把它给男孩子玩，希望他将来为王侯，执圭璧，有玉一样的品德。说到"弄璋"，在唐代还有个笑话。唐代不学无术的宰相李林甫，将"弄璋"写成"弄獐"，成了用以嘲弄写错别字的典故。《旧唐书》记载：

> 太常少卿姜度，林甫舅子，度妻诞子，林甫手书庆之曰："闻有弄獐之庆。"客视之掩口。

"璋"为贵器，"獐"为兽物，两者风马牛不相及。位至宰相，出此错误，不能不说是天下奇闻。《旧唐书》特为记下这段以示后人。唐后，每有人在诗文中，以"弄獐之庆"讥刺浅学之辈。而苏轼也曾别出心裁地巧用此典。苏东坡好风趣，他写的《贺陈述古弟章生子》诗中，也抓了李林甫的笑柄："剩欲去为汤饼客，惟愁错写弄獐书。"苏东坡巧用掌故，谐谑之笔，令人掩口。但这种掩口，一定会让主人高兴，因为诗中借着李林甫的笑话，是在祝贺主人喜生贵子。

生男孩称作"弄璋"，生女孩则被称作"弄瓦"。《诗经·小雅·斯干》："乃生女子，载寝之地，载衣之裼，载弄之瓦。""瓦"是纺车上的零件。给女儿"瓦"玩，是希望她将来能胜任女红之意。唐中宗"安乐公主，最幼女。帝迁房陵而主生，解衣以褓之，名曰裹儿"（《新唐书·诸帝公主传·安乐公主》）。这恐怕还是"载衣之裼"的遗意吧。

三、三日洗儿：驱灾保生之义

唐代已有"洗儿"之俗，就是婴儿出生后的第三天，家族为其进行第一次洗沐的仪式。这是儿童出生后的重大礼仪之一。洗三的本意，是为婴儿洗去出生过程中所沾染的产血和污秽，因而被认为是具有驱灾保生意义的。由于"洗儿"具有一定的卫生保健意义，因此洗沐时用的水也非常讲究。孙思邈称"儿生三日，宜用桃根汤浴"，桃根汤是用桃根、李根、梅根各二两，以水煮二十沸，去滓，用以洗浴，能够"去不祥，令儿终身无疮疥"（《备急千金要方》卷五上《少小婴孺方上·初生出腹》）。我们可从中了解唐人三日洗儿风俗的用药情况。唐代敦煌一带，"小儿初生时，煮虎头骨，取汤洗，至老无病，吉"（敦煌石窟遗书《诸杂略得要抄子》）。

"洗儿"之俗，在唐代很普遍。从帝王将相乃至百姓，都遵此俗。唐代宗李豫出生三日时，其祖唐玄宗曾亲临澡浴。《次柳氏旧闻》载："代宗之诞三日，上幸东宫，赐之金盆，命以浴。"临走时还兴奋地对高力士说："此一殿有三天子，乐乎哉！"《太平广记》又记载：唐德宗（李适）生下来三天，玄宗去看他。肃宗和代宗依次站在旁边。保姆用儿衣裹着德宗抱给他们看。德宗肤色不白，身体向前倾。肃宗和代宗看了都不喜欢。他俩依次捧着德宗给玄宗看。玄宗一看说道："真是我的后代呀！"然后对肃宗说："你不如他。"又对代宗说："你也不如他，他仿佛像我。"可见，唐玄宗对于子孙寄予了厚望。

可是，偏偏唐玄宗的宠妃又给他闹了一个笑话。因为杨贵妃收安禄山作了义子，所以"（安禄山生日）后三日，召禄山入内，贵妃以绣绷子绷禄山，令内人以彩舆舁之，欢呼动地。玄宗使人问之，报云：'贵妃与禄山作三日洗儿，洗了又绷禄山，是以欢笑。'玄宗就观之，大悦，因加赏赐贵妃洗儿金银钱物，极乐而罢。自是宫中皆呼禄山为禄儿，不禁其出入。"（姚汝能《安禄山事迹》）此事或系贵妃一时嬉戏之作，但被传为宫中丑闻。元稹的《连昌宫词》"禄山宫里养作儿，虢国门前闹如市"，写的就是此事。

唐玄宗"加赏赐贵妃洗儿金银钱物"，是因为洗儿时，要撒洗儿钱，以增添喜庆气氛。王建的《宫词》之七十一写道："日高殿里有香烟，万岁声长动九天。妃子院中初降诞，内人争乞洗儿钱。"这是写后宫诞育的情景，妃子生了小孩，大家齐声高呼"万岁"，宫女们争着讨"洗儿钱"。

有时王侯生子，皇帝也派人往贺。开元十八年（730）年底，霍国公王毛仲之子过"三日"，唐玄宗赐给王毛仲丰厚的金帛、酒馔等物，让高力士送去，且授他刚出生的儿子五品官。王毛仲依仗自己在玄宗平息韦后之乱时曾经出过力，就抱着襁褓中的婴儿对高力士说："此儿岂不堪作三品耶？"当时，高力士以宦官受宠，被授以三品官衔。毛仲极端瞧不起宦官，他对高力士所说的话意思无非是说：我这健全的小儿难道比不上你一个宦官？或许并不见得有拿小孩向玄宗抱怨的意思。但高力士回宫后，对玄宗汇报，玄宗大怒，后来就下诏杀了王毛仲。

三日洗儿，也不限于生男。例如，唐玄宗开元年间，岐王生女，三日洗之，诸官往贺。张谔有诗道："玉女贵妃生，婴婗始发声。金盆浴未了，绷子绣初成。翡翠雕芳缛，真珠帖小缨。何时学健步，斗取落花轻。"（《三日岐王宅》）对于当时洗儿的情形进行了细致的描写。唐五代时，宫廷王府降诞是盛大之事，所以不乏文人雅士称颂夸赞之作。如前蜀花蕊夫人《宫词》之六三："东宫降诞挺佳辰，少海星边拥瑞云。中尉传开三日宴，翰林当撰洗儿文。"即其写照。

流风所及，民间产子三日，也要洗儿以示庆贺。白居易的朋友谈弘谟，添了外孙，白居易写诗贺之："玉芽珠颗小男儿，罗荐兰汤浴罢时。茮苴春来盈女手，梧桐老去长孙枝。庆传媒氏燕先贺，喜报谈家乌预知。明日贫翁具鸡黍，应须酬赛引雏诗。"（《谈氏外孙生三日喜是男偶吟成篇兼戏呈梦得》）诗后又自注："前年，谈氏外孙女初生，梦得有贺诗云：'从此引鸳雏。'今幸是男，前言似有征，故云。"此前，谈氏生外孙女（引珠）时，白居易就有诗相贺（《小岁日喜谈氏外孙女孩满月》），此后谈氏亡故，白居易又写抚慰其三岁的外孙玉童（《谈氏小外孙玉童》）。从这一系列诗作，我们自可以窥见唐代民间庆生礼俗之一斑。

四、汤饼待客：寿命绵长的象征

在小儿洗沐完以后，主人为答谢前来送礼庆贺的亲朋好友，还要宴请宾客。民间宴客，居室狭小者，或移宴于室外。这种宴会被称作"汤饼会"或"汤饼筵"。宋朱翌《猗觉寮杂记》卷上："唐人生日多具汤饼。"所谓"汤饼"，就是汤煮的面条。宋马永卿《懒真子》卷三："必食汤饼者，则世所谓长命面者也。"过生日为什么要吃面条呢？有一种传说是汉武帝一天与众大臣聊天，谈到人的寿命长短。汉武帝说："相书上讲，人的人中长，寿命就长。若人中一寸长，就可以活到一百岁。"大臣东方朔听后大笑了起来，众大臣都怪他对皇帝无礼。东方朔解释说："我不是笑陛下，而是笑彭祖。人中一寸长，活一百岁，彭祖活了八百岁，他的人中就有八寸，那他的脸有多长啊。"众人听后也大笑起来。随着这一传说的流传，人们真的以为人中长、面孔长，人的寿命也长。由于"面孔"的"面"与"面条"的"面"音同字同，于是民间便拿吃长面条象征脸面长，以此祈求长寿，因此就有了生日吃面条的习俗。此说或许是无稽之谈，但以长长的面条象征寿命的绵长，以此寄托人们对长寿的期盼和祝愿，似应不错。

过生日时吃长寿面的习俗唐代已经流行。据《新唐书·后妃传上·王皇后传》载，唐玄宗移情别宠，想把发妻王皇后废了，王皇后惴惴不安。有一天，她哭泣着对玄宗说："陛下独不念阿忠脱紫半臂易斗面，为生日汤饼邪？"阿忠是王皇后的父亲王仁皎的小名。当年玄宗还是临淄王的时候，有一年玄宗生日，到王仁皎家去，要吃长寿面。可是，王仁皎家连一点面都没有了。于是，王皇后的父亲阿忠脱下身上穿的紫色短袖上衣，换了一斗面为玄宗做生日面条。唐玄宗也是个多情的人，听了王皇后这番话，也很感动，好一阵子都不再流露出废后的意思了。民间浴儿待客也用汤饼。刘禹锡诗"引箸举汤饼，祝词天麒麟"（《送张盥赴举》）即写主人以汤饼待客，客人在汤饼宴上为答谢主人款待，往往要说上几句称颂祝福的吉利话。

当然，在纪念小儿诞生的酒席上，"汤饼宴"并不局限于面食，主要是指酒肉佳肴。《资治通鉴》载，长寿元年（692）五月初一，武则天下令禁止宰杀牲畜和捕捉鱼虾。右拾遗张德，家里生了个男孩，刚好三天，办喜事，同僚来贺。张德觉得设宴无肉不体面，就私下宰了一只羊宴请同僚。没想到补阙杜肃在宴席中藏起个肉饼，随后就上表告发张德违反朝廷禁令。第二天，武则天在朝堂上对张德说："听说你得了个男孩儿，很为你高兴。"张德拜跪表示感谢。武则天又说："你从什么地方弄来的肉？"张德惊恐叩头表示认罪。太后说："我禁止屠宰牲畜，但喜事丧事不受限制。但你从今以后宴请客人，也应该注意选择。"随即拿出杜肃告发的奏书给他看，搞得杜肃十分羞愧，"举朝欲唾其面"。张德为庆得子，不惜冒险抗旨，足见唐人对此风俗的重视。为了表明自己待客慷慨，富裕人家的酒席一般都比较丰盛，有时还包括歌舞弹唱。晚唐段成式《酉阳杂俎》就讲了他于"太和末，因弟生日，观杂戏"的事情。

五、满月诵文：祈求神佛庇佑

敦煌写本《父母恩重经讲经文》云："三朝为喜蒙平善，满月延僧息障灾。邻里争怜看不足，亲情瞻嘱意徘徊。"（《敦煌变文集新书》卷三中）在孩子满月时，孩子的父母一般会把小孩抱出来，让亲友邻里们看上一看，逗笑一番。

唐人如果有条件的话，也会设酒宴庆贺。唐西明寺沙门释道世所撰《法苑珠林》里记载了这样一个故事：唐高宗显庆年间（656—661），长安城西路边上有一个店家，新媳妇生了一个小男孩。"月满日，亲族庆会"，店主人让屠夫杀一只羊。那羊多次向屠夫跪拜。屠夫把这事向店家的人报告了，店家的大人小孩都不认为这里有什么迹象，就让屠夫杀了这只羊，把羊肉放到锅里煮。因为别人都忙着料理葱蒜饭菜，就让新媳妇抱着小孩看着锅里的肉。那新媳妇抱着孩子来到锅前，锅突然间自己破了，汤水冲犯灰火直扑母子，母子全被烫死。当然，这则具有强烈的宗教宣传色彩的故事的本意是宣传"戒杀生"的佛家教义，但是从这则故事中我们也可以看到，当时民间庆祝满月的规模是相当大的。

满月时，还有另一项重要的活动，就是请僧人到府，诵经消灾。《太平广记》中有一个故事：唐朝名臣韦皋，据说他刚出生一个月时，家里召集群僧会餐，以示庆贺。有个胡僧，相貌特别丑陋，没有招呼他自己就来了。韦家的仆人都很生他的气，让他坐在院里的破席上。吃完饭后，韦家让奶妈抱出婴儿来，请群僧为他祝福。那位胡僧忽然走上台阶来，对婴儿说道："分别已久，你可好吗？"婴儿的脸上似乎有很高兴的神情，众人见了都很惊异。韦皋父亲说："这个小儿降生才一个月，师父怎么说分别很久了呢？"胡僧道："这不是施主所能知道的。"韦家一再追问他，胡僧便说："这个小儿乃是诸葛武侯的后身呀！武侯生当东汉末年，是西蜀的丞相，蜀人长久受到他的恩惠。如今他又降生在世上，将来要为蜀门之统帅，而且受到蜀人的祝福。我从前住在剑门，与这个小儿很友好，如今听说他降生在老韦家，所以我才不远而来。"韦家听了他的话都感到很奇异，于是便以"武侯"做韦皋的字号。后来韦皋"自少金吾节制剑南军，累迁太尉兼中书令"，在蜀地任职十八年，果然与胡僧的话相符。（《太平广记》卷第九十六《异僧十》）这个故事反映了唐人在诞生礼俗中对佛法的信奉和对僧人的优待。

敦煌残卷中也有一些满月诗文。敦煌遗书载有僧人应俗家之请到其家中设坛做佛事，施资求福的《满月文》和《难月文》。当时风俗，孕妇在临近分娩时，家人诵佛求神，念诵《难月文》，祈求神佛保佑母子平安。到了孩子满月后，则设坛还愿，诵读《满月文》。如《满月文》（伯3800）：

闻金仙郁兴，降自轮王之位；表二严双，当生上品之家。是知尊贵之门，必感英灵之子。今日翠幕展凝烟之色，彩幡开菡萏之花；渔梵奏而梁尘飞，玉磬擎而金偈发。盛事若此，谁人当之？则有某公为孩子满月建斯会矣。

惟公禀气挺生，风神雅操，才高往哲……公之夫人淑质贞白，圭璋一门……惟孩子玉质团素，鲜花淡红，一门护侍掌上珠，六亲乱抱怀中宝……眷属同欢于此日，亲姻共乐于今晨；欢荣别是一家春，圣幢耸出重重福。……

惟愿清风播美，声满寰中；德望遐钦，名传海内。夫人亦愿枝菊比德，月桂逾香；明珠必诞于潘安，光荣远近之亲族。

再如，《难月、满月文》（伯2587）、《贺诞子文》（斯5639）、《孩子满月文》（伯3491）、《满月、生日报愿文》（伯2497）等，皆属此类文字。这些庄严祥和的文字，虽然在敦煌流传，但它们也许就来自内地。除了赞颂父母之高洁品行、孩子之富贵吉祥以及亲属之欢喜团圆外，其内容无非是说托诸佛之力，得以母子平安，为感荷神恩，特设道场，备珍馐以表敬意，并祈求神佛继续庇佑等。我们从中可窥见唐代民间对待生育之风俗与美好祝愿。

唐代皇室在孩子满月时，有时也会隆重庆贺。如唐高宗开耀二年（682），太子李显的长子李重润生于东宫，"高宗甚悦"。当其满月之时，"大赦，改元永淳，是岁立为皇太孙"（《唐会要》卷四）。

六、三月取名：雅俗并见趣味多

给孩子取名，大约是在孩子满三个月的时候。《礼记·内则》说，子女生三月之末，"择日剪发为鬌，男角女羁，否则男左女右"；随后，"父执子之右手，咳而名之"。

在小名或称呼上加"阿"，是唐人的普遍习惯，不但女子这样，男子也不少。如前面提到的玄宗王皇后的父亲小名叫"阿忠"。唐玄宗的小名叫"阿瞒"，玄宗每以此名自称。如上元元年（760），以拥戴肃宗有功的大宦官李辅国离间玄宗、肃宗父子，强行把玄宗迁往西内。高力士厉声面斥李辅国，平安把玄宗护送到了太极宫。玄宗握住高力士的手已是泪流满面，说："微将军，阿瞒已为兵死鬼矣！"又《羯鼓录》记载玄宗与兄弟宁王等簪花事，玄宗也多次自称为"阿瞒"。（明郎瑛《七修类稿》卷二十"辩证类"）

妇女的名字中用"阿"者更多，其主要原因是唐代有女子在未及笄前多称小名的习俗。即使她们出嫁以后，在习惯上仍然沿用。贵妃杨玉环小名"阿环"。李商隐《曼倩辞》："十八年来堕世间，瑶池归梦碧桃间。如何汉殿穿针夜，又向窗中觑阿环？""阿环"即指杨玉环。再如武则天小名"阿武"。史载萧淑妃被贬为庶人，被囚禁在密室，曾大骂武则天："愿阿武为老鼠，吾作猫儿，生生扼其喉！"由此武则天下令宫中不得养猫。（《旧唐书·后妃列传》）又《新唐书·公主传》载，安乐公主求为皇太女，对中宗、韦后云："阿武子尚为天子，天子女有不可乎？"也称其祖母武则天小名"阿武"。这是否有失尊重呢？其实，"阿"或有"大"的含义。唐赵璘《因话录》卷四《角部》："衢州视事际，有妇人姓翁，陈牒论田产，称'阿公阿翁在日'，坐客笑之。因征其类。余尝目睹者，王屋有梓人女曰阿家，京中有阿辅，洪州有阿姑，蜀中有阿母，洛中有阿伯、阿郎，皆因其姓，亦堪笑也。"并注释说"阿翁两字，言其大父"。意思是说，前面的"阿公"是称呼其夫之父为"公"，后言"阿翁"是"阿"加其夫家本姓。类似巧合的还有"阿家""阿辅""阿姑""阿母""阿伯""阿郎"等，"皆因其姓"。可见小辈对尊长在姓上加"阿"字的称呼在唐代是比较普遍的。所以，安乐公主称其祖母"阿武"，也不足为怪。

唐人取名，用两字或三字，前字为姓，名随其后。用单字为名的，似乎要注意字的偏旁。如唐韩愈《河南府王屋县尉毕君墓志铭》中记载，毕坰的祖父叫毕构，父亲叫毕炕，弟弟叫毕增，儿子则叫毕镐、毕锐。看来，毕氏自毕构始，是以五行中的木、火、土、金、水的偏旁轮流为名，隐含着子孙绵延、生生不息之意。这样排序，后世也不会排乱其世系次第。兄弟间则更多以同偏旁取名字。如中兴名将郭子仪的儿子叫郭曜、郭晞、郭暖、郭曙等，孙子则名郭铸、郭钊、郭铦等。用双字为名的，如果是兄弟，前一字多同。如唐高祖李渊诸子名元吉、元景、元昌、元亨、元方、元礼、元嘉、元则、元懿、元轨、元庆、元裕、元祥、元婴。

唐人取名字有时也颇有些文化蕴涵。如诗人元结祖父名元亨，字利贞；而"元亨利贞"四字是《周易》卦辞记事之总符号。又如茶圣陆羽字鸿渐，也是取《周易》卦义。《易·卦》："上九，鸿渐于陆，其羽可用为仪，吉。"至于高仙芝、牛仙客、李怀仙等名字，都很有些仙道玄妙的意味。再如王维字摩诘，也是与佛经中的维摩诘相关联。至于宋金刚、高力士等，以金刚、力士为名，也充溢着佛教气息。

还有一个取名习俗，就是唐代女性多有以叠字为名的。如诗人张祜有妾名莺莺、燕燕。元稹所爱歌女名谢好好，杜牧所狎女妓名张好好。《北里志》所记妓名有李当当、曹保保、卓英英、王莲莲、郑举举等。不止妓妾以叠字为名，官宦士子人家的女子也有此俗。如进士崔曙之女名星星，李商隐的侄女名寄寄等。至于元稹《莺莺传》中的富家千金崔莺莺，更是众所周知了。

七、周岁"试儿"：以验贪廉愚智

到孩子满一周岁的时候，唐人例有"抓周"的习俗。"抓周"也被称为"试儿""试晬""试周""拈周""期场"等。这个习俗早在南北朝就已经流行于民间了。北齐颜之推《颜氏家训·风操》："江南风俗，儿生一期（即一周岁），为制新衣，盥浴装饰，男则用弓、矢、纸、笔，女则用刀、尺、针、缕，并加饮食之物及珍宝服玩，置之儿前。观其发意所取，以验贪廉愚智，名之为试儿。"

南朝江南流行的抓周风俗，到唐代已经流行于中原了。唐代法振写了一首《许州郑使君孩子》诗："毛骨贵天生，肌肤片玉明。见人空解笑，弄物不知名。国器嗟犹子，风神望益清。抱来芳树下，时引凤雏声。"就是写的满岁"抓周"这件事。由诗题可见，作为中原之地的许州也有此习俗。

"抓周"的习俗甚至流行于唐代的宫廷之内。如唐段成式《西阳杂俎·忠志》记载，唐高宗幼年时，"将戏弄笔，左右试置纸于前，乃乱画满纸，角边画处，成草书'敕'字"。再如武则天曾将皇孙都召集到大殿上，看他们嬉戏，"取西国所贡玉环钏杯盘，列于前后，纵令争取，以观其志"。当时，孩子们没有不争抢奔夺的，只有还是幼儿的玄宗端坐在那里，根本没动。武则天认为他很不一般，抚摸着他的背说："这个孩子应该成为一个太平天子。"于是让人取来玉龙子赐给他。（《太平广记》卷第四百一）抓周试儿的这个习俗，能够影响到皇室，足可证明它在唐代极为盛行。

洞房昨夜停红烛，待晓堂前拜舅姑

——唐代的婚姻礼俗

洞房昨夜停红烛，待晓堂前拜舅姑。妆罢低声问夫婿，画眉深浅入时无？

这是唐代诗人朱庆余的《闺意》诗。诗写新婚的女子在结婚次日，要去拜见公婆，为了给初次见面的公婆留下一个好印象，她刻意打扮了一番，还不放心，让丈夫再为自己斟酌一下，看看是否得体。当然，这是朱庆余写给主考官张籍的，另有寓意。但如果单单把它作为一首描写唐代婚俗的诗歌，也未尝不可。

一、唐代的择偶方式

唐代，一般男子二十岁、女子十五岁的时候，就可以结婚了。但唐代对结婚年龄约束不严。朝廷为了增殖人口、发展经济，有时将地方州县户口的增减，作为对地方官进行考课政绩的一项条件。开元年间，唐玄宗时甚至下诏："男年十五，女年十三以上，听婚嫁。"（《唐会要》卷八十三"嫁娶"）在这种早婚早育政策的影响下，男子未冠而婚、女子未笄而嫁的现象，在唐代社会是较为普遍的。武则天入宫为妃时才十四岁，就是典型一例。

"为婚之法，必有行媒。"（《唐律疏议》卷十三"为婚妄冒"条疏议）这是唐代的法律明文。唐代的婚姻仍须经父母之命和媒妁之言，才能和合。可是，有时父母答应下来的亲事，儿女未必情愿。唐人张鷟《朝野佥载》卷三中就记载：唐南宫县丞崔敬有两个女儿，生得花容月貌。冀州长史吉懋想为他的儿子吉顼娶崔敬长女为妻，崔敬始则不许，但吉懋却倚仗官势，强行求娶，崔敬遂"惧而许之"。但当花轿至门时，其长女却坚卧不起，不肯赴婚。情急之时，崔敬小女情愿代姊为婚，吉家就迎娶了崔敬小女，这才算圆了场。按《唐律》，"女家违约妄冒者，徒一年"。崔敬答应了吉家亲事，如果毁约，在当时是要负刑责的。

可是，如果遇到开明的父母，也会给儿女一定的自主权。例如，唐人牛僧孺《玄怪录》卷一说：京兆韦氏生有一女，年方十六，其母曾说："有秀才裴爽者，欲聘汝。"但其女却笑着回答说："非吾夫也。"其母听从了女儿的意见。后来裴爽多次派媒人前来提亲，媒人盛誉裴爽之才貌，韦氏女始终不肯应许。第二年，其母又对韦氏女说，有个叫王悟的官员，派他的下属即韦氏女的舅舅提亲了。可韦氏女还是不肯应许。第三年，进士张楚金求亲，其母告之，女儿终于答应道："吾之夫乃此人也。"后来，韦氏与张楚金终成眷属。看来，韦氏女有一个开明的母亲，把选择配偶的权力交给了女儿。

也有比较开明的父亲。唐代人称"口有蜜，腹有剑"的奸相李林甫，对待女儿们的婚事，倒还很值得称道。五代王仁裕《开元天宝遗事》有"选婿窗"一则："李林甫有女六人，各有姿色，雨露之家，求之不允。林甫厅事壁间有一小窗，饰以杂宝，幔以绛纱。常日使六女坐于窗中，每有贵家子弟入谒，林甫即使女于窗中自选可意者事之。"李林甫不以女儿为政治筹码，联姻高门，允许她们自己选择"可意者"，可见他很开明。甚至，李林甫还有一个女儿李腾空，不出嫁，却出家，做了女道士。

由上可见，唐代男女双方均有一定的挑选自由，并非像后世那样唯父母之命是从。

二、婚前礼俗

唐代的婚礼，还是承袭古代传统的"六礼"，但也根据社会现实需要有所变更。六礼的内容包括了六个方面，实际是婚姻成立的六个程序：纳采、问名、纳吉、纳征、请期、亲迎。

一是纳采，即男方和媒人到女家送彩礼求婚。杜甫有一首诗，题目很长——《送大理封主簿，五郎亲事不合却赴通州，主簿前阆州贤子。余与主簿平章郑氏女子，垂欲纳采，郑氏伯父京书至，女子已许他族，亲事遂停》。大意是说，杜甫为封主簿之子作媒，与封主簿一起到女家商议可否，但听说女方已有婚约，亲事只好作罢。诗云：

> 禁脔去东床，趋庭赴北堂。风波空远涉，琴瑟几虚张。
> 渥水出骐骥，昆山生凤凰。两家诚款款，中道许苍苍。颇
> 谓秦晋匹，从来王谢郎。青春动才调，白首缺辉光。玉润
> 终孤立，珠明得暗藏。余寒折花卉，恨别满江乡。

琴瑟虚张、玉润孤立、珠明暗藏，暗示"亲事遂停"。

纳采时，男方带给女方的标准礼物是雁。《仪礼·士昏礼》："下达，纳采，用雁。"郑玄注："用雁为贽者，取其顺阴阳往来。"因为雁是候鸟，随气候变化南北迁徙并有定时，且配偶固定，一只亡，另一只不再择偶。古人认为，雁南往北来顺乎阴

阳，配偶固定合乎义礼，所以婚姻以雁为礼，象征一对男女的阴阳和顺，也象征婚姻的忠贞专一。这样，"奠雁"之礼，即男方使者执雁为礼送与女家的习俗，就被广泛用于婚姻六礼中。史载唐高宗为太子李弘纳妃时，正好"皇家苑中获白雁"，唐高宗喜不自胜地说："汉获白雁，遂为乐府；今获白雁，得为婚赞。彼礼但成谣颂，此礼便首人伦，异代相望，我无惭德也。"可见对纳采十分重视。李端《送黎兵曹往陕府结婚》诗："奠雁逢良日，行媒及仲春。"孟浩然《送桓子之郢成礼》："摽梅诗有赠，羔雁礼将行。"都是唐人对"奠雁"礼俗的描写。

后来因雁越来越难得，人们就改用木刻的雁代之，或改用鹅、鸭、鸡三种活禽代替行奠雁礼，以定婚姻的和顺。也有时，用其他一些具有象征意义的东西来作为纳采的礼物。在唐代笔记小说《酉阳杂俎》中有明确记载："婚礼，纳采有合欢嘉禾、阿胶、九子蒲、朱苇、双石、绵絮、长命缕、干漆。九事皆有词：胶漆取其固；绵絮取其调柔；蒲苇为心，可屈可伸也；嘉禾，分福也；双石，义在两固也。"这就给予婚礼以许多美好的象征。

第二道程序是问名。这或许与纳采同时完成。就是男方请媒人问女方的名字及出生年月日，女方如果同意，则复书告知。

问名后，男方取女方姓名、生辰，到宗祠里占卜吉凶，卜得吉兆则通知女方，是为纳吉。如果占卜不吉，婚姻之议作废，此礼也就不再举行。

纳吉之后即为纳征，即男家以礼物送给女方，女方接受，则表示同意确立婚姻关系。纳征就是下聘礼，礼物贵重，仪式也较隆重。特别是那些家世显赫但已失势的山东著姓，如崔、卢、李、郑之家，如要嫁女他族，则必"广求聘财，以多为贵，论数之日，同于市贾"。为了不让女方家长大肆索要聘礼，唐代对聘礼的数额曾有过一些限制。如显庆四年（659），唐高宗下诏："自今已后，天下嫁女受财，三品以上之家，不得过绢三百匹；四品、五品不得过二百匹；六品、七品不得过一百匹；八品以下不得过五十匹。皆充所嫁女资装等用。"

第五道程序是请期。纳征以后男方就占卜婚期，卜得吉日，派人持去女家商定结婚日期，这就是请期。

亲迎是六礼中的最后一个环节。就是在吉日里，新郎在傧相陪伴下亲自前往女家迎娶新娘。这个过程，礼俗繁复而又热闹。

唐代婚礼的内容是丰富多彩的。从亲迎开始，进入了整个婚姻进程的主要环节。唐封演《封氏闻见记》卷五"花烛"条载："近代婚嫁，有障车、下婿、却扇及观花烛之事，及有卜地安帐并拜堂之礼，上自皇室，下至士庶，莫不皆然。"于中可见，唐朝的婚礼仪式在沿袭古礼的基础上，还吸收了一些少数民族的风俗。

先说"卜地安帐"。唐段成式《酉阳杂俎续集》卷四引江德藻《聘北道记》云："北方，婚礼必用青布幔为屋，谓之青庐，于此交拜，迎新妇。"亲迎之前男家"卜地安帐"，在门内外选一块吉地布置青布幔。女家也在亲迎前派人到男家给新房挂帐幔，展陈衾褥，以备婚礼之日使用。这个帐叫"青庐"，在唐代还有个专名，叫"百子帐"。唐陆畅《云安公主下降奉诏作催妆诗》云："催铺百子帐，待障七香车。"说明皇家婚礼也兴此风。《酉阳杂俎》还说："今士大夫家昏礼，露施帐，谓之入帐，新妇乘鞍，悉北朝余风也。"就指出，唐代的婚礼掺入了北方民族习俗。

婚礼之日，新郎告庙后，在黄昏去女家迎亲。据《新唐书·诸帝公主传》云，唐太宗在出嫁城阳公主时，曾以占卜选定婚期，结果，卜者认为"昼婚为吉"。马周进谏说："朝谒以朝，思相戒也；讲习以昼，思相成也；燕饮以戾，思相欢也；婚合以夜，思相亲也。故上下有成，内外有亲，动息有时，吉凶有仪。"唐太宗采纳了他的意见，城阳公主的婚礼最终在黄昏举行。由此可知，唐朝的婚礼一般都是在黄昏到夜间进行的。白居易《和春深二十首》："何处春深好，春深娶妇家。两行笼里烛，一树扇间花。宾拜登华席，亲迎障幰车。催妆诗未了，星斗渐倾斜。"诗中描绘了男方于晚上打着灯笼去迎亲的情景。

新郎在傧相陪同下到女家后，下车入门，敦煌写本书仪斯5515号，有新郎《至大门咏》《至中门咏》《至堂门咏》，看来新郎也往往在这个时候显示一下自己的诗才。如《至堂门咏》："堂门策四方，里有四合床，屏风十二扇，锦被画文章。"新郎参拜岳父、岳母，时称"拜阁"。拜阁之礼一毕，女方的若干女性亲宾，会对新郎调笑嬉闹，甚至扑打，称"下婿"。敦煌遗书中有

《下女夫词》，下女夫即"使女夫下"的意思，或许是以此煞一煞新郎的威风。当然这只是一个仪式，并不会把新郎搞得太狼狈。这种"下婿"婚俗也是源于北朝，带有鲜卑遗风。

接下来，夫婿升堂，行奠雁之礼。"升堂奠雁，令女坐马鞍上，以坐障隔之。女婿取雁，隔障掷入堂。女家人承将其雁，以红罗裹五色绵缚口，勿令作声。其雁已后儿家将赎取放生。如无雁，结彩代之亦得。"（敦煌写本书仪伯2646号）陆畅有《坐障》诗云："白玉为竿丁字成，黄金绣带短长轻。强遮天上花颜色，不隔云中语笑声。"描述的就是当时的情景。"坐鞍"也有寓意。"鞍"取自谐音"平安"的"安"的口彩，新娘坐一下马

鞍，寓意婚后的生活平平安安。按敦煌书仪中有关婚礼的说明，也往往是以鹅代雁："女婿抱鹅向女所低跪，放鹅于女前。"（敦煌写本书仪斯 1725 号）

接下来的节目催妆和障车，是亲迎礼俗的高潮，也是唐代婚礼中最富趣味性的习俗，充分展示了唐人的浪漫性格和雅致风采。

三、催妆与障车

女婿奠雁礼之后，新娘梳妆打扮，迟迟不出门，男方要咏诗"催妆"。唐段成式《酉阳杂俎·礼异》载："迎妇夫家领百余人或十数人，随其奢俭，挟车俱呼：'新妇子，催出来！'至新妇登车乃止。"唐人善诗，新郎作诗催妆时自可大展才华。

《太平广记》记载，唐元和十四年（819），江淮考生卢储进京，向尚书李翱投卷，求其举荐。李翱因急事外出，将其诗文置于案上，被十五岁的女儿看见，连读数遍，爱不释手，随即对侍女说："此人必为状头！"李翱闻听此言，颇为赏识，就把女儿许配给卢储。一年后，卢储果然中了状元。在迎娶娇妻时，卢储作了一首《催妆诗》："昔年将去玉京游，第一仙人许状头。今日幸为秦晋会，早教鸾凤下妆楼。"金榜题名、洞房花烛，这位卢公子，真是双喜临门了。

还有个叫陈峤的举子，可就没有卢公子那般幸运了。《南郡新书》戊卷载，陈峤孑然无依，到六十多岁，才得官还乡。家乡人怜悯他，就帮助他说亲。最后，娶了一个读书人家的女子为妻。结婚时，人们见他白发苍苍，不免要打趣他几句。这位陈老伯，倒是很有才情。他自赋《催妆诗》云："彭祖尚闻年八百，陈郎还是小孩儿"，引得大家连连称妙。

也有人比较细心，借催妆诗传情达意。徐安期的催妆诗就这样写："传闻烛下调红粉，明镜台前作好春。不须满面浑妆却，留着双眉待画人。"意思是说，你化妆不必太仔细，将来我会像汉代的张敞一样，帮你画眉，含蓄地表示了将来会善待妻子的意愿。这样的催妆诗，哪个女孩不喜欢呢？

也有很多催妆诗，是男方请傧相代作的。宪宗元和元年（806）进士陆畅，刚进入秘书省，正碰上宪宗皇帝妹妹云安公主下嫁刘士泾，亲迎之夕，陆畅奉皇帝诏书，作催妆诗："云安公主贵，出嫁五侯家。天母亲调粉，日兄怜赐花。催铺百子帐，待障七香车。借问妆成未，东方欲晓霞。"（陆畅《奉诏作催妆五言》）诗中以"天母"（即皇太后）和"日兄"（即宪宗）"亲调粉""怜赐花"写云安公主在宫中所受的宠爱，从而衬托出她的尊崇地位。"借问妆成未，东方欲晓霞"，既表达婚礼完成时间的紧迫，又不失对公主的尊敬之意。这是一首标准的催妆诗。他还同时写有两首七言催妆诗："天上琼花不避秋，今宵织女降牵牛。万人惟待乘鸾出，乞巧齐登明月楼。""少妆银粉饰金钿，端正天花贵自然。闻道禁中时节异，九秋香满镜台前。"（陆畅《云安公主出降咏催妆两首》）寥寥几笔，将万人争看婚嫁场面写出。可见催妆诗一般是为五七言近体，多颂赞吉利语。

也有傧相代作催妆诗时，借以打趣的。贾岛《友人婚杨氏催妆》诗："不知今夕是何夕，催促阳台近镜台。谁道芙蓉水中种，青铜镜里一枝开。"诗赞美杨氏貌如芙蓉，可"阳台"一语，又将新娘比作自荐枕席的巫山神女，而新郎当然就是风流倜傥的楚襄王了。笔调戏谑，饶有风致。

还有讽刺得更为含蓄的。宪宗元和初年，翰林学士张仲素和宰相李程，应邀为一达官婚娶做傧相。因为此对新郎新娘是中表亲，所以当女家向亲迎队伍索要催妆诗时，张仲素就吟出初唐著名诗人杜审言的两句诗："舜耕余草木，禹凿旧山川。"李程想了半天，才明白诗的意思。偏偏又大声呼叫："张九（仲素排行第九），张九，舜禹之事，吾知之矣！"引起婚礼场面上的群客大笑，演出了一出滑稽戏（明蒋一葵《尧山堂外纪》卷三十三）。这是怎么回事呢？原来，对"外内"即中表之间可不可以通婚的问题，汉族长期以来一直意见不一。三国魏袁准论及此问题时说："或曰：同姓不相娶，何也？曰：远别也。曰：今之人，外内相婚，礼与？曰：中外之亲，近于同姓。同姓且尤不可，而况中外之亲乎！古人以为无疑，故不制也。今以古之不言，因谓之可婚，此不知礼者也。"（唐杜佑《通典》卷六十一"内表不可婚议"条）袁准是不赞成中外结亲的。看来，张仲素的意见与袁准是一致的，所以他以"舜耕余草木，禹凿旧山川"来讥讽婚家中表亲结婚的做法。

催妆千呼万唤，新妇终于露面。但是，遵父母之命、媒妁之言而婚娶的新郎，这时大概也不能非常清楚地看到新娘的芳容。因为，在新妇登车之前，其母还要用纱巾"蒙女之首"，这当是后世"盖头"之滥觞。据《陔余丛考》卷三十一，这本来是"自东汉、魏晋以来，时或艰虞，岁遇良吉，急于嫁娶"的权宜之计，此后便成定制。唐褚亮《咏花烛》："靥星临夜烛，眉月隐轻纱。"描写的就是新妇以纱巾罩头的情状。

《酉阳杂俎》卷一《礼异》记载："近代婚礼，当迎妇，以粟三升填臼，席一枚以覆井，枲三斤以塞窗，箭三只置户上。妇上车，婿骑而环车三匝。""近代"即唐朝，在结婚前，男方必须以三升粟米填石臼，用一张席子盖住井口，再以三斤枲麻塞上窗户，并把三支箭放在新房门口，都是驱祟辟邪的意思。等新娘子上车后，新郎需要骑马围着车绕三圈，象征和睦、谦恭。也有学者指出，"绕车三匝"的仪式的用意是，通过类似的"绕行"仪式，以示女子"从人"之后，将脱离父权的控制和保护，转而处于夫权的监护之下。唐代婚礼中婿"绕车三匝"，既含有新妇婚后将得到新婿的全权"保护"之意，同时也意味着新妇日后的所作所为将受到夫婿的严密"控制"。（段塔丽《唐代婚俗"绕车三匝"漫议》，《中国典籍文化》2001 年第 3 期）此说也很有道理。

婚车启动，女方就有许多人拥挤在道路中间，等迎新妇之车到后，喧呼作乐，使迎亲车队无法通行，这时男方必须馈以大量财物及酒食，才被放行。这个习俗被称为"障车"。

在障车过程中，为了给迎亲队伍的行走带来一定的障碍，有时障车人特地搞来些荆棘、树枝，布满路面，以便拦阻。敦煌写本斯 6207 记载："荆轲（柯）满更（埂），徒劳障车。"障车人一般要推选一位有才情的人来做障车首领。据敦煌写本斯6207 记载，当障车队伍由于"夜入村坊，鸡飞鸟宿，风尘荒荒"，扰乱了地方安定，遭到地方官员的叱问："君是何人，辄事夜行？君且停住，吾欲论平。"障车人则从容不迫地作答，说："我是大唐儒事（士），极好芬芳。明闲经史，出口成章。未审使君，有何祗当？"介绍自己时，言语中还带着几分夸耀，最后又反问使君"有何祗当？"可以看出，障车首领是个有胆有识的人。

障车时，障车儿郎拦住新娘的嫁车后，要以诵唱诗歌的方式向婚家发难，婚家则要以诗歌回敬。如婚家问障车人："无篇（偏）无当（党），王道荡荡。春符分明，凭何辄障？"障车人则答："我是诸州小子，寄旅他乡。形容窈窕，武（妩）媚诸郎。含朱（珠）吐玉，束带矜庄。故来障车，须得牛羊。"（敦煌写本伯3909《论障车词法第八》）当然最后总是以婚家分发礼品，打点了事。障车双方来回对歌或对诗，就要求障车儿郎和婚家傧相双方，都应该有一些具有较高文化修养的人参与进来。

这种活动或许也有一些是双方事先约好的游戏程式。如唐司空图有《障车文》，其中写道："令仪淑德，玉秀兰芳。轩冕则不饶沂水，官婚则别是晋阳。两家好合，千载辉光。儿郎伟，且子细思量，内外端相。事事相称，头头相当。某甲郎不夸才韵，小娘子何暇调妆。甚福德也，甚康强也。二女则牙牙学语，五男则雁雁成行。自然绣画，总解文章。叔手子已为卿相，敲门来尽是丞郎。"这篇《障车文》写得比较文雅。主要不是障车人向新郎索取财物，而是祝愿与奉承居多，满足婚家讨吉利的心理。文中"二女则牙牙学语，五男则雁雁成行"，就是成语"牙牙学语"的出处。

障车之俗，或许是为了表示娘家人与新妇惜别之意，其始最多不过邀其酒食，以为戏乐而已。但到了后来，名存实亡，甚至变为乡里无赖勒索财帛的借口。唐杜佑《通典·嘉礼三·公侯大夫士婚礼》引左司郎中唐绍上表曰："往者下俚庸鄙，时有障车，邀共酒食，以为戏乐，近日此风转盛，上及王公。乃广奏音乐，多集徒侣，遮佣道路，留滞淹时，邀致财物，动逾万计；遂使障车礼觊，过于聘财，歌舞喧哗，殊非助感，既亏名教，又蠹风猷，诸请一切禁断。"上表得到唐睿宗的诏准。但终唐之世，障车之俗并未废除，且有愈演愈烈之势。

后来"障车"已经不限于乡间的浮薄少年，甚至还出现过地方官借机敲诈的事情。唐张鷟《朝野佥载》卷三记载：

安南都获崔玄信命，女婿裴惟岳摄爱州刺史，贪暴，取金银财物向万贯。有首领取妇，裴郎要障车缭，索一千匹，得八百匹，仍不肯放。捉新妇归，戏之，三日乃放还，首领更不复纳。裴即领物至扬州。

"障车"习俗的走样，有时竟使婚家颇为之头疼。《太平广记》卷四百九十四"修武县民"条引《纪闻》："开元二十九年二月，修武县人嫁女，婿家迎妇，车随之。女之父惧村人之障车也，借骏马，令乘之。"新妇由乘车改骑马，也是无奈之举。

还有一个更具有传奇色彩的故事。中书舍人崔暇弟碬，娶李续女。李为曹州刺史，令兵马使国邵南勾当（意为代理）障车。后邵南因睡，忽梦女在一厅中，女立于床西，崔碬在床东。女执红笺，题诗一首，笑授碬，碬因朗吟之。诗言："莫以贞留妾，从他理管弦。容华难久驻，知得几多年。"梦后才一岁，崔碬妻卒。（《太平广记》卷二百七十九）

四、正婚礼俗

新娘入门，正婚开始。唐人婚礼中有"转席"的风俗：因为新娘进门时，不能脚着地，所以男方准备好毡褥让新娘踩着走进门。最初供踩走的可能是一种席子，因此有"转席"之名。新郎家门前地上铺着几条毡褥，因为毡褥有限，所以新娘走过后，马上有人将后面的毡褥转到前面。依次挪动，形成一条色彩斑斓之路，象征传宗接代，前程似锦。白居易《春深娶妇家》一诗云："何处春深好，春深嫁女家。青衣传毡褥，锦绣一条斜"，描写的就是婚礼过程中"转席"这一风俗。后来，这一风俗又由传毡褥演化为传袋，巧借谐音，表"传代"之意。

新婚夫妇交拜，一般在男家事前用青布幔做成的"青庐"中进行。新婚夫妇行"同牢合卺"之礼。"同牢"是指在婚礼中，新夫妇同食一牲。牢，就是牲，或羊，或豕（猪），或牛。《礼记·昏义》记载："妇至，婿揖妇以入，共牢而食，合卺而酳，所以合体，同尊卑，以亲之也。"孔颖达疏："共牢而食者，在夫之寝，婿东面，妇西面，共一牲牢而同食，不异牲。"夫妇同食一牲，表示共同生活的开始。合卺即将一个瓠分成两半，并酌上酒，新郎新娘各一半，执之对饮。两个半瓠合起来还是一个完整的瓠，表示新婚夫妇成为一体。唐代，把两个杯子用彩缕连在一起，也叫作合欢杯，以杯代瓠。现代婚礼中的交杯酒就是由此而来。唐代诗人张说《安乐郡主花烛行》云："织女西垂隐烛台，双童连缕合欢杯。"黄滔《催妆》诗云："烟树迥垂连蒂杏，彩童交捧合欢杯。"可见，婚礼中一般是由儿童捧合欢杯送给新人，新人同时饮之。

正婚礼也有一些礼俗插曲，如"撒帐""却扇""观花烛"等。

"撒帐"就是由婚家亲属中的妇女儿童向帐中撒五谷或彩色花果，是一种祈求吉利的仪式，取其"多子"之意。据清赵翼《陔余丛考》卷三十一云，此制始于汉武帝时，当李夫人被纳入宫中以后，汉武帝当即迎入帐中，并"预戒官人遥撒五色同心花果，帝与夫人以衣裾盛之，云多得子也"。唐人有时撒钱以相祝颂。梁铉《天门街西观荣王聘妃》写道："灯攒九华扇，帐撒五铢钱。交颈文鸳合，和鸣彩凤连。欲知来日美，双拜紫微天。"可见王侯聘妃，以钱撒帐。

"却扇"，就是新妇用扇子把自己的芳容遮住，要听新郎吟诵"却扇诗"后，才将扇子挪开。李商隐就曾经替一位姓董的秀才写过却扇诗："莫将画扇出帷来，遮掩春山滞上才。若道团团似明月，此中须放桂花开。"（《代董秀才却扇》）李商隐把新娘的眉额比作春山，把新娘比作美丽芬芳的桂花，说移开如月之扇，始见美貌真容，切合"却扇"之意。"此中须放桂花开"，还有一层意思，就是祝福新郎董秀才早日"蟾宫折桂"（考中进士），妙在一语双关。

晚唐诗人黄滔也有一首《去扇》佳作："城上风生蜡炬寒，锦帷开处露翔鸾。已知秦女升仙态，休把圆轻隔牡丹。"诗人除了用"牡丹"比喻新妇、用"圆轻"借指团扇外，还暗中用了一个"引凤飞升"的典故。《列仙传》载，秦穆公有个女儿名叫弄玉，嫁给了善于吹箫的萧史。萧史每天教弄玉吹箫，学凤凰的鸣叫声，能把天上的凤凰也引下来。秦穆公就专门为他们建造了一座凤凰台。有一天，弄玉和萧史乘上凤凰双双升空飞去。黄滔既以"秦女升仙"写新妇的体态轻盈，又暗含一对新人必如弄玉和萧史一样相亲相爱。

皇家婚礼也例有"却扇"习俗。宪宗嫁妹（云安公主），进士陆畅奉诏作却扇诗。诗云："宝扇持来入禁宫，本教花下动香风。姮娥须逐彩云降，不可通宵在月中。"将公主比作容貌美丽的嫦娥，把扇子比作月亮。意谓公主移扇，就如同嫦娥从月宫飞降人间，这就非常贴合公主的身份。总之，却扇诗写得精美奇妙、蕴意深邃，丰富了大唐文化风采。

"观花烛"是指婚礼喜庆之日，邻里亲朋纷纷前来贺喜。洞房之中，花团锦簇，烛光夜照，故时称"观花烛"。其时，文雅之士，也多有诗作相赠，以助兴致。如初唐杨师道《初宵看婚》："洛城花烛动，戚里画新蛾。隐扇羞应惯，含情愁已多。轻啼湿红粉，微睇转横波。更笑巫山曲，空传暮雨过。"全写新妇表情仪态，顾盼生姿。

公主出嫁，文士们作诗，为了免获"不敬"之罪，就不好直接描摹容貌了。这才是真正的观"花烛"。如卢纶《王评事驸马花烛诗》："万条银烛引天人，十月长安半夜春。步障三千隘将断，几多珠翠落香尘。"万条银烛"仿佛要照得十月的长安城春回大地，可见其铺张的程度。张说《安乐郡主花烛行》："平台火树连上阳，紫炬红轮十二行。丹炉飞铁驰炎焰，炎霞烁电吐明光。""紫炬红轮""丹炉炎焰"，仪式盛大，场面气派，非皇家谁能如此。

"观花烛"的亲友撤离之后，新婚夫妇还要行"合髻"之礼，即各自剪下一缕头发，用彩色线系在一起，表示结合。唐女子晁采的《子夜歌》反映的就是"合髻"礼仪："侬既剪云鬟，郎亦分丝发。觅向无人处，绾作同心结。"

当日婚礼，至此便告结束。

五、婚后礼俗

成婚之礼完成以后的次日早晨，新妇还要参拜公婆，时称"妇见舅姑"（舅姑指公婆）。朱庆余《闺意》诗："洞房昨夜停红烛，待晓堂前拜舅姑。妆罢低声问夫婿，画眉深浅入时无？"看来新妇为了第二天早晨参拜时给公婆留下一个美丽的"第一印象"，要加心用意地化妆。

婚礼的第三天，上述礼仪已全部结束，按照习俗，新娘要在这日下厨房作菜肴。一则表示新媳妇从今往后要谨事公婆，另一方面也是新家庭对她料理家务能力的一次测验。唐人王建有一首诗写新嫁娘："三日入厨下，洗手作羹汤。未谙姑食性，先遣小姑尝。"（《新嫁娘三首》之三）俗话说"众口难调"，可诗中这个新娘，颇有巧思慧心，因为不熟悉婆婆的口味，就想出了一个办法——先请小姑尝尝味道，以便根据她的意思作些调整。

总之，唐代的婚礼习俗，礼仪繁杂，场面隆重、欢快、热烈。既有继承传统之处，也有独具时代特点的地方，充满了浓浓的诗意，反映着时代的风貌。

万里无人收白骨，家家城下招魂葬

——唐代的丧葬礼俗

九月匈奴杀边将，汉军全没辽水上。万里无人收白骨，家家城下招魂葬。

这是唐代诗人张籍《征妇怨》中的前四句。"家家城下招魂葬"，透露了唐代丧葬民俗的一些信息。

一、唐人丧礼中的厚葬之风

生老病死是每个人都必然经历的生命历程。一般来看，唐人对死亡很是忌讳，记载死亡时往往要代之以别称，如暝、殁、终、卒、殒、殄、崩、薨、弃世、迁化、捐生、背代等。当然也有明智者对死亡能够达观地看待。像唐初刑部尚书卢承庆临终时交代其子说："死生至理，犹朝有暮。"（《新唐书·卢承庆传》）就是说，死和生都是无法改变的事情，就像有日出就必然有日落一样。开元间人司马洋也说："死生夭寿天道常，达人大观庸何伤！"（《大唐故孝廉上谷寇君墓志铭》）还有很多人，如宰相裴度、诗人白居易和杜牧等，在活着的时候，就亲自动手，给自己写墓志。

无论怕不怕死，死亡毕竟是人类不可避免的最终归宿。人死了以后，生者为了表达对于死者哀悼的感情，基于灵魂不死的迷信观念，唐人对于丧葬与祭祀相当重视。认为死后世界是生前世界的再现，是唐人的普遍观念；再加上"慎终追远"的传统儒家文化的影响，这就使得唐人丧礼中厚葬成风。

最为豪奢的自然是皇家的葬礼。皇帝的墓，被称为"陵"，高如大山，所以有时皇帝死了，有一种避讳的说法是"山陵崩"。唐代多数陵墓，都是穿凿半山腰而成，陵墓封闭后，不显露痕迹。唐太宗昭陵就是依九嵕山峰，在半山腰开山凿成，开创了唐代封建帝王依山为陵的先例。贞观十年（636）十一月，唐太宗文德皇后死后葬于昭陵。葬后，唐太宗撰文刻石的碑上写："王者以天下为家，何必物在陵中，乃为己有？今因九嵕山为陵，凿石之土才百余人，数十日而毕，不藏金玉、人马、器皿，皆用土木形具而已，庶几奸盗息心，存殁无累。"这里所说因山为陵，不藏金玉，与其说是为了俭薄，不如说是为了使"奸盗息心"更恰当些。虞世南曾上书唐太宗时就说过："自古及今，未有不亡之国，是无不掘之墓。"这样的说法想必也让太宗有所警惧。所以，唐太宗以山为陵，无非是为了利用山岳的雄伟形势以防盗掘而已。

唐太宗昭陵的雄伟气势，可见于唐人诗作。如杜甫《重经昭陵》："陵寝盘空曲，熊罴守翠微。再窥松柏路，还见五云飞。"刘沧《秋日过昭陵》："原分山势入空塞，地匝松阴出晚寒。上界鼎成云缥缈，西陵舞罢泪阑干。"这些诗作都描绘了昭陵之险、秀的特点："陵寝盘空曲""原分山势入空塞"写陵乃凿空山以成；"五云飞""云缥缈"则写其灵寝高悬，与外界隔绝的气势；"翠微""松阴"写峻山松柏茂密、佳气郁葱的优美景色。

然而，无论帝陵如何险峻，如何有气势，也免不了盗贼的

"光顾"。虽然唐太宗说"不藏金玉、人马、器皿"——我的陵墓里没有宝贝，可盗贼不相信，他们认为太宗此言简直就是此地无银三百两，是忽悠人的。所以到了五代时，有个耀州刺史叫温韬，还是把太宗的昭陵给盗了："韬从埏道下，见宫室制度宏丽，不异人间，中为正寝，东西厢列石床，床上石函中为铁匣，悉藏前世图书，钟、王笔迹，纸墨如新，韬悉取之，遂传人间。"（《新五代史·温韬传》）这里的"钟、王笔迹"，有人怀疑，可能就包括号称"天下第一行书"的王羲之《兰亭序》真迹。由"宫室制度宏丽，不异人间"，则可知昭陵的豪华气派。

连以节俭著称、倍受称誉的太宗的陵寝都如此华丽，其后皇帝陵寝的奢华靡丽自不待言。皇室成员的丧礼也是异常隆重。例如《资治通鉴》上说，唐懿宗同昌公主死时，举办了盛大的丧礼："凡服玩，每物皆百二十舆，以锦绣、珠玉为仪卫、明器，辉焕三十余里。赐酒百斛，饼啖四十橐驼，以饲体夫。上与郭淑妃思公主不已，乐工李可及作《叹百年曲》，其声凄婉，舞者数百人，发内库杂宝为其首饰，以绘八百匹为地衣，舞罢，珠玑覆地。"不单是皇家，贵族、权臣也都在丧礼中穷极奢靡，"丧尽家财，以营大事"。

当然，并不是所有的唐人都赞成厚葬，也不乏一些明智者主张薄葬，并身体力行。白居易就是其中一个。他说："多藏必辱于死者，厚费有害于生人；习不知非，浸而成俗"，因此要"革其弊，抑其淫"（《禁厚葬》）。他有一首诗《草茫茫》也是反对厚葬的：

> 草茫茫，土苍苍。苍苍茫茫在何处？骊山脚下秦皇墓。墓中下涸二重泉，当时自以为深固。下流水银象江海，上缀珠光作乌兔。别为天地于其间，拟将富贵随身去。一朝

盗掘坟陵破，龙椁神堂三月火。可怜宝玉归人间，暂借泉中买身祸。奢者狼藉俭者安，一凶一吉在眼前。凭君回首向南望，汉文葬在灞陵原。

这首诗写秦始皇修了规模浩大的骊山陵墓，其中金银珠宝不计其数，想把人间的富贵在死后带去。但因为这些，盗墓的人一直很多，最终可能连自己的棺椁都不能幸免。白居易指出：这是由于奢侈的缘故。而与此同时，葬在灞陵原上的汉文帝的陵墓为何能安然无恙？原因就在汉文帝的简朴，陵墓里面几乎没有陪葬品。

可是，白居易等人的呼声，比起整个社会厚葬的热潮，毕竟很小。他们的见解并不能被时人普遍理解。唐代的厚葬浪潮还是一浪高过一浪地袭来。厚葬之风的盛行，使得办丧事不仅仅是在给死者送行，更是对死者身份的炫耀。唐代达官贵人，为了炫耀自己的豪富，往往超越朝廷的规定，越搞规模越大。

上行下效，在这样的风气影响之下，一般官员乃至平民百姓中也不乏厚葬亡亲的事例。据《旧唐书·舆服志》记载，唐睿宗时，左司郎中唐绍上书说："臣闻王公已下，送终明器等物，具标甲令，品秩高下，各有节文。"意思是王公以下送终用明器等物，全部在法令上表明，根据品秩的高低，各有详细的描述。可是，"近者王公百官，竞为厚葬，偶人像马，雕饰如生，徒以炫耀路人，本不因心致礼。更相扇慕，破产倾资，风俗流行，遂下兼士庶"。看来，有时厚葬的目的，更多的是为了满足活着的人的心理，"炫耀路人"而已。比如《唐墓志汇编》就记载，贞元年间某官员张惟死后，其妻王氏为张惟和前妻合葬，"营办丧事，罄竭家资"，于是博得"哀礼合仪，闾里称叹"的美誉。影响所及，当商人们有了钱，也会这样做了。这就让统治者看不下去了。唐高宗在永隆二年（681）下诏给雍州长史李义玄说："商贾富人，厚葬越礼。卿可严加捉搦，勿使更然。"这就是说，朝廷禁止有钱的商人越礼厚葬。

二、唐代丧葬制度的等级规定

朝廷为何禁止有钱的商人越礼厚葬？原来，唐代的丧葬制度，也有比较严格的等级规定。在丧礼中，不同身份的人有着不同等级的礼法，甚至一些名称术语也都颇为讲究。就以人死为例，皇帝叫"崩"，诸王称"薨"，五品以上官员云"卒"，六品以下和平头百姓才叫死。此外，僧侣死了叫"圆寂"，道士死了叫"羽化"，男人死了叫"启手足"，女人死了叫"弃堂帐"等等，各有各的说法。至于不同等级的官员墓葬，在各方面也都有一些具体的规定，比如墓葬的面积该多大，坟能垒多高，丧葬的物品不能超过多少件，丧葬时所用的人夫该有多少等等，都是依照不同的级别来确定，不能违礼越制。

有功勋的王公将相死后，皇帝也往往要辍朝数日以示恩宠，并对其亲属赏赐钱物、追赠官爵。官员办丧事时，皇帝赏赐的钱称"赙"，赏赐的物称"赗"。如果功勋卓著，死后还有配享庙庭的殊荣，就是陪葬在皇帝陵墓之侧，称陪陵。如太宗昭陵就分布有功臣贵戚等陪葬墓167座。据昭陵石碑及出土墓志记载：陪葬者或享受国葬，丧葬所需概由官府负责；或官为立碑；或赠米粟布帛；或赐衣物；或给羽葆鼓吹等。陪陵的设置，主要是为了表现唐代帝王君臣之间"义深舟楫"的关系，有"荣辱与共，生死不忘"之意。

可是，唐朝皇帝对罪官逆臣，就是死了，也要严厉惩罚。比如，李敬业等在扬州起兵反对武则天，武则天"追削敬业祖、父官爵，剖坟斫棺，复本姓徐氏"（《旧唐书》卷六十七）。景云元年（710），睿宗追废皇后韦氏为庶人，武三思父子"斫棺暴尸，平其坟墓"（《旧唐书》卷五十一）。天宝十二载（753），杨国忠状告李林甫与番将交通谋反，唐玄宗"制削林甫官爵；子孙有官者除名，流岭南及黔中……剖林甫棺，抉取含珠，褫金紫，更以小棺如庶人礼葬之"（《资治通鉴》卷二百一十六）。

至于平民百姓办丧事，不像贵族官僚那样能从朝廷获得"赙"或"赗"，治丧器具就只能到市场去买。唐代长安有专门出售丧葬用品的店铺，如果是现在该叫"丧事办理中心"或"送葬公司"，当时这个行当叫"凶肆"。长安城有两个凶肆，一东一西，分别叫东肆和西肆。

出现了两个同行业的公司，当然也就不可避免地要进行激烈的竞争。唐代白行简写的传奇小说《李娃传》，讲荥阳郑生被妓院抛弃，身染重病，被人抬进了东肆。东肆的人都同情可怜他，轮流喂他吃东西。后来郑公子病情好转，就在丧事店铺管管灵账。东肆老板发现这个郑公子竟有一副天生的好嗓子，挽歌唱得相当不错，即使整个长安城也无人可与他相比。白行简接着就记载了两个凶肆之间的一场富有挑战意味的挽歌比赛："初，二肆之佣凶器者，互争胜负。其东肆车舆皆奇丽，殆不敌，唯哀挽劣焉。其东肆长知生妙绝，乃醵钱二万索顾焉。"就是说，这里的两家办丧事的店铺，互相争夺高低。起初虽然东面店铺里的车轿都特别华丽，但挽歌唱得差。东面店铺老板知道公子挽歌唱得精妙绝伦，就凑集了两万钱来雇用了他。后来，东肆的老板与西肆的老板相约说："我们各自在天门街展示出办丧事的用具，比试高低。输者罚钱五万，用来备酒食请客，好吗？"西肆答应了。于是约人立下文契，签名画押作保证，然后展出用具。男女老少都来参观，聚了好几万人。四面八方的人都到了这里，整个城里街巷里空无一人。两家丧铺从早晨开始展出，直到中午，依次摆出车、轿、仪仗之类的器物，西肆都不能取胜。西肆老板觉得面子过不去，觉得自己手下的员工唱挽歌历来要胜过东肆，便在场子南角搭了个高台，让一个挽歌高手登上高台，唱起了《白马》这首挽歌。果然唱得好，博得了大家齐声赞扬，歌手也觉得没有对手能压倒他。可让西肆没有想到的是，东肆老板在场子北角上也设了个台子，有个少年，就是这位郑公子，手拿长柄羽毛扇走上台来，唱了一曲《薤露》挽歌。一发声，就是一副悲不自胜的样子，清朗的声音振颤林木。挽歌还没唱完，听歌的人已经哀叹悲伤掩面哭泣了。西肆老板被众人讥笑，越发惭愧难当。他偷偷地把输的钱留在前面，便溜走了。从这则故事来看，凶肆除了销售车舆威仪之具外，还提供唱挽歌的歌手。如此说来，唐代的送葬仪式，还真有一定程度上的观赏性呢！

三、唐代丧礼的一般过程

唐代的丧礼在死者入土前有三个过程：殓、殡、葬。

唐代丧礼往往不即发丧，而是死后入殓，就是给死者穿衣入棺。殓有小殓和大殓之别。小殓就是给死者擦洗干净，裹上衣服和被子。大殓指把裹上衣服和被子的死者安置在棺材里面。入殓时，一般平民口中放些米，称"饭含"，大概是希望死者在地下总有饭吃；富贵人家则在死者口中放珠、玉等，统称为"含"，大概是寓意着死者转世仍生富贵之门。五品以上的官员死后，可以在棺木外涂漆。

尸体入殓后，停柩于家，等待入墓安葬的一段时间内称

"殡"。停柩待葬这段时间，主要是等待亲属奔丧和朋友吊唁。待葬时间有长有短，有几天、几个月甚或几年的。吊唁时，朋友须着白色衣衫，亲属则要视亲疏远近的不同而服"五服"。

"五服"就是五种不同样式的丧服，由粗细不同的麻布制成，就是人们通常所说的"披麻戴孝"。唐代五服仍遵古礼，分为斩衰、齐衰、大功、小功和细麻五种。斩衰在五服中最重，衣服是最粗的麻布制成，不修剪边沿，使断处外露，凡儿子及未嫁女为父、妻为夫等，都要服斩衰。齐衰之服用粗布制作，边沿修剪整齐。凡曾祖父母和高祖父母死，均服齐衰。大功之服用熟麻布做成。凡堂兄弟、未嫁堂姐妹、已嫁姑姊妹及已嫁女为伯叔父母、兄弟等，均服大功。小功之服亦用熟麻布制成，较大功为细。凡为同宗的曾祖父母、曾伯叔祖父母、族伯叔父母、族兄弟等均服之。在丧礼中，服五服主要是为了表示孝意和哀悼。

唐朝是诗歌繁盛的时代，王公贵族、达官显宦的葬礼中，有很多吊唁者要赠献挽歌。挽歌有时借葬仪中的箫、鼓寄托哀情："池台乐事尽，箫鼓葬仪雄。"（刘禹锡《故相国燕国公于司空挽歌二首》）有时以落日、松柏表现悲伤："宁知落照尽，霜吹入悲松。"（苏颋《故高安大长公主挽词》）更多的是借助典故来寄寓悲慨，关合逝者身份。如"箫声将《薤曲》，哀断不堪闻。"（刘长卿《故女道士婉仪太原郭氏挽歌词二首》）《蒿里》《薤露》本古挽歌，这里是借此写丧乐之凄楚。再如"徒悬一宝剑，何处访徐公"（张说《右侍郎集贤院学士徐公挽词二首》）、"对棋陪谢傅，把剑觅徐君"（杜甫《别房太尉墓》），二诗都用了"悬剑"之典。据刘向《新序·杂事》说，吴国季札奉命出使晋国，途中造访了徐国的君主。徐君十分喜欢季札身上所佩的剑，但是却不说出来。季札心里也知道徐君喜欢自己的剑，但是他还要出使别国，所以没有送给他。后来他出使完后再回到徐国，徐君已经死了。于是他解下宝剑，挂在徐君墓前的树上。他的随从说："徐君已经死了，这是要送给谁呢？"季札说："不是这样的，我当初心里已经要把这剑送给他了，怎么能因为徐君死了而违背自己的诺言呢！"后世就常用"悬剑"来比喻人死，并暗示自己与死者交情深厚。

殡之后，就要择日出葬了。但在入葬前，还要占卜葬地吉凶，察看坟地风向水流的形势，谓之择吉地。有专门替人寻找墓地风水的堪舆家。唐初吕才说当时讲阴阳葬术的书多达一百二十来种。如隋代的萧吉撰有《葬书》六卷，唐太宗也曾命吕才专门整理《葬书》。唐末的杨筠松著作更多，有《疑龙经》《撼龙经》《葬法倒杖》等书，他的地理风水理论一直到宋明还有很大的影响。堪舆家一般是把阴阳五行之说与山川地脉的走向、阴阳向背结合起来，进行推测。民间更是将墓地的选择与子孙后代的兴旺发达联系了起来，认为墓地关系着后代的富贵祸福、官品利禄，如果选择了好地方，子孙就能发达昌盛，反之选错了地方，子孙就可能会衰败落拓。武则天死时，有人提议合葬乾陵，严善思不同意，他上奏议说："但陵墓所安，必资胜地，后之胤嗣，用托灵根，或有不安，后嗣亦难长享。"当然他的奏议没有得到皇帝的批准，武则天最后还是和高宗李治合葬乾陵了。但他的这些话，则代表了当时人们在墓葬选择方面的基本认识。唐初有个叫温大雅的人，以才学知名，曾写过《大唐创业起居注》。据《旧唐书》记载："大雅将改葬其祖父，筮者曰：'葬于此地，害兄而福弟。'大雅曰：'若得家弟永康，我将含笑入地。'葬讫，岁余而卒。"《旧唐书》的作者将这一段记载在正史上，说明直到五代时人们还比较相信祖宗坟墓风水的作用。

出葬时仪式最为隆重。首先是灵车启动，奏丧乐，先由铭旌出门。铭旌是灵柩前书写死者姓名官阶的旗幡。铭旌的设置有"招魂而欲其复"的用意。从帝王乃至平民，送葬皆用铭旌。"铭旌"经常出现在唐人诗作中。如帝王送葬："凤翣拥铭旌，威迟异吉行。"（刘禹锡《德宗神武孝文皇帝挽歌二首》）朝中显贵送葬："山晚铭旌去，郊寒骑吹回"（岑参《故河南尹岐国公赠工部尚书苏公挽歌二首》），"铭旌官重威仪盛，鼓吹声繁卤簿长。后魏帝孙唐宰相，六年七月葬咸阳。"（白居易《元相公挽歌词三首》）一般人家送葬也用铭旌："高张素幕绕铭旌，夜唱挽歌山下宿。"（王建《北邙行》）

铭旌后面，有车载着方相等，舞蹈跳跃，做出各种动作。据说方相是逐疫驱鬼之神，蒙熊皮，黄金四目，玄衣朱裳，执戈扬盾，大丧时在灵柩前作开路神，过后入墓，能驱走食死人肝脑的虫。再后面是载着送葬物品的车子。丧主及诸子须徒跣哭从，就是必须光着脚送葬。唐代特别讲究光着脚送葬，因为众目睽睽之下，这样最能体现孝行。唐朝的开国皇帝李渊葬母时（那时他还不是皇帝），"遇初寒，跣行二十里，足皆流血。毁顿之极，哀感行路"（《册府元龟·帝王部·孝德》）。

唐代送葬还有在中途举行路祭的风俗。唐封演《封氏闻见记》卷六"道祭"记载："玄宗朝，海内殷赡，送葬者或当衢设祭，张施帷幙，有假花、假果、粉人、面兽之属。然大不过方丈，室高不逾数尺，议者犹或非之。丧乱以来，此风火扇。祭盘帐幙，高至八九十尺，用床三四百张。雕镌饰画，穷极技巧。馔具牲牢，复居其外。"这就告诉我们，唐玄宗时经济条件比较好的时候，在丧葬上还没有形成十分铺张的风气，可是安史之乱以后，送丧者在丧葬仪式上穷极奢靡，越发变本加厉。《封氏闻见记》又讲了一个送葬的事例，说唐代宗大历年间，太原节度使辛云京下葬时，各道节度使都派人前来吊唁，其中所送祭盘最大的出自范阳节度使。祭盘上面用木头刻着大将尉迟敬德与突厥将领争斗的木偶模型，"机关动作，不异于生"。刚祭罢，灵车想走过去了，范阳的使者说准备好的内容还没有结束，灵车只能停了下来，范阳的祭盘上又开始了一组新的人物动作，是讲项羽和刘邦在鸿门宴上的故事，过了很长一段时间才表演完。披麻戴孝的送葬者被这新鲜的表演吸引住了，竟然都忘记了哀哭，津津有味地看起了热闹。看，送葬竟变成了艺术表演，真让人哭笑不得。

到了墓地，分尊卑下车哭祭，奠以纸钱。初唐诗人王梵志有诗云："有钱惜不吃，身死由妻儿。只得纸钱送，欠少元不知。"可见初唐就有死后送纸钱风俗。中唐时期纸钱风俗更是风靡于民间。封演《封氏闻见记》卷六"纸钱"条："今代送葬为凿纸钱，积钱为山，盛加雕饰，舁以引柩。按，古者享祀鬼神有圭璧币帛，事毕则埋之，后代既宝钱货，遂以钱送死。《汉书》称'盗发孝文园瘗钱'是也。率易从简，更用纸钱。纸乃后汉蔡伦所造，其纸钱魏晋以来始有其事。今自王公逮于匹庶，通行之矣。"基本上反映了当时社会使用纸钱的情况。用纸钱替代瘗钱，主要是怕瘗钱可能会遭到盗墓者的发掘，反成死者之祸。唐代民间认为，纸钱烧后在冥间就会变成铜钱。《太平广记》里有个故事：唐文宗大和四年（830），有个叫辛察的人，忽然患头痛死了。他的灵魂就随着一个穿黄衣的鬼吏离开了，鬼吏对辛察说："你不当死，只要给我二千缗钱，我就放了你。"辛察说："我家里很穷，哪里去弄这么多钱？"鬼吏说："我说的是纸钱也。"后来辛察家里人"取纸钱焚之，察见纸钱烧讫，皆化为铜钱"（《太平广记》卷三百八十五引唐薛渔思《河东记·辛察》）。

纸钱应该怎样来烧，唐代民间也有讲究。《太平广记》卷第二百九十七《神七》载唐睦仁蒨语："鬼不欲入人屋，可于外水边，张幕设席，陈酒食于上。"唐人认为地下的黄泉与地上的河流是相通的，水可以成为人鬼之间的通道，所以纸钱要在水边烧化。

丧葬既毕，回到家里，素斋就食。《新唐书·韦挺传》云："既葬，邻伍会集，相与酣醉，名曰出孝。"可见，唐时民间在丧事完毕后，丧家还要招请邻居好友宴饮，俗称"出孝"。

四、唐人与坟墓相关的习俗

唐人多在墓地植松种柏，大概是以松柏的长青象征墓主的不朽。除此之外，还有民俗方面的原因。唐段成式《酉阳杂俎·尸穸》："《周礼》：方相氏毁罔象。罔象好食亡者肝，而畏虎与柏。墓上树柏，路口致石虎，为此也。"还说："昔秦时陈仓人，猎得兽若彘而不知名，道逢二童子，曰：'此名弗述，常在地中食死人脑。欲杀之，当以柏插其首。'"看来，柏树还是罔象、弗述这些害人精怪的克星。因此，民间墓地松柏茂密，"草闭坟将古，松阴地不春"（苏颋《赠司徒豆卢府君挽词》）。皇陵更是松柏成林，如昭陵是"松柏瞻虚殿"（杜甫《行次昭陵》）、"再窥松柏路，还见五云飞"（杜甫《重经昭陵》）；桥陵是"云阙虚冉冉，风松肃泠泠"（杜甫《桥陵诗三十韵因呈县内诸官》）；乾陵也是"松上景云飞"（崔融《则天皇后挽歌二首》）。

唐代官宦之墓多竖立石碑。这应该是为了留名后世，以求不朽。但石碑其实往往经不起岁月的打磨："碑石生苔藓，荣名岂复多。"（张说《李工部挽歌三首》）白居易《立碑》诗云：

> 勋德既下衰，文章亦陵夷。但见山中石，立作路旁碑。
> 铭勋悉太公，叙德皆仲尼。复以多为贵，千言直万赀。为
> 文彼何人，想见下笔时。但欲愚者悦，不思贤者嗤。岂独
> 贤者嗤，乃传后代疑。古石苍苔字，安知是愧词！我闻望
> 江县，鞠令抚茕嫠（鞠令名信陵）。在官有仁政，名不闻京
> 师。身殁欲归葬，百姓遮路歧。攀辕不得归，留葬此江湄。
> 至今道其名，男女涕皆垂。无人立碑碣，唯有邑人知。

《立碑》告诫人们，歌功颂德的碑文，多是阿谀不实之辞，不管多么堂皇，后人总要怀疑的。即使你的碑高耸入云，碑文天花乱坠，也不会留下什么印记。只有留存在民众的心中的美德，才是真正的丰碑。

唐代规定，父母亡故，丧服期内必须穿孝服，三年到期后才能脱去身上孝服穿吉服，称为"从吉"。丧服期内不许饮酒吃肉，不准赴宴，不准作乐，更不能娶妻生子。读书人如果遇到父母亡故，这段时期就不能去参加科举考试。如果诸子是官员，父母亡故时，就要离职，回家守孝，这在礼法上被称为丁忧、守制。特殊的情况是，朝廷急需用人或某人居军政之要不便离职，则可破例不行三年守制之礼，由皇帝下命令起用，称"夺情"。丧期未满即起用，称"起复"。例如，开元名相张九龄母亲亡故，唐玄宗就曾下诏"夺哀起复"，张九龄上表固辞而未获得玄宗许可（《旧唐书》卷九十九）。

两《唐书》中的《孝友传》和《列女传》中有很多"庐墓"故事。就是孝子或孝女结庐墓侧，长年居守的孝行。例如唐代书法家欧阳通"丁母忧，居丧过礼。……四年居庐不释服，家

人冬月密以毡絮置所眠席下，通觉，大怒，遽令彻之。"（《旧唐书·儒学传》）再如，虢州有个孝子叫梁文贞，很小就出去当兵，等到他回家的时候父母都已经去世了。"文贞恨不获终养，乃穿圹为门，磴道出入，晨夕洒扫其中。结庐墓侧，未尝暂离。自是不言三十年，家人有所问，但画字以对……由是行旅见之，远近莫不钦叹。"（《新唐书·孝友传》）这样守孝，现今看来似乎有些迂腐，但在当时却被看作道德的楷模，往往得到朝廷的旌表。

如果父母先后丧亡，唐人有"合袝"之俗。合袝就是把父母的灵柩合葬在一起，使其如生前共同生活一样，同穴共墓（但不同棺）。元稹《遣悲怀》诗其三：

> 闲坐悲君亦自悲，百年都是几多时。邓攸无子寻知命，潘岳悼亡犹费辞。同穴窅冥何所望，他生缘会更难期。惟将终夜长开眼，报答平生未展眉。

元稹妻子韦丛早亡，元稹写诗悼之，但当时元稹还无子（元稹是老方得子），所以他就担心将来是否能和爱妻葬于一处，才发出"同穴窅冥何所望"的感叹。

唐时有归葬风俗。亲亡于外，子孙要千方百计迎棺回籍归葬故里。这也是一种孝道的表现。杜甫好友严武卒于蜀中任所，归葬故乡华州时，杜甫有《哭严仆射归榇》诗记述当时情景：

> 素幔随流水，归舟返旧京。老亲如宿昔，部曲异平生。
> 风送蛟龙雨，天长骠骑营。一哀三峡暮，遗后见君情。

严武官剑南节度使，是方面大员，归葬场面自然盛大。杜甫就没有严武那样的条件了。杜甫死时，"旅殡岳阳"，其子宗文、宗武无力将灵柩运归故里安葬。在杜甫死了四十多年以后，他的孙子杜嗣业，虽然"贫无以给丧"，但仍"收拾乞丐，焦劳昼夜"，历尽艰难，"启子美之枢，襄袝事于偃师"。在路上，杜嗣业与诗人元稹相遇，元稹就为杜甫写了墓志铭（《唐故工部员外郎杜君墓系铭并序》）。

对于先人坟墓，也有改葬的风俗。有一种情况是由于水涝或山体滑坡，毁坏了祖先的坟墓，这就要重新安葬。还有一种情况是为了满足奢靡的心理愿望。例如，龙朔二年（662），宰相李义府要改葬祖父，三原县令李孝节认为拍马屁的机会到了，私自征发了丁夫车牛载土筑坟，日夜不息。邻近七县因为李孝节这样做了，不去帮忙肯定不行，于是也马上准备丁车，赶去参加劳动。高陵县令张敬业，是个胆小又老实的人，为了表现自己，拼命地干，结果不堪其劳，死于工地上。当时，王公大臣以下，互相争着送东西，因此李义府丧葬所用的"羽仪、导从、辒辌、器服，并穷极奢侈。又会葬车马、祖奠供帐，自灞桥属于三原，七十里间，相继不绝。武德已来，王公葬送之盛，未始有也"。

"朱门酒肉臭，路有冻死骨。"（杜甫《自京赴奉先县咏怀五百字》）与权贵显要们办理丧事的铺张与奢靡构成鲜明对比的，是那些游荡在荒野的"孤魂野鬼"。其中，有的是没有亲人收葬、暴尸荒野的穷人，善心的官员或乡贤有时会出资收葬他们。《新唐书·于頔传》记载，唐德宗时于頔做湖州刺史，"州地库薄，葬者不掩枢，頔为坎，瘗枯骨千余，人赖以安"。还有的是在战争中死亡的士兵："可怜万国关山道，年年战骨多秋草"（张籍《关山月》），"新鬼烦冤旧鬼哭"（杜甫《兵车行》）。唐军一度常与周边民族交战，将士死难者甚多。朝廷和官府有时会出资收葬战死者。如唐德宗曾下诏令，收集将卒骸骨安葬，其大将之冢，称为"旌义"；军卒之冢，称为"怀忠"，以示朝廷的慰恤。但更多的时候，难以短时间内筹集棺木，就把战死者集中埋葬。如唐代张蠙有《吊万人冢》诗："兵罢淮边客路通，乱鸦来去噪寒空。可怜白骨攒孤冢，尽为将军觅战功。"有些人死了，也找不到尸体，就以此人的衣服帷帐下葬，称为"招魂葬"。如篇首张籍《征妇怨》："万里无人收白骨，家家城下招魂葬。"表现的就是唐人对战死沙场的亲人实行招魂葬的场景。唐代的战死者和赤贫之民，真正是生不得其所养、死不安其所葬的社会最底层。

纱笼灯下道场前，白日持斋夜坐禅

——唐代的宗教信仰

纱笼灯下道场前，白日持斋夜坐禅。无复更思身外事，未能全尽世间缘。

上述是白居易《斋戒满夜戏招梦得》诗中的前四句。白居易历经宦海沉浮后，晚年追求心性平静，唯以禅诵为事。宗教信仰，最能体现唐代一般士人和普通民众的精神需求。唐代文化环境宽松，儒、释、道思想并皆流行，故唐人浸淫佛老者甚多，佛教信仰和道教信仰也最为广大民众所接受。

一、唐代的佛教信仰

隋唐五代，佛教宗派林立，有法相宗、华严宗、天台宗、律宗、密宗、禅宗、净土宗等，但是在民间最为流行的主要是净土宗、禅宗两派。

净土宗为唐僧善导所创。净土宗宣扬说，只要称念阿弥陀佛，就能往生西方极乐世界。西方极乐世界是什么样子？据《阿弥陀经》说，"其国众生，无有众苦，但受诸乐"，想食得食，想衣得衣，年寿长得无法计算。这种无限美好的佛国净土，对于一般民众，无疑有着巨大的吸引力。再说，称念阿弥陀佛也不费财费力，何乐而不为呢？所以，净土宗在民间的信徒众多。据《宋高僧传》说，唐德宗时有一僧，法号少康，俗姓周，生下来之后就不言不语，七岁时，到灵山寺礼佛，母亲问他说这是谁啊？少康忽然开口说："释迦牟尼佛。"父母因此让他去出家。年十五岁时，即已经能够通达五部经典，后来又到洛阳白马寺、长安光明寺求学，终成高僧。后来少康向南到了湖北江陵的时候，把他所化缘的金钱，用来引诱小孩子念佛，念佛一声，就给一钱。如此经过一年多，无论男女老少，凡是见到少康的人，都会念阿弥陀佛。少康于是在乌龙山建立净土道场，凡是遇到斋日，善男信女都来道场共修佛法，每一次约有三千多人（《宋高僧传》卷二十五《少康传》）。《北梦琐言》记载，遂州有个姓于的村民，号称世尊，他和一个女子，都声言能预先知道人的吉凶祸福。他们每天晚上聚在一起，自设佛堂，还有宫殿池沼等，如同西天佛祖圣地。其实，男男女女集中在一起，念佛而已，但是他们却被"数州敬奉，舍财山积"（《北梦琐言》逸文卷三《世尊于妖妄》）。这是借着宣扬佛教来敛财的，当然后来这两个骗子被官府处死了。透过这些故事，我们可以了解到，当时佛教净土宗在社会上流行相当广泛。

净土宗修行方式的简易是其特受信众青睐的原因之一。称名念佛这种修行方法，既不需要高深的理论文化，也不需要繁杂的修持仪式，更重要的是这种修行方法不影响日常生活：在官不妨职业，在士不妨修读，在商贾不妨贩卖，在农人不妨耕种。再者，弥陀信仰宣扬的是死后往生极乐世界，而不是在人间改天换地，这里面不存在改变现实的问题，统治者因为净土宗没有造反的因素，甚至还可以利用，所以还往往对此表现出一定的热心，这就为弥陀净土信仰的发展提供了比较宽松的外部环境。

禅宗在唐五代也极为盛行。武则天时，禅宗五祖弘忍门下有弟子惠能、神秀分别行教。惠能之禅行于南方称南宗，神秀之禅行于北方称北宗。南宗主张不立文字，不依经卷，直指人心，见性成佛，所以又叫顿门、心宗；北宗主张渐悟，所以又叫渐门。禅宗提倡坐禅时住心一境，冥思玄理，称为禅定，是成佛的基本功。因为禅宗主张明心见性，自彻自悟，修佛速成，修行简便，正所谓放下屠刀就可立地成佛，因此在民间被广泛信仰。

禅宗崇奉的经典是《金刚经》，全名为《金刚般若波罗蜜经》。金刚比喻坚而不移，金刚又是持金刚杵法器的佛教护法神。般若意为智慧清净，波罗蜜意指超越生死而度达解脱的彼岸。据说称念此经可以逢凶化吉，遇难成祥。《太平广记》里有一则故事说，唐朝天宝末年，建德县县令李惟燕，年少习读《金刚经》。李惟燕做余姚郡的参军，任期满了回家。到了上虞江的时候，坝塘损坏，水流干了，船搁浅了，没法继续前进。当时正是半夜，天色昏暗，四处无人。这条路过去多有盗贼。李惟燕的船上有吴绫几百匹，害怕被贼抢走，于是就拿着一短剑，到船的前面吟诵《金刚经》。三更以后，看见堤坝上有两支火炬，从远处来。李惟燕想，是村里自卫的人吗？就在他这样想的时候，火炬移动到离船有百步远，便退了回去。李惟燕心里疑惑：火的出现，难道是《金刚经》的威力吗？就更加大声地诵经。当时坝塘中的水已流尽而塘外的水满，李惟燕便在心里盼着坝塘破了，要是有水来救助该多好啊。半夜之后，忽然听到船头有流水声，他惊讶地说："坝塘宽有几丈，从什么地方破了，让塘外的水流进来了呢？"过了很久，觉得船稍微浮起来了。等到天亮，河水已经满了。正对着停船处有一个大孔，有几尺之大。他才知道是《金刚经》的帮助。李惟燕的弟弟李惟玉任虔州别驾，看见他的哥哥吟诵《金刚经》有效用，于是也效法他。一次李惟玉乘船出峡，水急而橹断，船将要遇难。于是全力念经。忽然看见一橹随水而来，于是船得救了。李惟燕的族人也常常诵读《金刚经》。后来遇到安禄山的叛乱，躲到荒草中。眼看贼寇将要到了，他想得到一双鞋好逃走，不一会儿就有一个东西落在他的背上，他惊讶地看，原来是一双新鞋子（《太平广记》卷一百五《报应四·金刚经》）。你看，这岂不是要风得风，要雨得雨吗？《金刚经》的神力在当时往往被渲染得神乎其神。

《酉阳杂俎》里有一个故事，更出奇地说明诵读《金刚经》的现世报应作用明显直接：

> 太和五年，汉州什邡县百姓王翰，常在市日逐小利，忽暴卒。经三日却活，云冥中有十六人同被追，十五人散配他处，翰独至一司，见一青衫少年，称是己侄，为冥官厅子，遂引见推典。又云是己兄，貌皆不相类。其兄语云："有冤牛一头，诉尔烧畬枉烧杀之。尔又曾卖竹与杀狗人作笒筷，杀狗两头，狗亦诉尔。尔今名未系死籍，犹可以免，为作何功德？"翰欲为设斋及写《法华经》《金光明经》，皆曰不可，乃请日持《金刚经》日七遍与之，其兄喜曰："足矣。"及活，遂舍业出家。

这里为了突出《金刚经》的神奇，不惜贬低另两种佛经，一方面说明《金刚经》的社会影响力大，另一方面也表明唐代民众对佛经的信奉大多出于其逢凶化吉的神力。

除了崇信佛经外，唐人对佛教徒也非常礼敬。佛教徒男曰僧，女曰尼。男僧通称沙门，俗称和尚。女尼称比丘尼，有时也叫和尚。有道德学问的僧人，还被称为上人、禅师、大和尚等。僧尼们日常生活是吃斋、念经、说法，给富贵人家做水陆道场，超荐亡灵，亦有法术之士，能给人治病、替人消灾，乃至起卜看相、捉鬼擒魔。其中一些高僧，在民间被传得神乎其神。唐郑棨《开天传信记》云："万回师，阌乡人也，神用若不足，谓愚而痴无所知，虽父母亦以豚犬畜之。兄被戍役安西，音问隔绝，父母谓其诚死，日夕涕泣。万回忽跪而言曰：'涕泣岂非忧兄也？'父母曰：'倍然。'万回曰：'详思我兄所要者，衣装糗粮巾之属，某将觐焉。'忽一日朝赍所备，夕返其家，告父母曰：'兄平善矣。'发书视之，乃兄迹也，一家异之。弘农抵安西万余里，以其万里而回，故谓之万回也。"意思是说，唐朝时有个僧人，姓张，此人生性痴愚，他有个哥哥在边关当兵，久绝音讯，其父母日夜涕泣想念，于是他出门如飞，一日往返行万里，并带回一封哥哥笔迹的家书给父母，故被号为"万回"，民间俗称其为"万回哥哥"。传说万回是菩萨转世，因犯错被佛祖贬到人间，唐高宗曾把万回召入宫，武则天还送他锦袍玉带，他所说之事多有应验。万回死后，宫廷、民间都奉祭他，认为此人能未卜先知，排解祸难，而唐玄宗也封万回为圣僧，后人视为团圆和合之神。王昌龄《香积寺礼拜万回平等二圣僧塔》诗云："万回主此方，平等性无违。今我一礼心，亿劫同不移。"可见王昌龄对其人的信崇。

唐代的士人民众普遍尊奉信从佛教。唐太宗说佛教"洎乎近世，崇信滋深"，"始波涌于闾里，终风靡于朝廷"。到了唐后期，唐文宗又指出："黎庶信苦空之说，衣冠敬方便之门。"

唐代诗人一点也不隐讳地述说他们对于佛教的信从和仰慕。如杜甫说："愿闻第一义，回向心地初"（《谒文公上方》），大历十才子中的李端写诗给司空曙说："知君素有栖禅意，岁晏蓬门迟尔开。"（《忆故山赠司空曙》）元稹说"自笑无名字，因名自在天"（《悟禅三首寄胡杲》），白居易说自己"纱笼灯下道场前，白日持斋夜坐禅"（《斋戒满夜戏招梦得》），王建说"归依向禅师，愿作香火翁"（《七泉寺上方》），杜牧说"谢却从前受恩地，归来依止叩禅关"（《将赴京留赠僧院》）。尤其是王维，最以礼佛知名。他名维字摩诘，就是取典于佛教的《维摩诘经》，维摩诘是以洁净、没有染污而著称的人。王维《叹白发》诗说："一生几许伤心事，不向空门何处销？"他平常断荤血，食蔬菜，不穿华美的衣服。在京师，他每天饭名僧十数，以玄谈为乐事。斋中除了茶铛、药臼、经案、绳床，没有别的摆设。退朝以后，他便焚香独坐，专事坐禅诵经。妻子死后，王维不再娶，三十年独居一室。临终之际，他给平生亲故写信，"多敦厉朋友奉佛修心之旨"。

至于平民百姓，对于佛教的信奉更是近乎狂热。根据《续高僧传》的记载，唐太宗贞观十九年（645），玄奘从印度取经回国，到达京师西郊的时候，"道俗相趋，屯赴阗閙，数十万众，如值下生。将欲入都，人物宣拥，取进不前，遂停别馆。通夕禁卫，候备遮断，停驻道旁。从故城之西南，至京师朱雀街之都亭驿，二十余里，列众礼谒，动不得旋。……致使京师五日，四民废业，七众归承"。他在朱雀街南陈列从西域带回来的经像、舍利等物的时候，又出现了"长安朱雀至弘福寺十余里，倾都士女，夹道鳞次"的热闹场面。唐高宗麟德元年（664），玄奘死的时候，"道俗奔赴者日盈千万"，送葬于白鹿原时更是"京畿五百里内送者百余万人"，几乎是全城出动了。唐代京城迎佛骨的场面，更让人叹为观止。佛骨即"舍利"，是释迦牟尼佛身上的遗骨，是佛教圣物，相传能够护国安民。唐朝从初唐高宗、武后到唐末懿宗、僖宗，前后有七次大规模地迎请佛骨。其时京城士庶，争相观瞻，热闹非凡。有一些佞佛的信徒，为了表示虔诚，甚至做出焚顶、断指、割臂的举动。如唐宪宗元和十四年（819）迎佛骨的时候，"王公士庶，奔走舍施，唯恐在后。百姓有废业破产、烧顶灼臂而求供养者"。再如唐懿宗咸通十四年（873），佛骨到达京师以后，"公私音乐，沸天烛地，绵亘数十里"。据唐苏鹗《杜阳杂编》卷下载："时有军卒断左臂于佛前，以手执之，一步一礼，血流洒地，至于肘行膝步，啮指截发，不可算数。又有僧以艾覆顶上，谓之炼顶。火发痛作，即掉其首呼叫。"这些自残的行为，当然是愚蠢的。但我们可以从中看出当时民众对于佛教的信奉程度有多么深切。

民众对于佛教的追捧，或与佛教神明的普及化相关。随着佛教在民间的普及，一些佛家神明如阎罗王、五道将军、四大天王、观音菩萨等，开始进入民众的信仰领域。

阎罗王原为古印度神话中管理阴间的王，佛教创立后，沿用了阎王的观念，认为阎王是管理地狱的王。唐末又兴起了地府十王说，阎罗王位列第五。五道将军在佛教中，是居于阎罗王之下的掌死之神。这些佛家神明的产生与佛教所宣扬的生死轮回、因果报应等说法有关。初唐名僧王梵志的诗中，就有很多表现对天堂的希冀、对地狱的恐惧以及对人生如幻的感慨的内容。如他的《沉沦三恶道》诗就完整而全面地反映了民间关于地狱的想象："沉沦三恶道，负特愚痴鬼。荒忙身卒死，即属伺命使。反缚棒打走，先渡奈河水。倒拽至厅前，枷棒遍身起。死经一七日，刑名受罪鬼。牛头铁叉插，狱卒把刀掇。碓捣碾磨身，覆生还覆死。"在这首诗中，堕入地狱者，被伺命之鬼追入冥间，先是在鬼卒的棍棒驱使之下渡过奈河，然后来到阎罗王殿前，接受阎王的审判，再遭受种种残酷的折磨。天堂地狱的来世观，真实地反映了初盛唐时期的民间观念。

观世音菩萨，唐朝时因避唐太宗李世民的讳，略去"世"字，简称观音，又称观自在菩萨（鸠摩罗什的旧译为"观世音"，玄奘的新译为"观自在"，中国通用的则为鸠摩罗什的旧译）。观世音的名字蕴含了菩萨慈悲济世的功德和思想。观世音菩萨以观天下四方之音，以救苦难而著称。诸佛中除了佛祖释迦牟尼外，民间习俗中最为流行的佛家造像，就要数观世音像和四大天王像了。

俗说的四大金刚，其实就是佛说中的四大天王。四大天王是佛教的护法神：东方持国天王，南方增长天王，西方广目天王，北方多闻天王。天王堂的普遍设立是在唐代。传说天宝初年西番军队联合围困安西，玄宗诏不空和尚入宫，诵念《仁王经》，祈请天兵救援。入夜，玄宗梦见有一神将甲胄而来，立于殿门前。玄宗就问不空："此是何神？"不空答道："这是北方毗沙门天皇的长子，是我诵持密语遣令而来。"此后，果然接到安西的奏报说："已有神兵破贼，当时城北的门楼上有天王形状。"并把图画进上。玄宗得知，喜其灵验，因此下旨给天下诸道，在城楼上置天王像。这就是后来天王堂的由来。或许天王堂经不空奏请而立，佛教徒则添加了其中一些神异灵验的情节罢了。

唐代佛寺众多。正如杜牧诗所言："南朝四百八十寺，多少楼台烟雨中。"（《江南春》）其实岂止南方佛寺林立，北方也毫不逊色。仅长安城内，就有慈恩寺、兴唐寺、菩提寺、元法寺、荐福寺、赵景公寺、大兴善寺等著名的寺院。唐人乐于与僧人交往，听僧人讲经说法。这从唐人诗作中就可略见其一斑。例如，元稹"尽日听僧讲"(《答姨兄胡灵之见寄五十韵》),孟郊"扣寂兼探真,通宵讵能辍"(《与二三友秋宵会话清上人院》),方干"闻僧说真理,烦恼自然轻"(《游竹林寺》),李嘉祐"诗从宿世悟,法为本师传。能使南人敬,修持香火缘"(《送弘志上人归湖州》)等等。杜甫诗说:"问法看诗妄,观身向酒慵。未能割妻子,卜宅近前峰。"(《谒真谛寺禅师》)如果不是割舍不下老婆孩子,这位大诗人都想遁迹空门了。也有些人在家修行,斋戒念经。采取按照佛教戒律规定的在家修行的方式的人,被称为居士。唐人以居士为号的人很多,如李白号青莲居士、白居易号香山居士、司空图号耐辱居士等。又多有士人民众结社修行。如白居易说"南祖心应学,西方社可投"(《重修香山寺毕题二十二韵以记之》),又说"本结菩提香火社,共嫌烦恼电泡身。不须惆怅从师去,先请西方作主人"(《唐江州兴果寺律大德凑公塔碣铭》),都是讲共同追求西方极乐世界的香火社,值得大力兴办。平民百姓结社奉佛,在一些地方也蔚为风气。如《太平广记》记载:"开元初,同州界有数百家,为东西普贤邑社,造普贤菩萨像,而每日设斋。"(《太平广记》卷一百一十五《普贤社》)

二、唐代的道教信仰

道教在唐代民间宗教信仰中的影响力,虽然比不上佛教,但也非同一般。由于道家始祖老子姓李名耳,于是,李唐皇室为了自神其宗,几乎在唐朝立国的同时,就把已被仙化了的老子尊奉为始祖,毫不客气地将道教算作"本朝家教"。据《混元圣纪》卷八载,武德年间,绛州有个百姓叫吉善行,他在羊角山遇见一位须发皓白、骑白马的老人,对他说:"我是无上神仙,姓李名伯阳,号老君,即帝祖也。亳州谷阳县有枯桧再生,可以为验。今年贼平后，天下太平，享国延永。"吉善行把此事告诉了地方官，地方官就领着吉善行见李世民，李世民又命其入奏高祖，高祖大喜，授吉善行为朝散大夫，并于羊角山建太上老君庙。乾封元年（666）正月，高宗亲祀亳州老子庙，尊老子为太上玄元皇帝。至此，老子正式被钦定为道教教主和唐室始祖。唐玄宗在开元二十一年（733）亲注《道德经》，天宝元年还专开"四子科"取士，以《老子》《庄子》《文子》《列子》为考试内容。唐代统治者的提倡以及对道教的尊崇，大大地提升了道家和道教的地位，这无疑对唐代民间对道教的信仰起到了巨大的引领作用。据《文献通考》，开元间所修纂《开元道藏》，已多达"三千七百四十四卷"。

老子被尊奉，首先深刻地影响了唐代李姓人对道教的接受。唐代李姓诗人信奉道教者就不乏其例，如李白、李益、李绅、李贺、李群玉、李商隐等，都曾虔诚地信仰道教。

李白不但认老子为教祖，也把他看成族祖。李白《送于十八应四子举落第还嵩山》云："吾祖吹橐籥。"这里的"吾祖"指的就是老子李聃。李白是化用了《老子》第五章"天地之间，其犹橐籥乎"的典故。李白还曾写诗给道友元丹丘云："家本紫云山，道风未沦落。"（《题嵩山逸人元丹丘山居》）这也是对他以李姓而修道的一种自豪的夸耀。李白"五岳寻仙不辞远，一生好入名山游"（《庐山谣寄卢侍御虚舟》），"每思欲遐登蓬莱，极目四海，手弄白日，顶摩青穹"（《暮春江夏送张祖监丞之东都序》），李白的诗歌受到道教文化强烈的渗透，道教中的仙境经常在他的诗中出现："洞天石扇，訇然中开。青冥浩荡不见底，日月照耀金银台。霓为衣兮风为马，云之君兮纷纷而来下。虎鼓瑟兮鸾回车，仙之人兮列如麻。"（《梦游天姥吟留别》）"余尝学道穷冥筌，梦中往往游仙山。何当脱屣谢时去，壶中别有日月天。"（《下途归石门旧居》）"西上莲花山，迢迢见明星。素手把芙蓉，虚步蹑太清。霓裳曳广带，飘拂升天行。邀我登云台，高揖卫叔卿。"（《古风》其十九）正如宋人葛立方《韵语阳秋》卷十一所云："（李太白）或欲把芙蓉而蹑太清，或欲挟两龙而凌倒景，或欲留玉舄而上蓬山，或欲折若木而游八极，或欲结交王子晋，或欲高揖卫叔卿，或欲借白鹿于赤松，或欲餐金光于安期。"李白的诗为道教创造出了一个五彩缤纷的仙人世界。李白对仙道用情之深，有唐可谓无两。中唐诗人李益，早在青年时期就倾心于道术，其《入华山访隐者经仙人石坛》《罢秩后入华山采茯苓逢道者》等诗，透露了他寻仙修道的一些细节。中唐时的李绅，也把自己说成是老子后人："忆昔我主神仙主，玄元皇帝周柱史。……我亦玄元千世孙，眼穿望断苍烟根。"（《赠毛仙翁》）并表示要找个地方从师学道修仙："欲向仙峰炼九丹，独瞻华顶礼仙坛。……浮生未有从师地，空诵仙经想羽翰。"（《华顶》）李贺也是一个深受道教文化浸润的诗人，他的诗充满道教神灵和仙鬼："梦入神山教神妪，老鱼跳波瘦蛟舞。吴质不眠倚桂树，露脚斜飞湿寒兔。"（《李凭箜篌引》）"秦妃卷帘北窗晓，窗前植桐青凤小。王子吹笙鹅管长，呼龙耕烟种瑶草。"（《天上谣》）"南风吹山作平地，帝遣天吴移海水。王母桃花千遍红，彭祖巫咸几回死。"（《浩歌》）诗人李群玉也说："吾家五千言，至道悬日月。若非函关令，谁注流沙说。……愿骑紫盖鹤，早向黄金阙。城市不可留，尘埃秽仙骨。"（《别尹炼师》）诗人言之凿凿地自认是老子后人，可见他对道教与众不同的深情，实由"吾家五千言"引起。晚唐著名诗人李商隐，也以老子后人自许："我本玄元胄，禀华由上津！"（《戊辰会静中出贻同志二十韵》）觉得自己身有仙才（即仙骨），其《东还》诗云："自有仙才自不知，十年长梦采华芝。"李商隐早年就作过道士，他说："忆昔谢四骑，学仙玉阳东。"（《李肱所遗画松诗书两纸得四十韵》）。其《上河东公启》说自己"兼之早岁，志在玄门"，后来"虽身在幕府，常在道门"，可见他对道教一向倾心。在李商隐的诗中，有不少歌颂道教女仙的诗，如《圣女祠》《重过圣女祠》《华山题王母祠》《瑶池》《嫦娥》等。从他的《赠华阳宋真人兼寄清都刘先生》《月夜重寄宋华阳姊妹》等诗看，他与女冠宋华阳姊妹过从甚密。这些都可以说明，李商隐的确与道教结下了不解的情缘。

其实，岂止李姓人留意于道教神仙，唐代上至皇帝、宗室，下到一般的士人、布衣、妇女等，对道教追捧信奉者，比比皆是。清人龚自珍说：有唐"一代妃主凡为女道士可考于传记者，四十余人。"（《上清真人碑书后》）像唐代的杨贵妃、玉真公主等人都当过女道士。据李斌城《唐代文化·唐代道教与文学》统计，受道教影响较大的唐代诗人有近 300 人，有关道教内容的诗歌 1200 多首。还有一些诗人本身就是道士。如道士孙思邈、司马承祯、张氲、司马退之、叶法善、赵惠宗、张果、李遐周、吴筠、陈寡言、杜光庭、郑遨、范尧佐、徐灵府、吴子来、吕岩等人，女道士李冶、鱼玄机、元淳等人，都有诗作留存。这些可以从侧面说明道教对唐代社会影响之大。

企慕长生，是唐人求仙学道最主要的动机。道教强调人生有涯，葛洪《抱朴子内篇·勤求》为人们算了一笔生命细账："百年之寿，三万余日耳。幼弱则未有所知，衰迈则欢乐并废，童蒙昏耄，除数十年，而险隘忧病，相寻代有，居世之年，略消其半。计定得百年者，喜笑平和，则不过五六十年，咄嗟灭尽，哀忧昏耄，六七千日耳，顾昒已尽矣，况于百年者，万未有一乎！谛而念之，亦无以笑彼夏虫朝菌也。盖不知道者之所至悲矣。"葛洪还作了一个比喻说，人在世间，一天天度过，好比牵牛羊到屠宰场，每前进一步，就离死神接近一步。那么，怎样才能得以长生呢？《老子》说："谷神不死，是谓玄牝。玄牝之门，是谓天地之根。"因为老子提出"道"和与此相联系的"不死"观念，因而"不死"的观念成了后世神仙道教的核心教义。杜甫《冬日洛城北谒玄元皇帝庙》诗云："仙李蟠根大，猗兰奕叶光。……谷神如不死，养拙更何乡？"这里的"仙李"自然指老子。可见杜甫接受老子为皇李之祖观念的同时，也接受了《老子》中"谷神不死"的观念。惑于道教的宣扬，很多唐人认为世上真有神仙，人通过修炼也能长生不死。为了成仙，他们有的烧炼黄白（就是黄金白银），称之为"药金""药银"。如姚合就认为"欲知居处堪长久，须向山中学煮金。"（《寄陕州王司马》）甚至亲自动手炼丹合药："金丹事参差。"（《寄主客张郎中》）还有人向道士企求九转金丹，如李宗闵《赠毛仙翁》云："残药倘能沾朽质，愿将霄汉永为邻。"

　　但是，炼丹以求长生，不仅毫无结果，反而会给人的健康造成极大的危害，甚至很多人因为服食丹药而过早殒命。唐朝皇帝中，很多迷恋丹药，如唐太宗、唐高宗、武则天、唐玄宗、唐宪宗、唐穆宗、唐文宗、唐武宗和唐宣宗，都服用过丹药。太宗、宪宗、穆宗、武宗和宣宗正是因为服用丹药中毒而丧命的。白居易有《思旧》诗云："退之服流黄，一病迄不瘥。微之炼秋石，未老身溘然。杜子得丹诀，终日断腥膻。崔君夸药力，经冬不衣绵。或疾或暴夭，悉不过中年。"在这首诗里，白居易记录了唐代诗人韩愈、元稹、杜元颖、崔玄亮等人，为了企求长生，服食丹药，结果都不到中年就伤身殒命的情况。也有些人还算理智。《旧唐书·李德裕传》："高宗朝刘道合、玄宗朝孙甑生，皆成黄金，二祖竟不敢服。"姚合也是"炼得丹砂疑不食，从兹白发日相亲"（《偶然书怀》）。

炼丹服食，还会造成钱财的大量浪费。可一些人，为了成仙的幻梦，宁肯节衣缩食而终无所成。白居易《醉吟先生传》："设不幸吾好药，损衣削食，炼铅烧汞，以至于无所成，有所误，奈吾何？今吾幸不好彼。"很为自己没有靡费钱财而追求虚妄之事而庆幸。可是白居易似乎也并非不屑于丹药飞升之事。《唐才子传》载，白居易"好神仙，自制飞云履，焚香振足，如拨烟雾，冉冉生云。初来九江，居庐阜峰下，作草堂烧丹，今尚存"。白居易制作的"飞云履"是什么样子，不得而知，但这足以说明他也是对神仙飘举之事梦寐以求的。

有些缺乏炼丹条件的人，则服食茯苓、云母等，来替代金丹黄白。《抱朴子内篇·仙药》："松柏脂沦入地千岁，化为茯苓。"李益去职后曾入华山采茯苓，有《罢秩后入华山采茯苓逢道者》诗云："左右长松列，动摇风露零。上蟠千年枝，阴虬负青冥。下结九秋霰，流膏为茯苓。取之砂石间，异若龟鹤形。况闻秦宫女，华发变已青。有如上帝心，与我千万龄。始疑有仙骨，炼魂可永宁。"《续文献通考》卷二百四十二"仙释考"载，何仙姑是广州增城何泰的女儿，"梦神人教食云母粉，可得轻身不死"，于是她照仙人的指示吃云母，经常来往山谷之中，健步如飞。每天早上出去，晚上带回一些山果给她的母亲吃。后来逐渐不吃五谷，武则天遣使召见她去宫中，她在入京中的途中忽然失踪，据说是白日升仙了。

也有的人提倡内丹养生术。《云笈七签》卷五十七引唐代著名道士司马承祯的《服气精义论》说："金石之药，候资费而难求；习学之功，弥岁年而易远。若乃为之速效，专之克成，与虚无合其道，与神灵合其德者，其唯气乎！"还说："神仙之道，以长生为本；长生之要，以养气为根。"（《天隐子序》）另一个著名道士吴筠，也讲究身内有仙丹，不用身外求。他说人有三宝精、气、神，而修炼精、气、神的前提是"止嗜欲，戒荒淫，则百骸理，则万化安"。在司马承祯、吴筠等人看来，炼丹砂以合长生之药，属于外丹。而内丹则主要可以通过服气导引、辟谷、扣齿等修道方法，养气守静，以求长生。这样的修炼方法，对于资财困乏而又有升仙之愿的人，更具有吸引力。如孟郊《求仙曲》云："仙教生为门，仙宗静为根。持心若妄求，服食安足论。铲惑有灵药，饵真成本源。自当出尘网，驭凤登昆仑。"

也有一些人学仙向道，开始时是出于治病的需要。葛洪《抱朴子内篇·杂应》云："古之初为道者，莫不兼修医术，以救近祸焉。"葛洪本人就是出色的医学家。《太平广记》引《神仙传》说："汝南有费长房者，为市掾，忽见（壶）公从远方来，入市卖药，人莫识之。其卖药口不二价，治百病皆愈。"看来这个壶公一定是个精通医术的道士。唐代道士自然也承袭传统，一方面，"涧底束荆薪，归来煮白石"（韦应物《寄全椒山中道士》），苦炼金丹大药；另一方面，也采卖草药。贾岛《寻隐者不遇》："松下问童子，言师采药去。只在此山中，云深不知处。"孟浩然《山中逢道士云公》："采樵过北客，卖药来西村。"由诗可知道士采卖草药的情况。有些道士，由于长年的积累，获得了很多医学经验。如唐代著名道士孙思邈，就撰有《千金要方》等医学名著，被人目为"药王"。

道士即医士这一事实，也是唐人接近道士、接受道教的一大动因。杜甫中年以后多病，"衰年肺病唯高枕"（《返照》），"右臂偏枯半耳聋"（《清明二首》），以至于"药裹关心诗总废"（《酬郭十五判官》），经常让"老妻忧坐痹，幼女问头风"（《遣闷奉呈严公二十韵》）。于是，杜甫"药囊亲道士"（《寄刘峡州伯华使君四十韵》），与身有医术的道士来往比较多。比如，他赞扬张道士的医药灵验："肘后符应验，囊中药未陈。"（《寄张十二山人彪三十韵》）在给一个复姓司马的道士的诗中又说："道术曾留意，先生早击蒙。家家迎蓟子，处处识壶公。"（《寄司马山人十二韵》）从中可知杜甫早年就曾接触道教。杜甫中年时，遇到了被玄宗赐金放还的李白，大约受李白倾心仙道的影响，就与李白一起作梁宋之游。杜甫《赠李白》诗云："二年客东都，所历厌机巧。野人对膻腥，蔬食常不饱。岂无青精饭，使我颜色好。苦乏大药资，山林迹如扫。李侯金闺彦，脱身事幽讨。亦有梁宋游，方期拾瑶草。"青精饭在唐道士卢道全《太上肘后玉经方》中有载。据《云笈七签》卷七四，其方为："白粱米一石，南烛汁浸，九蒸九曝，干可三斗已上。每日服一匙饭，下一月后用半匙，两月日后可三分之一。尽一剂，则肠化为筋，风寒不能伤，须如鬓青丝，颜如冰玉。"杜甫觉得青精饭只能"使我颜色好"，不能益寿延年，所以他想与李白一道寻仙，"方期拾瑶草"。据《李杜合谱》记，杜甫与李白、高适，尝渡河游王屋山，谒道士华盖君，而其人已亡。这样一来，杜甫就对道教的"长生久视"之说产生了怀疑。所以他决定和李白暂时分别，并写诗赠李白："秋来相顾尚飘蓬，未就丹砂愧葛洪。痛饮狂歌空度日，飞扬跋扈为谁雄？"对李白求丹砂之不务实进行了委婉的规劝。但他后来由于多病，也还是不由自主地表达了对道教的信奉和向往。如其《丈人山》诗云："丈人祠前佳气浓，绿云拟住最高峰。扫除白发黄精在，君看他时冰雪容。"又《太平寺泉眼》诗云："何当宅下流，余润通药圃。三春湿黄精，一食生毛羽。"寄希望于道教仙方，能够使自己驻颜长生。

道教斋醮、占卜、祈雨、求子、符咒、治病、捉鬼、追魂等法术，也是唐代民间对其信奉迷信的重要原因。斋醮，又称设醮、打醮，目的是消灾度厄。《隋书·经籍志》解释："夜中于星辰之下，陈设酒脯、饼饵、币物，历祀天皇太一，祀五星列宿，为书如上章之仪以奏之，名之为醮。"唐末道士杜光庭是道教斋醮科仪的集大成者，他将道教主要教派的斋醮仪式统一起来，并加以规制化，整理成《道门科范大全集》八十七卷。斋醮涉及的民俗事项包括延生、求子、安宅、祈雨、治病、消灾、士子应举、修道求仙、济度亡灵等等，真可谓五花八门，包罗万象。有时，撰写醮词愿文的不仅是道士，有文才的士人也会参与进来。永贞革新失败后，刘禹锡被贬朗州司马。《旧唐书》本传云："禹锡在朗州十年，唯以文章吟咏，陶冶性情。蛮俗好巫，每淫祠鼓舞，必歌俚辞。禹锡或从事于其间，乃依骚人之作，为新辞以教巫祝。故武陵溪洞间夷歌，率多禹锡之辞也。"刘禹锡《八月十五日夜桃源玩月》云："少君引我升玉坛，礼空遥请真仙官。"可见刘禹锡游桃源时在道场斋醮的情形。

占卜是唐人预测吉凶祸福的主要手段，唐人笔记里记载了很多道士占卜的事情。唐代张鷟《朝野佥载》就讲了自己亲历的一个事情：唐玄宗开元初，张鷟请梁州道士梁虚舟用"九宫"之法为自己推算，梁道士说他"五鬼加年，天罡临命"，将有大灾。他还不太相信，又请安国观道士李若虚测算，李道士竟也测算他有牢狱之灾。后来张鷟果然被御史弹劾，发配岭南。这两位道士的话，得到了验证。(《朝野佥载·开元二道士》)《唐书·方伎传》中也记载了很多善于占卜的道士的事情。比如，有个叫桑道茂的道士，唐代宗曾把他召到宫中做顾问。德宗建中初年，修奉天城时，桑道茂劝请唐德宗"高其垣墙，大为制度"，可德宗当时并未理会。后来朱泚作乱，德宗仓卒出逃到奉天，才想起桑道茂的话。可那时桑道茂已死了，德宗还特意派人去祭奠他。这个桑道茂如此精于卜卦，可偏偏有个老太太，与他唱起对台戏，就在桑道茂的门口摆起了卦摊。宋王谠《唐语林》："桑道茂之门有一妪，无所知，大开卜肆。自桑而卜回者，必曰：'妪于桑门卖卜，必有异也。'筮毕必来覆之。桑言休，则妪言咎；桑言咎，则妪言休。厥后中否，妪、桑各半。"这个老太太"无所知"，并不懂卜卦，但她一定是个聪明绝顶的心理学家。她想：慕桑道茂之名而来卜卦的人，肯定不少，而这些卜卦的人，也未必就对桑道茂所卜之卦深信不疑。所以，桑道茂说某某有好运，老太太偏说这个人会倒霉，桑道茂说某某不吉利，老太太偏说这个人会走运。没想到，最后的结果是，两人所卜，应验各半，势均力敌。老太太可真是生财有道啊！

　　唐代很多人，为求长生，对道教的迷信到了如痴如狂的地步。如韩愈《谁氏子》讲："非痴非狂谁氏子，去入王屋称道士。白头老母遮门啼，挽断衫袖留不止。翠眉新妇年二十，载送还家哭穿市。"宋孙光宪《北梦琐言》记载，唐尚书张裼一个儿子，"少年闻说壁鱼入道经函中，因蠹食'神仙'字，身有五色。人能取壁鱼吞之，以致神仙而上升。张子惑之，乃书'神仙'字，碎翦实于瓶中，捉壁鱼以投之，冀其蠹蚀，亦欲吞之，遂成心疾。每一发作，竟月不食，言语粗秽，都无所避。"壁鱼就是衣服及书籍中的蠹虫。这个姓张的小伙子，为了等候蛀蚀写有"神仙"二字的壁鱼，竟然得了精神病。韩愈说荥泽县有个县尉，

"信道士长生不死之说，既去官，绝不营人事"，老婆孩子还多亏了一个叫李虚中的官员周济才活下来。（《殿中侍御史李君墓志铭》）

更彻底的，则是带着老婆孩子一起上山修炼。《太平广记》有个故事说，苏州府昆山县人王可交，靠种田、打鱼为生。有一天，他划着渔船在江上走了几里地，忽然看见江中有一只彩船，船里坐着非常年轻的七位道士。其中有个道士喊王可交的名字，王可交正在惊讶中，自己的船已经自动靠在了道士的彩船旁了。一个道士让小僮领着王可交上了彩船，给王可交吃了两个栗子后，就把他送到岸上。王可交自从吃了道士给的栗子后就再也不吃饭了，一举一动都像有神在佑护帮助。他不再种田打鱼，带着妻子进了四明山。二十多年后，王可交出山到明州卖药，让人帮着卖酒，把卖药和酒的钱全都布施给穷人。当时，人们都说王可交卖的药和酒非常好，药治病最灵，酒一喝就醉。人们有时得了疾病或家里闹邪，就画一张王可交的像贴上，立刻就能好。过了三十多年，王可交又进了四明山，再也没出来，现在还有人在山里见过他。（《太平广记》卷二十《神仙》引《续神仙传》）如果剔除故事中荒诞不经的虚构成分，我们似乎可以理解为：农家子弟王可交接受道士劝说，带着妻子进了四明山学道，一去二十多年，终生修炼于山中。

总之，在唐代对宗教文化长期兼容并包的政策下，佛教信仰和道教信仰在社会各个阶层，都有广泛而繁盛的市场。尤其是这些信仰流布于民间，支配着人们的社会生活，更显示了它们的巨大影响力。

风俗因时见，湖山发兴多

——唐代的节令习俗

龙沙豫章北，九日挂帆过。风俗因时见，湖山发兴多。

这是孟浩然《九日于龙沙寄刘大眘虚》诗中的几句。九日就是重阳节。唐代的岁时节日很多。除上巳节外，还有元日、人日、上元节、晦日、中和节、社日、寒食节、清明节、端午节、七夕、中秋节、重阳节、冬至、腊日、除夕等等。

"风俗因时见"，孟浩然说得不错。全面展示唐代生活画卷的唐诗，为我们寻绎唐代的社会文化习俗提供了一个极好的基础。我们正可以通过唐诗，特别是岁时节日诗，了解唐代多姿多彩的乡风民俗。

一、元日：门馆贺新正

元日为一岁之首，又称为元旦、元正、元朔等。这天，皇宫中，皇帝临朝，百官齐列，地方、节镇携礼上贡，四方番邦使臣也远道而来，向皇帝朝贺新正。唐太宗《元日》诗云："高轩暖春色，邃阁媚朝光。彤庭飞彩斾，翠幌曜明珰。恭己临四极，垂衣驭八荒。霜戟列丹陛，丝竹韵长廊。"又《正日临朝》云："百蛮奉遐赆，万国朝未央。"从中透露出太宗君临天下、踌躇满志的自矜之态。再看诸臣的元日诗：

> 正旦垂旒御八方，蛮夷无不奉梯航。群臣舞蹈称觞处，
> 雷动山呼万岁长。
>
> ——和凝《宫词》

> 万国贺唐尧，清晨会百僚。
>
> ——包佶《元日观百僚朝会》

> 大国礼乐备，万邦朝元正。
>
> ——王建《元日早朝》

> 文武千官岁仗兵，万方同轨奏升平。
>
> ——张祜《元日仗》

我们可以想见：元旦朝贺之时，皇帝坐朝，朝臣祝酒；四方使臣，梯山航海而来，山呼万岁；朝廷仪仗威严，雅乐频奏，气势宏大。

在举行朝贺之礼后，皇帝也往往有赐群臣柏叶及饮椒柏酒的惯例。椒、柏都是象征长寿之物，元正服之，有祝愿之意。唐中宗赐群臣柏叶后，武平一作诗拜谢："绿叶迎春绿，寒枝历岁寒。愿持柏叶寿，长奉万年欢。"（《奉和正旦赐宰臣柏叶应制》）

元日这天，在民间就没有朝堂之上那样的拘束了。这天是庶民百姓最为高兴的日子。

尤其开心的是儿童，他们穿着新衣服跑出家门，相互炫耀，纵情嬉戏："燎火委虚烬，儿童炫彩衣。"（刘禹锡《元日感怀》）孩子们还要燃爆竹以增加喜庆气氛。唐时的爆竹又叫"爆竿"，大概是将一支较长的竹竿逐节燃烧，连续发出爆破之声。这可能起源于唐时旧俗：用火烧竹，以驱山鬼瘟神。（刘禹锡《畲田行》："照潭出老蛟，爆竹惊山鬼。"）后来，人们则更多地用爆

335

竹装点节日氛围。除夕、元日燃放爆竹驱邪逐疫这一习俗当时已经十分盛行。张说《岳州守岁》诗云:"桃枝堪辟恶,爆竹好惊眠。"来鹄《早春》诗也说:"新历才将半纸开,小亭犹聚爆竿灰。"记述的都是当时元日燃爆竹的情景。

唐代还没有贴春联的习俗,而往往用桃木板写上神荼、郁垒两个名字,挂于门首,称为"仙木"或"桃符"。传说神荼、郁垒乃兄弟,居桃树下,"性能执鬼"。北宋王安石《元日》诗中写道:"千门万户曈曈日,总把新桃换旧符。"可见,元日挂桃符的习俗,宋时还在民间延续。也有在门前挂上桃枝来代替桃符的,所以张说诗说"桃枝堪辟恶"。

唐人元日要吃的特色饮食有五辛盘、胶牙饧、屠苏酒等。五辛盘又叫春盘,是由五种有辛辣气味的食物拼成,据说服用后可以发散五脏中的陈气。唐人薛能《除夜作》诗云:"茜帏犹双节,雕盘又五辛。"此外,吃胶牙饧、饮屠苏酒也是唐代元日习俗。白居易诗云:"岁盏后推蓝尾酒,春盘先劝胶牙饧。"(《岁日家宴戏示弟侄等》)胶牙饧指的是用麦芽熬制成的黏糖,牙齿好的人可以吃。按宋洪迈《容斋四笔》说,"蓝尾酒"反映的是唐人饮酒礼俗:长者后饮,最后饮者称"蓝尾"。

元日这天人们要互相走访拜贺。梁宗懔的《荆楚岁时记》:"正月一日……长幼悉正衣冠,以次拜贺。"李郢《元日作》"锵锵华驷客,门馆贺新正",写的就是互相拜贺的热闹气氛。元日这天自然要说些祝愿、吉利的话。孟浩然《田家元日》:"田家占气候,共说此年丰。"节日的吉祥祝愿不仅洋溢在城中的门馆高楼,也充满各地的乡里村间。

元日过后,亲戚朋友开始互相邀约宴饮,雅称为"传座"。唐人唐临《冥报记》卷下:"长安市里风俗,每岁元旦以后,递作饮食相邀，号为传座。"

二、人日：人胜参差剪

正月初七是人日。自南北朝以来，就有庆祝人日的习俗。据《北史·魏收传》，晋朝议郎董勋《答问礼俗》云："正月一日为鸡，二日为狗，三日为猪，四日为羊，五日为牛，六日为马，七日为人。正旦画鸡于门，七日贴人于帐。"梁宗懔《荆楚岁时记》："正月七日，剪彩为人，或镂剪金箔为人，贴屏风，亦戴之头鬓，以识新岁更始。"（宋胡仔《苕溪渔隐丛话》卷三十三"陈履常"条引）人们称这类"剪彩为人"的装饰品为"胜"或"巧胜"。唐无己《立春》诗："巧胜向人真耐老，衰颜从俗不宜新。"温庭筠《菩萨蛮》词："藕丝秋色浅，人胜参差剪"，都指此而言。人日还有饮酴醾酒的风俗，所谓："彩胜年年逢七日，酴醾岁岁满千钟。"（阎朝隐《奉和圣制春日幸望春宫应制》）在民间，人们还有以人日这天的天气阴晴占卜一年年成好坏的习俗。托名东方朔《占年书》称："人日晴，所生之物蕃育；若逢阴雨，则有灾。"杜甫《人日二首》其一："元日到人日，未有不阴时。"杜甫担心年景收成，体现的正是怜农悯农的仁者情怀。

此日，又有登高之俗。《唐诗纪事》卷九载，唐中宗"景龙三年（709）人日，清晖阁登高遇雪"。其时大臣宗楚客、刘宪、苏颋、李峤都有诗记述此事。宗楚客、刘宪、苏颋有同题诗《奉和人日清晖阁宴群臣遇雪应制》，李峤亦有《上清晖阁遇雪》。鲍防《人日》诗云："流光易去欢难得，莫厌频频上此台。"韩愈《人日城南登高》诗云："初正候才兆，涉七气已弄。霭霭野浮阳，晖晖水披冻。圣朝身不废，佳节古所用。亲交既许来，子侄亦可从。盘蔬冬春杂，樽酒清浊共。"据此可知，这天，人们有携亲约友共同登高游赏饮宴的习俗。

登高，则容易望远思乡，怀念亲人。隋代薛道衡的《人日思归》："入春才七日，离家已二年。人归落雁后，思发在花前。"雁归而人犹未归，花未发而人先为乡思憔悴，薛道衡此诗非常浓烈地表达了自己盼望回家团聚的心情。后来晚唐李商隐的《人日即事》则引薛诗为同调："独想道衡诗思苦，离家恨得二年中。"又如陆龟蒙《人日代客子》："人日兼春日，长怀复短怀。遥知双彩胜，并在一金钗。"也是人日怀亲之作。

"人日书幡诵百千。"（蔡襄《人日立春舟行寄福州燕二司封》）人们念及远方亲友，这天往往要寄书赠诗。人日题赠，尤以杜甫和高适的故事最著名。杜甫旅居成都时，高适任蜀州（今崇庆县）刺史。唐肃宗上元二年（761）人日，高适想起老朋友，写诗寄赠杜甫："人日题诗寄草堂，遥怜故人思故乡。……今年人日空相忆，明年人日知何处？"（《人日寄杜二拾遗》）诗中既表达了自己对杜甫的思念，也表达了他们不能在故乡度过人日的怅惘。杜甫当时没有能够及时作答。大历五年（770）正月，杜甫整理文稿时，翻出高适的这首赠诗。其时，高适已殁世四年。杜甫见物思人，有感于亡友情深，作了《追酬故人高蜀州人日见寄》诗："自蒙蜀州人日作，不意清诗久零落。今晨散帙眼忽开，迸泪幽吟事如昨。"情真意切，感人肺腑。就在作诗的这一年的冬天，杜甫也溘然辞世。但两位大诗人的人日唱和，却成了千古佳话。

三、上元节：灯火家家市

正月十五为上元节（与七月十五日的中元节和十月十五日

的下元节相对应)。人们比较注重这天夜里的节日活动，因为这夜是新年的第一个月圆之夜，所以上元节又称元夜、元夕、元宵节。

元宵起源于汉代，而特盛于隋唐。大业六年（610）元宵，隋炀帝召集民间艺人至洛阳城外举行盛大的百戏，以招待来朝的各族酋长。《隋书·音乐志下》记载当时的场面："于端门外，建国门内，绵亘八里，列为戏场。百官起棚夹路，从昏达旦，……大列炬火，光烛天地，百戏之盛，振古无比，自是每年以为常焉。"隋薛道衡诗："万户皆集会，百戏尽前来。竞夕鱼负灯，彻夜龙衔烛。"（《和许给事善心戏场转韵诗》）写的就是当时的热闹场面。隋炀帝本人也有诗写元宵："灯树千光照，花焰七枝开。"（《元夕于通衢建灯夜升南楼诗》）

唐代元宵，更是热闹非凡。唐张鷟《朝野佥载》卷三记载："睿宗先天二年正月十五、十六夜，于京安福门外作灯轮，高二十丈，衣以锦绮，饰以金银，燃五万盏灯，竖之如花树。宫女千数，衣罗绮，曳锦绣，耀珠翠，施香粉。一花冠、一巾帔皆万钱，装束一妓女，皆至三百贯。妙简长安、万年少女妇千余人，衣服、花钗、媚子亦称是，于灯轮下踏歌三日夜，欢乐之极，未始有之。"唐玄宗时更是有过之而无不及。《明皇杂录》载玄宗时的一次元宵节，以缯彩结扎为灯楼，广二十四间，高十五丈。灯楼四周悬挂着珠玉、金银穗，清风吹来，发出铮铮的声响，灯上则闪耀着绘有各色龙凤虎豹腾跃的姿态。从唐人诗作也可略见唐代元宵盛况之一斑：武则天时的宰相苏味道有《上元》诗："火树银花合，星桥铁锁开。暗尘随马去，明月逐人来。游骑皆秾李，行歌尽落梅。金吾不禁夜，玉漏莫相催。"唐玄宗开元时期的宰相张说有《十五日夜御前口号踏歌词二首》：

"花萼楼前雨露新，长安城里太平人。龙衔火树千重焰，鸡踏莲花万岁春。""帝宫三五戏春台，行雨流风莫妒来。西域灯轮千影合，东华金阙万重开。"都是写元宵的繁华景象，读之使人神往。唐代长安实行宵禁，夜禁鼓一响，便禁止出行，否则要受处罚。唯独到上元节，皇帝特许开禁三天，称为"放夜"。苏味道诗中"金吾不禁夜，玉漏莫相催"即指此。从张说诗中的"西域灯轮千影合"，我们还可以了解到，当时的彩灯花样翻新，有的还具有异域风情。

据《雍洛灵异小录》说："唐朝正月十五夜，许三夜夜行。其寺观街巷，灯明若昼，山棚高百余尺。神龙（中宗年号）以后，复加严饰，仕女无不夜游，车马塞路，有足不蹑地，浮行数十步者。"其热闹拥挤的程度简直无以复加。张祜《正月十五夜灯》："千门开锁万灯明，正月中旬动帝京。三百内人连袖舞，一时天上著词声。"就是当时情景的生动写照。崔液《上元夜六首》道："玉漏银壶且莫催，铁关金锁彻明开。谁家见月能闲坐，何处闻灯不看来？"平时足不涉户的闺阁女子，或许也能乘此机会与意中人相会谈情，所以唐人崔知贤《上元夜》诗云："今夜启城闉，结伴戏芳春。鼓声撩乱动，风光触处新。月下多游骑，灯前饶看人。欢乐无穷已，歌舞达明晨。"

两都十五之夜如此欢娱，全国城乡岂肯落后。白居易描写杭州的《正月十五日夜月》诗写道："灯火家家市，笙歌处处楼。无妨思帝里，不合厌杭州。"羊士谔《上元日紫极宫门观州民然灯张乐》描绘："山郭通衢隘，瑶坛紫府深。灯花助春意，舞绶织欢心。"张萧远也在《观灯》诗中说："十万人家火烛光，门门开处见红妆。歌钟喧夜更漏暗，罗绮满街尘土香。"

元宵次日，唐人称为耗磨日。宋章渊《槁简赘笔》："正月十六日，古谓之耗磨日。饮酒如今之社日，官司不开库。"张说《耗磨日饮》："耗磨传兹日，纵横道未宜。但令不忌醉，翻是乐无为。"赵冬曦和诗云："春来半月度，俗忌一朝闲。不酌他乡酒，无堪对楚山。"（《和张燕公耗磨日饮》）看来唐人在这天，不必做事，只须喝酒。

正月半后，直到月末，悠闲无事，唐人有聚饮之俗。《艺文类聚·岁时部》引《荆楚岁时记》曰："元日至于月晦（每月最后一天），并为酺聚饮食。"《开元天宝遗事》亦载："都人仕女，每至正月半后，各乘车跨马，供帐于园圃或郊野中，为探春之宴。"又说："长安仕女，游春野步，遇名花则设席藉草，以红裙递相插挂，以为宴幄，其奢逸如此也。"这又可见少年轻薄者的节日放纵之态。可是，乡野村夫更为关注的还是桑麦的收成。孟郊《长安早春》诗云："旭日朱楼光，东风不惊尘。公子醉未起，美人争探春。探春不为桑，探春不为麦。日日出西园，只望花柳色。乃知田家春，不入五侯宅。"诗人通过对比手法对公子美人不知稼穑之艰难提出批评。

四、晦日：无人不送穷

正月的最后一天即晦日，是个巫风浓重的节日。东晋葛洪《抱朴子内篇·微旨》称："月晦之夜，灶神亦上天白人罪状。大者夺纪，纪者三百日也。小者夺算，算者三日也。"又有传说云，上古时颛顼生一子，性喜穿破衣烂衫，人们叫他"穷子"，死于正月晦日。人们送葬时，就说："今日送穷子。"（参见宋陈元靓《岁时广记》引《文宗备问》）后世在这天设粥食敝衣于巷陌间相祭，称"送穷"。所以晦日又有送穷日的说法。

送穷之俗在唐代相当盛行。韩愈曾写《送穷文》，文章借

"主人"与"穷鬼"的对话，表白自己四十余年智穷、学穷、文穷、命穷、交穷，恳请"五穷鬼"离去。姚合《晦日送穷三首》其一首云："年年到此日，沥酒拜街中。万户千门看，无人不送穷。""无人不送穷"，意谓送穷风俗在当时已相当普遍。

既然晦日有灶神告状，损人寿命，又有穷鬼相缠，妨人发财，唐人在心理上就不愿意接受这个晦气的节日。于是，贞元五年（789），唐德宗"自我为古"，"废正月晦，以二月朔为中和节"（《新唐书·李泌传》）。"皇心不向晦，改节号中和。"（吕渭《皇帝移晦日为中和节》）唐德宗把晦日推后了一天，以二月初一为中和节，并下令以中和节和上巳节、九日（重阳节）合称三令节。

在初盛唐时，人们就在逐步增强晦日的娱乐功能。杨炯《晦日药园诗序》："于时丁丑之年，孟春之晦，岁阴入于星纪，斗柄临于析木。衣冠杂沓，出城阙而盘游；车马骈阗，俯河滨而帐饮。"许多唐诗都描述，晦日这天，人们纷纷借着被除的机会，出城游赏宴饮。如宋之问《桂州陪王都督晦日宴逍遥楼》："晦节高楼望，山川一半春。"岑参《晦日陪侍御泛北池》："春池满复宽，晦节耐邀欢。"解琬《晦日宴高氏林亭》："欢娱属晦节，酩酊未还家。"唐德宗废正月晦为中和节，人们的游赏活动，就更加名正言顺了。

五、社日：家家扶得醉人归

社日，是古代民间祭祀土地神的日子。一年中有两次，称为春社和秋社，分别指立春和立秋后第五个戊日。人们通过祭祀表达他们对风调雨顺的良好祝愿。杜甫《社日》："报效神如在，馨香旧不违"，就是代村民表达意愿的诗句。

社日到来时，民众集会竞技，进行各种类型的作社表演，非常热闹。顾况《永嘉社日赛神》："东瓯传旧俗，风日江边好。何处乐神声，夷歌出烟岛。"可见，南方有用音乐酬神的风俗。刘禹锡《秋日送客至潜水驿》："神林社日鼓，茅屋午时鸡。"可知社日鼓乐喧天。如此热闹，燕子只好远远躲起来。杜甫《燕子来舟中作》："湖南为客动经春，燕子衔泥两度新。旧入故园常识主，如今社日远看人。"

社祭完毕，乡民往往集体欢宴。王驾《社日》："鹅湖山下稻粱肥，豚栅鸡栖半掩扉。桑柘影斜春社散，家家扶得醉人归。"乡民平日难得聚饮，如今喜逢社日，当然要喝个一醉方休。据说，吃社日酒还能治耳聋。五代李涛《春社从李昉乞酒》："社公今日没心情，为乞治聋酒一瓶。"

社日这天，妇女停止女红，称"忌作"，有的还下地劳动，以表示对社神（土地神）的敬重。殷尧藩《郊行逢社日》："酒熟送迎便，村村庆有年。妻孥亲稼穑，老稚效渔畋。"

六、上巳节：三日最遨游

三月三日是上巳节，唐人大都乐于在这天郊游踏青，这与古时上巳节最初形成时的情况大不相同。古时把夏历三月的第一个巳日称为"上巳"。三月初三多逢巳日，曹魏以后，就把这个节日固定在三月三日。这个节日起源于周代的水滨祓禊之俗。《周礼·春官·女巫》："女巫掌岁时祓除衅浴。"郑玄注："岁时祓除，如今三月上巳，如水上之类；衅浴谓以香薰草药沐浴也。"到汉代，上巳已成节令。应劭《风俗通》解释"上巳"的内容含义："禊者，洁也，故于水上盥洁之也。巳者，祉也，邪疾已去，祈介祉也。"这一天，男男女女穿上新缝制的春装，倾城而出，采摘香草，到水滨嬉戏洗浴，宴饮行乐。人们认为这样可以被除不祥，名之曰春禊。

到了唐代，上巳节祭神沐浴的巫术色彩渐渐褪去，而逐渐演变成以郊游踏青、水边宴饮为主要内容了。张九龄《三月三日登龙山》中说："禊饮岂吾事，聊将偶俗尘"，意思是说，我并不在乎"被除衅浴"，只要玩得高兴。张登《上巳泛舟得迟字》，也说：

> 令节推元巳，天涯喜有期。初筵临泛地，旧俗被禳时。
> 枉渚潮新上，残春日正迟。竹枝游女曲，桃叶渡江词。

他盼望上巳节，也主要是为了在那天观新潮、浴春阳、听俗曲、会所爱，倒不愿意理会被禳的"旧俗"。

唐李淖在《秦中岁时记》中记载："上巳，赐宴曲江，都人于江头禊饮，践踏青草，谓之曰踏青履。"饮酒设宴、踏青游玩，才是唐人上巳节的中心内容，被禳之事不过是个幌子。

沈佺期说："两京多节物，三日最遨游。"（《三日独坐欢州忆旧游》）唐彦谦《上巳日寄韩公》也说上巳最适合踏青："上巳接寒食，莺花寥落晨。微微泼火雨，草草踏青人。"万齐融《三日绿潭篇》则生动描绘了上巳日的娱游盛况：

> 春潭混漾接隋宫，宫阙连延潭水东。藓苔嫩色涵波绿，桃李新花照底红。垂菱布藻如妆镜，丽日晴天相照映。素影沉沉对蝶飞，金沙砾砾窥鱼泳。佳人被禊赏韵年，倾国倾城并可怜。拾翠总来芳树下，踏青争绕绿潭边。公子王孙恣游玩，沙阳水曲情无厌。禽浮似抱羽觞杯，鳞跃疑投水心剑。金鞍玉勒骋轻肥，落絮红尘拥路飞。绿水残霞催席散，画楼初月待人归。

诗中写上巳一日，绿潭游春：丽日晴天，藓苔嫩色，桃李新花，蝶飞鱼乐，佳人拾翠，公子恣游，斑斓眩目。

杜甫《丽人行》："三月三日天气新，长安水边多丽人。态浓意远淑且真，肌理细腻骨肉匀。"杜甫这首诗中的"水边"，指唐都城长安东南角的曲江池边，是景色秀丽的游览胜地。唐朝时，上巳节这天多有仕女在这里赏游。唐人司马扎《上巳日曲江有感》诗云："万花明曲水，车马动秦川。此日不得意，青春徒少年。"刘笃《上巳日》诗也说："上巳曲江滨，喧于市朝路。相寻不见者，此地皆相遇。"看来，这天的曲江之滨，确实是游人如织，美女如云。

七、寒食节：火燧知从新节变

寒食节，据说是晋文公为纪念介子推而设的禁火日。相传当年晋公子重耳出亡期间，介子推曾经割股为他充饥。后来重耳归国为君后，分封群臣时却忘记了介子推。介子推不愿夸功争宠，携老母隐居于绵山。晋文公亲自到绵山，遍寻不到，便下令放火烧山，想以此逼出介子推，但最后发现介子推与其母被烧死。重耳十分后悔，便规定每年此日不得生火，一律吃冷食，称为寒食节。也有人说，古代的火崇拜，才是寒食节的真正来历，《后汉书·周举传》李贤注："龙，星，木之位也，春见东方。心为大火，惧火之盛，故为之禁火。"

寒食节在冬至后的第一百零五日。杜甫《一百五日夜对月》云："无家对寒食，有泪如金波。"南朝梁宗懔《荆楚岁时记》："（寒食）据历合在清明前二日，亦有去冬至一百六日者。"所以元稹《连昌宫词》有句云："初过寒食一百六，店舍无烟宫树绿。"也有人说，唐人寒食禁火，有时是三天。宋金盈之《醉翁谈录》卷三《京城风俗记》："今云断火三日者，谓冬至后一百四日、一百五日、一百六日也。唐杜甫《小寒食》诗云：'佳辰强饮食犹寒。'乃知'食犹寒'，则是一百六日也。一百四日为大寒食，一百六日为小寒食，明矣。"

寒食节家家不得生火，是禁止烟火之日。李崇嗣《寒食》："普天皆灭焰，匝地尽藏烟。"但唐制特许宫中举火，并燃烛传火，赏赐近臣。大历才子韩翃有《寒食》名作："春城无处不飞花，寒食东风御柳斜。日暮汉宫传蜡烛，轻烟散入五侯家。"

寒食之日，适逢春日，唐人乐于此时踏青游玩。如元稹《寒食日》："今年寒食好风流，此日一家同出游。"又如韦庄诗："雕阴寒食足游人，金凤罗衣湿麝薰。"（《丙辰年鄜州遇寒食城外醉吟五首》）可见唐人寒食游乐之盛。

寒食过后，宫内宦官便在殿前钻榆柳木取火，然后派人将新火传送给各大臣，以示皇恩。如韩愈《寒食直归遇雨》云："惟将新赐火，向曙着朝衣。"寒食日取新火，重在除旧布新，如张说《奉和圣制寒食作应制》诗："改木迎新燧，封田表旧烧"，韦承庆《寒食应制》："旧火收槐燧，余寒入桂宫"，说的都是这种寒食改火的习俗。上行下效，民间也相沿成俗。如杜甫《清明二首》："朝来新火起新烟""家人钻火用青枫"，陈润《东都所居寒食下作》："浴蚕看社日，改火待清明"，朱湾《平陵寓居再逢寒食》："火燧知从新节变"，贾岛《清明日园林寄友人》："晴风吹柳絮，新火起厨烟"，说的都是民间寒食改火的情形。

八、清明节：路上行人欲断魂

寒食节后二日，是清明节。杜牧《清明》诗："清明时节雨纷纷，路上行人欲断魂。借问酒家何处有，牧童遥指杏花村。"'欲断魂'的行人,都是赶去扫墓祭祖的。唐玄宗下诏,定寒食、清明扫墓为当时"五礼"之一。所以,唐人每逢清明,"田野道路,士女遍满,皂隶佣丐,皆得上父母丘墓"(柳宗元《寄许京兆孟容书》)。清明渐渐成为扫墓的固定日子。熊孺登《寒食野望》:"拜扫无过骨肉亲,一年唯此两三辰。"

唐人每于寒食,就开始上坟扫墓。徐凝《嘉兴寒食》云:"嘉兴郭里逢寒食,落日家家拜扫回。唯有县前苏小小,无人送与纸钱来。"白居易《寒食野望吟》也把寒食和清明连在一起:"乌啼鹊噪昏乔木,清明寒食谁家哭。风吹旷野纸钱飞,古墓累累春草绿。棠梨花映白杨树,尽是死生离别处。冥漠重泉哭不闻,萧萧暮雨人归去。"清明时节雨纷纷,这首诗借荒野暮雨来渲染人们思念亡亲的悲戚之状。

寒食扫墓,有一点不方便:寒食期间禁火,墓祭不能火化纸钱。人们只好将纸钱插、挂在墓地或墓树上,还有的压在坟头。张籍《北邙行》云:"寒食家家送纸钱,乌鸢作窠衔上树。"薛逢《君不见》诗云:"清明纵便天使来,一把纸钱风树杪。"说的都是这种情况。王建《寒食行》把扫墓情形描述得更为具体:"寒食家家出古城,老人看屋少年行。丘垅年年无旧道,车徒散行入衰草。牧儿驱牛下冢头,畏有家人来洒扫。远人无坟水头祭,还引妇姑望乡拜。三日无火烧纸钱,纸钱那得到黄泉!但看垅土无新土,此中白骨应无主。"

《岁时百问》解释清明的取名缘由:"万物生长此时,皆清净明洁,故谓之曰清明。"时节如此,又值四野如市,因而人们在上墓之余,往往还伴有一系列郊游、踏青等娱乐活动。如王维《寒食城东即事》:"少年分日作邀游,不用清明兼上巳。"

唐高宗曾发布诏令:"或寒食上墓,复为欢乐。坐对松槚,曾无戚容。既玷风猷，并宜禁断。"（《不许临丧嫁娶及上墓欢乐诏》）但敕令并不能真正发挥效用。因为，统治者本身就不能做到。《开元天宝遗事》记载："天宝宫中至寒食节，竞竖秋千。令宫嫔辈戏笑，以为宴乐。帝呼为半仙之戏。都中士民因而呼之。"张说《奉和寒食作应制》："寒食春过半，花浓鸟复娇。从来禁火日，会接清明朝。斗敌鸡殊胜，争球马绝调。晴空数云点，香树百风摇。改木迎新燧，封田表旧烧。皇情爱嘉节，传曲与箫韶。"诗中提到，皇亲国戚已把寒食、清明看成"嘉节"，又是斗鸡，又是争球，任情嬉戏。王建的《宫词》诗说："殿前铺设两边楼，寒食宫人步打球。一半走来争跪拜，上棚先谢得头筹。"连唐代的许多皇帝，也都喜爱蹴鞠之戏。唐僖宗就是一个"蹴鞠皇帝"，他曾得意地说："朕若应击球进士举，须为状元。"（《资治通鉴》卷二百五十三）

蹴鞠和秋千也是民间寒食、清明最有代表性的室外活动。王维《寒食城东即事》："蹴踘屡过飞鸟上，秋千竞出垂杨里。"杜甫《清明二首》其一："十年蹴鞠将雏远，万里秋千习俗同。"秋千尤其为女孩子所钟爱。韦庄《长安清明》："满街杨柳绿树烟，画出清明三月天。好是隔帘花树动，女郎撩乱送秋千。"可见，秋千、球戏都是唐人寒食节的重要习俗。

官方的禁令成为一纸空文，人们在拜扫之余，也常常踏青郊游，击球走马荡秋千，乐而忘返。杜甫《清明》一诗为我们描绘了潭州（今湖南长沙）百姓清明踏青的盛况："著处繁华矜是日，长沙千人万人出。渡头翠柳艳明眉，争道朱蹄骄啮膝。""人面桃花"的典故，也来自诗人崔护的清明踏青郊游。《唐诗纪事》载，唐德宗贞元初年，博陵才子崔护科举落第，清明独游都城南，口渴了，看见花木丛中有一人家，遂扣门求饮，有一女孩开门送水给崔护喝。女孩"独倚小桃斜柯伫立"，脉脉含情。崔护别后难忘情谊，第二年清明再访，但不想已经是门锁人空了。于是，满怀惆怅的崔护就在院门上写下了《题都城南庄》诗："去年今日此门中，人面桃花相映红。人面不知何处去，桃花依旧笑春风。"

九、端午节：船争先后渡

五月五日为端午节。俗以五月为恶月，五日为恶日。据说阴恶从五而生，五月五日恶疠病疫多泛滥，因此，唐人于此日身佩"五色长命缕"，以驱邪辟邪。如权德舆曾于端午得到礼部赏赐的彩带，有诗云："良辰当五日，偕老祝千年。彩缕同心丽，轻裾映体鲜。"（《端午日礼部宿斋有衣服彩结之贶以诗还答》）又于此日饮菖蒲酒，以保体健身。如殷尧藩《端午》："少年佳节倍多情，老去谁知感慨生。不效艾符趋习俗，但祈蒲酒话升平。"从诗中还可知道，悬挂艾蒿也是当时人驱邪辟邪的习俗。

在南方，端午节最热闹的活动就是龙舟竞渡了。唐人范愭《竞渡赋》形容其场面："尔其月维仲夏，节次端午，则大魁分曹，决胜河浒。饰画舸以争丽，建彩标而竞取。聿来肇自于北津，所届眇期于南浦。"储光羲《官庄池观竞渡》诗："落日吹箫管，清池发棹歌。船争先后渡，岸激去来波。"李群玉《竞渡》："雷奔电逝三千儿，彩舟画楫射初晖。喧江雷鼓鳞甲动，三十六龙衔浪飞。"张建封《竞渡歌》最为生动：

五月五日天晴明，杨花绕江啼晓莺。……鼓声三下红旗开，两龙跃出浮水来。棹影斡波飞万剑，鼓声劈浪鸣千雷。鼓声渐急标将近，两龙望标目如瞬。坡上人呼霹雳惊，竿头彩挂虹霓晕。前船抢水已得标，后船失势空挥桡。疮眉血首争不定，输岸一朋心似烧。……

从以上诗赋中，我们大体可以想象得到唐人端午竞渡的场面：音乐鸣奏，船歌激昂，众舟齐发，呐喊如潮，真是惊心动魄！

十、七夕：家家乞巧望秋月

七月七日为七夕，又称七巧节，源于牛郎织女天河相会的故事：织女下凡与牛郎结为夫妻，被王母娘娘拆散，分隔在天河南北，只允许他俩每年农历七月七日可以相聚一次，于是这天喜鹊搭桥，牛郎织女相会。由于这个故事寄托了人们对于美好的婚姻爱情的向往，所以唐人经常以此作为七夕诗的题材，佳作精彩纷呈。如李峤《奉和七夕两仪殿会宴应制》："灵匹三秋会，仙期七夕过。查来人泛海，桥渡鹊填河。"杜甫《牵牛织女》："牵牛出河西，织女处其东。万古永相望，七夕谁见同？"白居易《七夕》："烟霄微月澹长空，银汉秋期万古同。几许欢情与离恨，年年并在此宵中。"李商隐《七夕》："鸾扇斜分凤幄开，星桥横过鹊飞回。争将世上无期别，换得年年一度来。"曹松《七夕》还想象出牛女相会的全过程："牛女相期七夕秋，相逢俱喜鹊横流。彤云缥缈回金辂，明月婵娟挂玉钩。燕羽几曾添别恨，花容终不更含羞。更残便是分襟处，晓箭东来射翠楼。"刘禹锡《七夕》更想象牛女相会的心理感受："天衢启云帐，神驭上星桥。初喜渡河汉，频惊转斗杓。余霞张锦幛，轻电闪红绡。非是人间世，还悲后会遥。"

天上的爱情故事，也引逗出人间男女对于美好爱情的期盼。相传唐玄宗与杨贵妃曾在七夕发誓，愿生生世世为夫妻。白居易《长恨歌》结尾歌咏此事："七月七日长生殿，半夜无人私语时。在天愿为比翼鸟，在地愿为连理枝。"可贵妃后来还是在马嵬兵变时被赐死，所以李商隐《马嵬》借此讽刺玄宗："此日六军同驻马，当时七夕笑牵牛。如何四纪为天子，不及卢家有莫愁？"

李杨悲剧固然值得人们叹惋，然而，更值得同情的是久居深宫的宫女们。杜牧《秋夕》："银烛秋光冷画屏，轻罗小扇扑流萤。天街夜色凉如水，卧看牵牛织女星。"这首诗描写的是宫女们在七夕之夜的孤寂之情。"故国三千里，深宫二十年"（张祜《宫词》），她们既难受君王恩宠，又难得与亲人相聚，七夕之夜，也只好无奈地看着牛郎织女欢聚。于是，有些较有人情味的皇帝，就在七夕格外开恩，特许宫嫔的女眷进宫来见见面、说说话。王建《宫词》："每年宫里穿针夜，敕赐诸亲乞巧楼"，即咏此事。

织女是神话中的织纺能手，因而唐代七夕节，妇女们要向织女"乞巧"。五代王仁裕的《开元天宝遗事》卷下"乞巧楼"条载："七夕，宫中以锦结成楼殿，高百尺，上可以胜数十人，陈以瓜果酒炙，设坐具，以祀牛女二星。嫔妃各以九孔针、五色线向月穿之，过者为得巧之候。动清商之曲，宴乐达旦，士民之家皆效之。"王涯《宫词》之二十一："迥出芙蓉阁上头，九天悬处正当秋。年年七夕晴光里，宫女穿针尽上楼。"写的就是宫女们上乞巧楼穿针乞巧。和凝《宫词》也说："阑珊星斗缀珠光，七夕宫嫔乞巧忙。"

七夕乞巧习俗在民间也非常普遍。林杰《乞巧》诗云："七夕今宵看碧霄，牵牛织女渡河桥。家家乞巧望秋月，穿尽红丝几万条。"在七夕夜的月光下，用红丝线穿七孔针，成了妇女们大显身手的机会。祖咏《七夕》："向月穿针易，临风整线难。不知谁得巧，明月试相看。"权德舆《七夕》："家人竞喜开妆镜，月下穿针拜九霄。"李商隐《七夕偶题》："灵归天上匹，巧遗世间人。花果香千户，笙竽滥四邻。"李中《七夕》："星河耿耿正新秋，丝竹千家列彩楼。可惜穿针方有兴，纤纤初月苦难留。"

《开元天宝遗事》还提到一种当时比较流行的乞巧方法："各捉蜘蛛于小合中，至晓开；视蛛网稀密以为得巧之候。密者言巧多，稀者言巧少。民间亦效之。"有许多诗人都在诗中提及这种乞巧之法。如杜甫《牵牛织女》："蛛丝小人态，曲缀瓜果中。"唐刘言史《七夕歌》："碧空露重彩盘湿，花上乞得蜘蛛丝。"李商隐《辛未七夕》："岂能无意酬乌鹊，惟与蜘蛛乞巧丝。"李郢《七夕寄张氏兄弟》："好与檀郎寄花朵，莫教清晓羡蛛丝。"卢纶《七夕诗》："何事金闺子，空传得网丝。"唐代有一首竹枝词《蛛丝乞巧》可以称得上是对这种乞巧方法的详细介绍："七夕织女赐新妆，挑来蛛丝盒中藏。明朝结成玲珑网，试比阿谁称巧娘。"

七夕也是少女少妇们祷告上苍、倾吐心愿的日子。崔颢《七夕词》："班姬此夕愁无限，河汉三更看斗牛。"被礼教阻隔的少女们倒羡慕起一年一度才能相见一次的牛郎织女了。他们甚至发誓："乍可为天上牵牛织女星，不愿为庭前红槿枝。七月七日一相见，相见故心终不移。"(元稹《古决绝词》)

十一、中秋节：最团圆夜是中秋

八月十五为中秋节。中秋定为全国性的节日，是从唐代开始。欧阳詹《长安玩月诗序》云："八月于秋，季始孟终；十五于夜，又月之中。稽于天道，则寒暑均；取于月数，则蟾兔圆。"

唐时，中秋赏月之俗开始盛行。宋人朱弁《曲洧旧闻》卷八："玩月盛于中秋，其在开元以后乎？"玩月赋诗，是唐人雅致。人们往往钟情于八月十五月色的皎洁。《才调集》卷九载唐诗人韦暄《八月十五夜月》云："寻常三五夜，岂是不婵娟。及至中秋半，还胜别夜圆。清光凝有露，皓色爽无烟。自古人皆望，年来复一年。"韩愈《八月十五夜赠张功曹》："一年明月今宵多。"李朴《中秋》："平分秋色一轮满，长伴云衢千里明。"刘禹锡《八月十五日夜玩月》："天将今夜月，一遍洗寰瀛。暑退九霄净，秋澄万景清。星辰让光彩，风露发晶英。能变人间世，倏然是玉京。"

有人为赏月终宵不眠。崔备《和武相公中秋锦楼玩月》："清景同千里，寒光尽一年。竟天多雁过，通夕少人眠。"王建《和元郎中从八月十一至十五夜玩月》："月似圆来色渐凝，玉盆盛水欲侵棱。夜深尽放家人睡，直到天明不烬灯。""合望月时长望月，分明不得似今年。仰头五夜风中立，从未圆时看到圆。"

雅兴未尽者，在十六、十七日继续赏玩不已。如杜甫赏玩十五夜之月，作《八月十五夜月》，而意犹未尽，就又在后两天写下了《十六夜玩月》《十七夜对月》两首赏月诗。

唐人在尽情赏月之际，会情不自禁地想念远游在外、客居异乡的亲人。殷文圭《八月十五夜》："万里无云镜九州，最团圆夜是中秋。"王建《十五夜望月寄杜郎中》诗云："今夜月明人尽望，不知秋思落谁家。"是啊，晶莹明澈的中秋朗月之下，该有多少不得与亲戚朋友相聚的人，生发出悠悠思念之情。白居易的《中秋月》设想失意之人的中秋之夜："万里清光不可思，添愁益恨绕天涯。谁人陇外久征戍，何处亭前新别离。失宠故姬归院夜，没蕃老将上楼时。照他几许人肠断，玉兔银蟾远不知。"而中秋之夜，左迁江州的白居易本人，又该有多少宦海沉浮、际遇变迁的感慨。白居易《八月十五日夜湓亭望月》："昔年八月十五夜，曲江池畔杏园边。今年八月十五夜，湓浦沙头水馆前。西北望乡何处是，东南见月几回圆。临风一叹无人会，今夜清光似往年。"

十二、重阳节：却邪茰入佩，献寿菊传杯

九月九日重阳节也是唐人十分看重的节日。汉末三国曹丕《九日与钟繇书》："岁往月来，忽复九月九日。九为阳数，而日月并应，俗嘉其名，以为宜于长久，故以享宴高会。"这说明汉末三国时，就以此日为节了。《易经》定"九"为阳数，两九相重，故称"重九"，日月并阳，因名重阳。"九"谐音"久"，含有长寿之意，故"俗嘉其名"。

唐人于重阳节，最好登高和饮菊花酒。

有的登山极目，如孟浩然《秋登兰山寄张五》："北山白云里，隐者自怡悦。相望试登高，心随雁飞灭。……何当载酒来，共醉重阳节"；杜牧《九日齐山登高》："江涵秋影雁初飞，与客携壶上翠微。"有的登台远眺，如崔曙《九日登望仙台承刘明府容》："汉文皇帝有高台，此日登临曙色开。三晋云山皆北向，二陵风雨自东来"；杜甫《登高》："万里悲秋常作客，百年多病独登台。"客居他乡的游子，登高之时，自然难抑乡情。卢照邻《九月九日登玄武山旅眺》："九月九日眺山川，归心归望积风烟。他乡共酌金花酒，万里同悲鸿雁天"；王勃《蜀中九日》："九月九日望乡台，他席他乡送客杯。人情已厌南中苦，鸿雁那从北地来。"

重阳节饮菊花酒，唐人颇引为节日乐事。如王缙《九日作》："今日登高樽酒里，不知能有菊花无。"杜甫因病戒酒，重阳不得畅饮，心有不足之意，其《九日》："重阳独酌杯中酒，抱病

起登江上台。竹叶于人既无分，菊花从此不须开。"好酒的李白重阳未尽兴，第二天就借"小重阳"（唐《辇下岁时记》："都城重九后一日宴赏，号'小重阳'。"）的名义再次举杯，其《九月十日即事》："昨日登高罢，今朝再举觞。菊花何太苦，遭此两重阳。"菊花酒是有延年益寿的功效，所以重阳节献菊花酒含有祝寿的意义。上官婉儿《九月九上幸慈恩寺登浮图，群臣上菊花寿酒》："帝里重阳节，香园万乘来。却邪萸入佩，献寿菊传杯。"所描写的就是群臣向唐中宗献菊花酒祝寿的情形。

唐人还有在重阳节赏菊的风俗。重九芳菊盛开，引得唐人游赏赋诗。如王维《奉和圣制重阳节宰臣及群官上寿应制》："无穷菊花节，长奉《柏梁篇》。"孟浩然《过故人庄》："待到重阳日，还来就菊花。"杨衡《九日》："黄花紫菊傍篱落，摘菊泛酒爱芳新。"杜牧《九日齐山登高》："尘世难逢开口笑，菊花须插满头归。"

重阳节插茱萸，也是唐人非常流行的习俗。据《续齐谐记》载，后汉时汝南人桓景听方士费长房说，九月九日将有大灾降于其家，宜率家人佩茱萸，外出登高饮菊花酒，可避灾。以后遂成风气。茱萸香气浓烈，能驱虫、除湿、辟邪。杜甫《九日寓蓝田崔氏庄》："明年此会知谁健，醉把茱萸仔细看"，讲的正是茱萸具有辟邪健身的功效。杜甫诗《九日》云："茱萸赐朝士，难得一枝来"，可知皇帝也常在重阳节把茱萸当作礼物赏赐给近臣。王维《九月九日忆山东兄弟》："独在异乡为异客，每逢佳节倍思亲。遥知兄弟登高处，遍插茱萸少一人"，更是广为流传的思乡名作，从诗中可知，插茱萸已是他的家乡人在重阳节里的惯常习俗。

十三、至日：想得家中夜深坐，还应说着远行人

冬至，唐人常称"至日"，在十一月二十二或二十三日，或大雪后第十五日。这是一年中白昼最短、其后渐长的日子。唐代皇帝每年冬至日都要到都城南郊圆丘祭祀昊天皇帝。按《旧唐书·褚无量传》，褚无量向唐中宗建议说："至如冬至圆丘，祭中最大……故惟皇帝亲行其礼，皇后不合预也。"可见朝廷对于至日的重视程度。

皇帝祭天之时，清早出发，百官随同，仪仗富丽堂皇。杜甫《至日遣兴奉寄北省旧阁老两院故人二首》："去岁兹辰捧御床，五更三点入鹓行。""忆昨逍遥供奉班，去年今日侍龙颜。麒麟不动炉烟上，孔雀徐开扇影还。玉几由来天北极，朱衣只在殿中间。"正是回忆前一年自己跟随唐肃宗至日行祭之事。

在民间，人们对冬至也十分重视。人们认为冬至是阴阳二气的自然转化，是上天赐予的福气。此日皇帝祭天，民间则祀祖。人们在这一天要向父母尊长祭拜，合家欢聚，饮宴过节。客居他乡的羁旅之人，不能回家团聚，这天就显得格外伤感。杜甫《至后》："冬至至后日初长，远在剑南思洛阳。"又《小至》："天时人事日相催，冬至阳生春又来。……云物不殊乡国异，教儿且覆掌中杯。"又《冬至》："年年至日长为客，忽忽穷愁泥杀人。江上形容吾独老，天边风俗自相亲。杖藜雪后临丹壑，鸣玉朝来散紫宸。心折此时无一寸，路迷何处望三秦。"杜甫家在洛阳，而漂泊至蜀，人地生疏，所以自觉"天边风俗自相亲"，而心念地处三秦之地的家乡。刘商《合肥至日愁中寄郑明府》则痛悔自己未能及早隐遁："失计为卑吏，三年滞楚乡。不能随世俗，应是昧行藏。"再如，白居易《邯郸冬至夜》："邯

郇驿里逢冬至，抱膝灯前影伴身。想得家中夜深坐，还应说着远行人。"本来是自己客中孤单，不能在冬至与家人团聚，却偏说家人夜深难寐，思念自己，悬想反说，倍添怅惘。

十四、腊日：口脂面药随恩泽

腊日在十二月初八日。梁宗懔《荆楚岁时记》："十二月八日为腊日。"腊，是祭祀之名。东汉蔡邕《独断》："腊者，岁终大祭。"应劭《风俗通》引《礼传》："腊者，猎也，言田猎取禽兽，以祭祀其祖也。"

一般腊日时节，天寒地冻。所以唐人的腊日诗，极言其寒。如李中《腊中作》："冬至虽云远，浑疑朔漠中。劲风吹大野，密雪翳高空。"寒则思家。戎昱《桂州腊夜》："坐到三更尽，归仍万里赊。雪声偏傍竹，寒梦不离家。晓角分残漏，孤灯落碎花。二年随骠骑，辛苦向天涯。"寒则思隐。李德裕《近腊对雪有怀林居》："蓬门常昼掩，竹径寂无人。鸟起飘松霰，麏行动谷榛。应知禽鱼侣，合与薜萝亲。遥忆平皋望，溪烟已发春。"寒则思聚。权德舆《腊日龙沙会绝句》："帘外寒江千里色，林中樽酒七人期。宁知腊日龙沙会，却胜重阳落帽时。"

由于腊日天气较冷，民间盛行相互赠送礼物。唐代帝王也有赐给朝臣、妃嫔口脂、面药的习俗。口脂、面药都是用来涂在面部以防止寒冬口唇冻裂的东西。杜甫《腊日》："腊日常年暖尚遥，今年腊日冻全消。侵陵雪色还萱草，漏泄春光有柳条。纵酒欲谋良夜醉，还家初散紫宸朝。口脂面药随恩泽，翠管银罂下九霄。"又王建《宫词》："月冷天寒近腊时，玉街金瓦雪漓漓。浴堂门外抄名入，公主家人谢口脂。"唐段成式《酉阳杂俎》卷一记载，中宗景龙中，"腊日，赐北门学士口脂、蜡脂，盛以碧镂牙筒"。看来皇帝也要表现出一些人情味儿。

可也有霸道的皇帝。据说武则天有《腊日宣诏幸上苑》诗："明朝游上苑，火急报春知。花须连夜发，莫待晓风吹。"据《唐诗纪事》，天授二年（691）腊日，大臣们诈称上苑花开，请武则天观赏，图谋发难。武则天起疑，作此诗不去。次日凌晨，百花果然齐齐盛开，大臣皆惊。《镜花缘》故事即源于此。《镜花缘》说，武则天要百花仿效腊梅腊日开放，百花不敢违命，次日齐放，唯有牡丹未开。武则天大怒，将牡丹贬去洛阳。关于此诗的来历，应该是后人杜撰，可能是为了表现武则天的骄横跋扈之态而编造出来的。

十五、除夕：阖门守初夜

除夕，即十二月三十，是一年的最后一天。

除夕夜，唐代宫廷有一种迷信仪式，称为"傩"或"大傩"。《唐会要》卷七一《十二卫》："大傩者，所以驱除群厉。"由乐人戴上面具，打扮作鬼神模样，击鼓舞蹈以驱除疫鬼瘟疫。姚合《除夜》："傩声方去疫，酒色正迎春。"系指此类活动。王建《宫词》描写傩前的准备比较详细："金吾除夜进傩名，画裤朱衣四队行。院院烧灯如白日，沉香火底坐吹笙。""大傩"仪式，人数众多。沈佺期《守岁应制》："殿上灯人争烈火，宫中侲子乱驱妖。宜将岁酒调神药，圣祚千春万国朝。"这种仪式或许来自民间的驱傩表演。孟郊的《弦歌行》："驱傩击鼓吹长笛，瘦鬼染面惟齿白。暗中崒崒拽茅鞭，裸足朱裈行戚戚。相顾笑声冲庭燎，桃弧射矢时独叫"，就描写了傩的形貌和人们击鼓吹笛驱傩的欢乐情绪。

唐人除夕最为普遍的习俗，则是守岁。无论宫中，还是民间，此夜灯火长明，终宵不眠。

宫中守岁，君臣唱和，应制作诗。如唐太宗《守岁》："共欢新故岁，迎送一宵中。"又《除夜》："对此欢终宴，倾壶待曙光。"看来，皇帝除夕也不睡觉。沈佺期《守岁应制》："天子迎春取今夜，王公献寿用明朝。"许敬宗《奉和守岁应制》："送寒终此夜，延宴待晨晖。"可知君臣要在宫中饮宴一夜。

民间守岁，也是其乐融融。全家团聚在一起，点起蜡烛或油灯，通宵守夜，意在驱走一切邪瘟病疫，祈祷新年的吉祥如意。储光羲《秦中守岁》："阖门守初夜，燎火到清晨。"孟浩然《除夜有怀》："守岁家家应未卧。"又《岁除夜会乐城张少府宅》："续明催画烛，守岁接长筵。旧曲梅花唱，新正柏酒传。"写的就是守岁的情景：烛火长明，长筵不散，伴着这梅花小曲，何其惬意！

看着孩子们又长一岁，渐渐成人，也是一种幸福。白居易《三年除夜》："堂上书帐前，长幼合成行。"还有人挺有意思，要在除夕把一年的工作成绩拿出来，端详一番。元辛文房《唐才子传》卷五记载了唐代诗人贾岛除夕"祭诗"的一段佳话："（贾岛）每至除夕，必取一岁所作置几上，焚香再拜，酹酒祝曰：'此吾终年苦心也。'痛饮长谣而罢。"

还有的诗人把自己的年龄写在除夕诗里作为纪念。杜甫四十岁作《杜位宅守岁》："守岁阿戎家，椒盘已颂花。盍簪喧枥马，列炬散林鸦。四十明朝过，飞腾暮景斜。谁能更拘束，烂醉是生涯。"白居易四十九作《除夜》："岁暮纷多思，天涯渺未归。老添新甲子，病减旧容辉。乡国仍留念，功名已息机。明朝四十九，应转悟前非。"六十岁作《除夜》："病眼少眠非守岁，老心多感又临春。火销灯尽天明后，便是平头六十人。"

　　有的人在除夕之夜团聚之时，不免想念起自己的亲戚朋友。如白居易思念弟妹，有《除夜寄弟妹》："万里经年别，孤灯此夜情"；思念好友元稹，有《除夜寄微之》："共惜盛时辞阙下，同嗟除夜在江南。家山泉石寻常忆，世路风波子细谙。"元稹则悼念心爱的亡妻，其《除夜》云："忆昔岁除夜，见君花烛前。今宵祝文上，重叠叙新年。"

　　远客他乡的人，面对这家家团圆的环境氛围，更有说不出的孤寂失落之感。如高适的《除夜作》："旅馆寒灯独不眠，客心何事转凄然。故乡今夜思千里，愁鬓明朝又一年。"孟浩然的《岁除夜有怀》："迢递三巴路，羁危万里身。乱山残雪夜，孤烛异乡人。渐与骨肉远，转于奴仆亲。那堪正漂泊，来日岁华新。"白居易《客中守岁》诗："守岁尊无酒，思乡泪满巾。"对于流贬于荒远之地的人，更是情有不堪。盛唐时被流贬岭南的张说《钦州守岁》："故岁今宵尽，新年明旦来。愁心随斗柄，东北望春回。"宣宗时被流贬海南的李德裕《岭外守岁》："冬逐更筹尽，春随斗柄回。寒暄一夜隔，客鬓两年催。"在新年将至之时，计日而待回转的日期，其悲凉心境可知。

　　也有少年英气之人，年终之际，虽有念归之心，但无伤感之意。王湾《次北固山下》："海日生残夜，江春入旧年。"此二句含蓄地表现了新旧交替的哲理，写得大气磅礴，所以张说为宰相时，亲笔将此联题于政事堂，令朝中文士作为楷模。

　　"风俗岁时观。"（孟浩然《卢明府九日岘山宴袁使君张郎中崔员外》）岁时节令的风俗一般是由一个民族共同体在漫长的岁月里形成的以时节为标志的文化活动，它的情感辐射面与接受性几乎具有全民性。它们是具有鲜活画面的活的历史。

参考文献

［1］《全唐诗》，［清］彭定求等编，中华书局，1999 年

［2］《全唐诗补编》，陈尚君辑校，中华书局，1992 年

［3］《全唐诗外编》，王重民、孙望、童养年辑录，中华书局，1982 年

［4］《敦煌歌辞总编》，任半塘编著，上海古籍出版社，1987 年

［5］《敦煌诗集残卷辑考》，徐俊纂辑，中华书局，2000 年

［6］《全唐文》，［清］董诰编纂，孙映逵点校，山西教育出版社，2002 年

361

［7］《历代诗话续编》，丁福保辑，中华书局，1983 年

［8］《杜诗详注》，［清］仇兆鳌著，中华书局，1971 年

［9］《王梵志诗校注》，［唐］王梵志撰，项楚校注，上海古籍出版社，1991 年

［10］《船山全书》，［清］王夫之撰，岳麓书社，1988 年

［11］《旧唐书》，［后晋］刘昫撰，中华书局，1975 年

［12］《新唐书》，［宋］欧阳修等撰，中华书局，1975 年

［13］《旧五代史》，［宋］薛居正等撰，中华书局，1976 年

［14］《资治通鉴》，［宋］司马光等著，中华书局，1956 年

［15］《唐律疏议》，［唐］长孙无忌等撰，中华书局，1985

年

　　［16］《唐六典》，［唐］李隆基撰，李林甫等注，中华书局，1992 年

　　［17］《通典》，［唐］杜佑撰，中华书局，1988 年

　　［18］《唐会要》，［宋］王溥撰，中华书局，1955 年

　　［19］《唐大诏令集》，［宋］宋敏求编，商务印书馆，1959 年

　　［20］《唐代墓志汇编》，周绍良等编，上海古籍出版社，1992 年

　　［21］《太平广记》，［宋］李昉等编，中华书局，1961 年

　　［22］《册府元龟》，［宋］王钦若等撰，中华书局，1982 年

　　［23］《唐国史补》，［唐］李肇撰，上海古籍出版社，1979 年

　　［24］《唐摭言》，［五代］王定保撰，上海古籍出版社，1978 年

　　［25］《唐才子传》，［元］辛文房撰，古典文学出版社，1957 年

　　［26］《酉阳杂俎》，［唐］段成式撰，中华书局，1985 年

　　［27］《南部新书》，［宋］钱易撰，中华书局，2002 年

　　［28］《安禄山事迹》，［唐］姚汝能撰，上海古籍出版社，1983 年

　　［29］《明皇杂录》，［唐］郑处晦著，中华书局，1994 年

　　［30］《云溪友议》，［唐］范摅撰，黄寿成点校，中华书局，2002 年

　　［31］《本事诗》，［唐］孟棨撰，上海古籍出版社，1991 年

　　［32］《北里志》，［唐］孙棨撰，续百川学海本

［33］《北梦琐言》，［宋］孙光宪撰，上海古籍出版社，1987 年

［34］《碧鸡漫志》，［宋］王灼撰，中华书局，1991 年

［35］《朝野佥载》，［唐］张鷟撰，中华书局，1985 年

［36］《次柳氏旧闻》，［唐］郑处诲撰，中华书局，1985 年

［37］《大唐新语》，［唐］刘肃撰，中华书局，1984 年

［38］《唐语林》，［宋］王谠撰，上海古籍出版社，1978 年

［39］《封氏闻见记校注》，［唐］封演撰，赵贞信校注，中华书局，1958 年

［40］《教坊记》，［唐］崔令钦撰，中华书局，1985 年

［41］《开元天宝遗事》，［五代］王仁裕撰，中华书局，2006 年

［42］《隋唐嘉话》，［唐］刘𫗧撰，中华书局，1979 年

［43］《苕溪渔隐丛话》，［宋］胡仔编，人民文学出版社，1962 年

［44］《容斋随笔》，［宋］洪迈著，吉林大学出版社，2009 年

［45］《历代刑法考》，［清］沈家本撰，中华书局，1980 年

［46］《元次山年谱》，孙望著，中华书局，1962 年

［47］《中国通史》第三册，范文澜著，人民出版社，1979 年

［48］《唐长安旧事》，武复兴著，上海文化出版社，1987 年

［49］《唐代官制》，张国刚著，三秦出版社，1987 年

［50］《唐代科举与文学》，傅璇琮撰，陕西人民出版，1986 年

［51］《元白诗笺证稿》，陈寅恪撰，上海古籍出版社，1978

年

［52］《唐代政治史述论稿》，陈寅恪撰，上海古籍出版社，1980年

［53］《唐代文学的文化精神》，邓小军著，文津出版社，1999年

［54］《诗史释证》，邓小军著，中华书局，2004年

［55］《图说天下之隋唐五代》，龚书铎、刘德麟主编，吉林出版集团，2006年

［56］《隋唐简史》，田川等著，重庆出版社，2007年

［57］《唐代长安与西域文明》，向达著，河北教育出版社，2001年

［58］《唐代幕府制度研究》，石云涛著，中国社会科学出版社，2003年

［59］《中国移民史》，葛剑雄、吴松弟著，福建人民出版社，1997年

［60］《唐代妇女生活与诗》，徐有富著，中华书局，2005年

［61］《时代精神与风俗画卷》，赵睿才著，河北人民出版社，2002年

［62］《隋唐生活掠影》，毕宝魁著，沈阳出版社，2002年

［63］《隋唐文化史》，赵文润，陕西师范大学出版社，1992年

［64］《唐朝文化史》，徐连达，复旦大学出版社，2003年

［65］《隋唐五代社会生活史》，李斌城等编，中国社会科学出版社，1998年

［66］《中国大百科全书》，中国大百科全书出版社，1993年